Les objectifs de la régulation économique et financière

Logiques Juridiques

Collection dirigée par Gérard Marcou

Le droit n'est pas seulement un savoir, il est d'abord un ensemble de rapports et pratiques que l'on rencontre dans presque toutes les formes de sociétés. C'est pourquoi il a toujours donné lieu à la fois à une littérature de juristes professionnels, produisant le savoir juridique, et à une littérature sur le droit, produite par des philosophes, des sociologues ou des économistes notamment.

Parce que le domaine du droit s'étend sans cesse et rend de plus en plus souvent nécessaire le recours au savoir juridique spécialisé, même dans des matières où il n'avait jadis qu'une importance secondaire, les ouvrages juridiques à caractère professionnel ou pédagogique dominent l'édition, et ils tendent à réduire la recherche en droit à sa seule dimension positive. À l'inverse de cette tendance, la collection « Logiques juridiques » des éditions L'Harmattan est ouverte à toutes les approches du droit. Tout en publiant aussi des ouvrages à vocation professionnelle ou pédagogique, elle se fixe avant tout pour but de contribuer à la publication et à la diffusion des recherches en droit, ainsi qu'au dialogue scientifique sur le droit. Comme son nom l'indique, elle se veut plurielle.

Dernières parutions

Pierre-Alexis BLEVIN, *Les micro-États européens*, 2016.
Danièle AZEBAZE LABARTHE, *Quelle nouvelle politique de l'énergie pour l'Union européenne ?,* 2016
Constance CASTRES SAINT-MARTIN, *Les conflits d'intérêts en arbitrage commercial international,* 2016.
Daphne AKOUMIANAKI, *Les rapports entre l'ordre juridique constitutionnel et les ordres juridiques européens. Analyse à partir du droit constitutionnel grec*, 2016.
Boris BARRAUD, *La Recherche juridique. Sciences et pensées du droit*, 2016.
Bolleri PYM, *Le statut juridique des établissements de microfinance (EMF) en zone CEMAC, L'encadrement de la « petite finance » du secteur informel vers le secteur formel,* 2016.
Aurore GRANERO, *Les personnes publiques spéciales,* 2016.
Khaled MEJRI, *Le droit international humanitaire dans la jurisprudence internationale*, 2016.
Tiphaine THAUVIN, *Les services sociaux dans le droit de l'Union européenne*, 2016.
Louis-Marie LE ROUZIC, *Le droit à l'instruction dans la jurisprudence de la Cour européenne des droits de l'Homme*, 2015
Delphine COUVEINHES-MATSUMOTO, *Les droits des peuples autochtones et l'exploitation des ressources naturelles en Amérique latine*, 2015

Sous la direction de
Gabriel ECKERT et Jean-Philippe KOVAR

Les objectifs de la régulation économique et financière

L'Harmattan

5-7, rue de l'École-Polytechnique, 75005 Paris

http://www.editions-harmattan.fr

ISBN : 978-2-343-11504-7
EAN : 9782343115047

PRÉFACE

Cet ouvrage réunit une série de contributions présentées lors d'un colloque organisé par l'Institut de recherches Carré de Malberg (EA 3399) et le Centre d'études européennes et internationales (EA 7307) de l'Université de Strasbourg, avec le soutien de la Fédération de recherche « L'Europe en mutation » (FR 3241 Unistra/CNRS), qui s'est tenu à la Faculté de droit, de sciences politiques et de gestion de Strasbourg, les 28 et 29 janvier 2016, dans le cadre de la sixième édition des Journées européennes de la régulation.

Les Journées européennes de la régulation rassemblent, chaque année, des enseignants-chercheurs spécialistes de la régulation économique et financière et des professionnels des secteurs régulés. Ces Journées, créées en 2009, ont pour objet d'étudier les principales questions du droit de la régulation des marchés, au travers des analyses croisées de praticiens et d'universitaires. Elles reposent sur une triple comparaison des autorités de régulation, des secteurs régulés et des droits nationaux et européens de la régulation.

Les précédentes éditions des Journées européennes de la régulation ont ainsi eu pour thèmes :

- La responsabilité des autorités de régulation économique et financière (2009) ;
- Les autorités de régulation économique et financière face aux garanties du procès équitable (2010) ;
- Les autorités de régulation économique et financière : convergence ou divergences ? (2011) ;
- L'indépendance des autorités de régulation économique et financière : une approche comparée (2012) ;
- L'interrégulation (2013).

Les actes de ces colloques ont été publiés dans des revues scientifiques[1] ou sous forme d'ouvrages collectifs[2].

---

[1] Les actes des deux premières éditions des Journées européennes de la régulation ont été publiés dans la Revue de droit bancaire et financier (2/2009 et 3/2010). Les actes de la troisième édition sont parus dans la Revue de droit bancaire et financier (4/2011) et la Revue juridique de l'économie publique (692/2011). Les actes de la quatrième édition ont fait l'objet d'une publication dans la Revue française d'administration publique (143/2012).

[2] Les actes de la cinquième édition ont été publiés aux éditions L'Harmattan dans la collection « Logiques juridiques » (2015).

Le choix du sujet de cet ouvrage, et du thème du colloque dont il est issu, procède de l'idée que les buts de la régulation économique et financière impriment profondément le droit de la régulation, qui se distingue par son caractère téléologique. Or, les objectifs de la régulation ont considérablement évolué depuis plusieurs décennies. Ainsi, l'objectif traditionnel de la construction de marchés concurrentiels, dans des secteurs anciennement sous monopole ou très fortement réglementés, est complété par de nouveaux objectifs extra-concurrentiels (protection des consommateurs, sécurité des approvisionnements énergétiques, aménagement du territoire, préservation de l'environnement, etc.). La diversité des buts assignés aux régulateurs, par le législateur national ou européen, oblige ces autorités à opérer une conciliation des objectifs, à la place du pouvoir politique, au risque de dénaturer leur office. Surtout, la poursuite par une même autorité de régulation d'une pluralité d'objectifs – parfois contradictoires – pose la question de la prévention et de la résolution des conflits d'objectifs. Enfin, l'étude des objectifs de la régulation économique et financière conduit à s'interroger sur les moyens à la disposition des régulateurs pour les réaliser.

L'ouvrage est organisé en quatre parties qui portent, respectivement, sur la définition, l'évolution, l'articulation et la réalisation des objectifs de la régulation.

La première partie s'ouvre par une double comparaison entre, d'une part, les objectifs de la régulation et de la police administrative et, d'autre part, les objectifs de la régulation et de la politique de concurrence. Cette approche comparative se justifie à la fois par la complémentarité de ces trois formes d'action de la puissance publique sur le marché et par leur proximité conceptuelle. En s'attachant à identifier les objectifs autonomes de la régulation, elle contribue à dessiner les contours d'une nouvelle fonction de la puissance publique en économie de marché. La définition des objectifs pose également la question, particulièrement complexe, de la répartition des compétences entre l'Union européenne et les États membres, et conduit à s'interroger sur la participation d'autres acteurs, tels que les opérateurs régulés ou les régulateurs, à la détermination des finalités de la régulation économique et financière.

La deuxième partie de l'ouvrage met en lumière le profond renouvellement des buts de la régulation économique sous l'influence croissante de l'analyse comportementale. Elle insiste également sur la tendance contemporaine à la multiplication des objectifs assignés aux régulateurs, au travers de deux études portant sur la France et l'Allemagne.

La difficulté de maintenir un équilibre entre ces différentes finalités est au cœur de la troisième partie. Elle est illustrée par trois études de cas relatives aux secteurs de l'énergie, des communications électroniques et de la banque.

La dernière partie de l'ouvrage traite des moyens humains, financiers et juridiques dont disposent les autorités de régulation sectorielle en vue d'atteindre les buts de leur action. Les exemples de l'Autorité des marchés financiers, de l'Autorité de régulation des activités ferroviaires et routières et du Conseil supérieur de l'audiovisuel sont développés. La prise en compte des objectifs de la régulation dans le contrôle du juge est également évoquée.

Tous les intervenants au colloque organisé à Strasbourg les 28 et 29 janvier 2016 n'ont pas souhaité, ou n'ont pas pu, publier leur communication dans cet ouvrage. Nous tenons néanmoins à les remercier pour la qualité et la pertinence de leurs interventions.

*

Cet ouvrage est dédié à la mémoire du Professeur Gérard Marcou qui avait accepté de prononcer les conclusions générales du colloque. Nous souhaitons ainsi rendre hommage à l'éminent spécialiste du droit de la régulation et exprimer notre gratitude pour son soutien indéfectible aux Journées européennes de la régulation.

Gabriel ECKERT[3] et Jean-Philippe KOVAR[4]

---

[3] Professeur à l'Université de Strasbourg, Directeur de l'Institut de recherches Carré de Malberg, Directeur de l'Institut d'études politiques de Strasbourg.
[4] Professeur à l'Université de Strasbourg (Institut de recherches Carré de Malberg).

SOMMAIRE

Première partie :
La définition des objectifs

La comparaison des objectifs de la régulation et de la police

Étienne MULLER [1]

À la mémoire de mon ami Salim Ziani.

Au cœur des interrogations et débats autour de la notion de régulation se situe la question de savoir si celle-ci désigne une fonction autonome de l'État. Les partisans de cette thèse s'opposent à d'autres auteurs, qui entendent ramener la régulation aux fonctions administratives plus classiques que sont le service public et, plus souvent encore, la fonction de police[2].

Comparer la police et la régulation est pourtant un exercice particulièrement délicat, tant l'un et l'autre des termes de la comparaison paraissent flous.

Ceux qui s'accordent à voir dans la régulation une fonction spécifique divergent cependant sur sa définition : œuvrer au « fonctionnement optimal » du marché[3] pour les uns, « [satisfaire des] besoins collectifs par des activités de nature économique sous un régime concurrentiel » pour les autres, « [instituer] un ordre de marché »[4] pour d'autres encore. D'aucuns n'ont pas manqué, dès lors, de souligner le caractère quelque peu mystérieux de la notion de régulation[5]. Mais il convient également de rappeler que la notion de

---

[1] Professeur de droit public à l'Université de Strasbourg (Institut de recherches Carré de Malberg).

[2] P. DELVOLVÉ, *Droit public de l'économie*, Paris, Dalloz, 1998, p. 561 ; Y. GAUDEMET, « La concurrence des modes et des niveaux de régulation », *RFDA*, 2004, p. 14 ; J. PETIT, « La police administrative », *in* P. GONOD, F. MELLERAY, Ph. YOLKA, *Traité de droit administratif*, t. 2, Paris, Dalloz, 2011, p. 24 ; Ch. VAUTROT-SCHWARTZ, « Police et régulation », *in* Ch. VAUTROT-SCHWARTZ (dir.), *La police administrative*, Actes du colloque de Nancy des 14 et 15 mars 2013, Paris, PUF, 2014, p. 55.

[3] D. TRUCHET, *Droit administratif*, 4e éd., Paris, PUF, 2011, p. 370.

[4] Th. PERROUD, *La fonction contentieuse des autorités de régulation en France et au Royaume-Uni*, thèse, Paris, Dalloz, 2013, n° 832 s.

[5] O. BEAUD, « L'État », *in* P. GONOD, F. MELLERAY, Ph. YOLKA (dir.), *Traité de droit administratif*, t. 1, préc., p. 242.

police n'est pas, elle non plus, des plus claires. Fonction de maintien de l'ordre public, elle embrasse un large faisceau d'activités si hétérogènes que son unité conceptuelle[6] n'est atteinte qu'à un haut degré de généralité[7].

Les termes de police et de régulation ont d'ailleurs ceci de commun qu'ils peuvent être utilisés à la fois au singulier, pour désigner une fonction unique de l'État, et au pluriel, pour désigner de multiples corps de règles qui régissent des domaines particuliers de la vie économique et sociale. En tant que fonction de l'État, la police emprunte différentes « formes statutaires », législative, judiciaire et administrative[8] ; et au sein de cette dernière, la police administrative générale coexiste avec d'innombrables polices administratives spéciales. De même, la régulation peut désigner à la fois « une mission générale de l'État vis-à-vis de l'économie [et] la mission d'autorités de marché indépendantes agissant dans un secteur donné (régulation sectorielle) »[9].

Une chose paraît claire cependant : la police et la régulation ne sauraient être comparées de façon pertinente que sous l'angle de leurs finalités, et non de leurs moyens[10]. C'est bien comme des finalités qu'il faut entendre les notions de réglementation et de prestation lorsqu'elles sont classiquement utilisées pour caractériser la police et le service public ; car la prestation en tant que moyen est couramment employée dans le cadre de la police (les services de secours) et la réglementation l'est plus banalement encore dans le cadre des services publics.

Cette précision permet d'éviter une fausse piste sur laquelle peut mener le droit positif, lorsqu'il prétend distinguer les « pouvoirs de police » des autorités de régulation de leurs « pouvoirs de sanction », comme le fit le Conseil d'État dans son arrêt *Société Groupe Canal Plus* du 21 décembre 2012 relatif aux décisions de l'Autorité de la concurrence en matière de contrôle des concentrations[11], ou, de façon

---

[6] É. PICARD, *La notion de police administrative*, Paris, LGDJ, 1984, p. 48-49.
[7] J. PETIT, « La police administrative », préc., p. 9.
[8] É. PICARD, *La notion de police administrative*, préc., p. 523 s.
[9] S. NICINSKI, *Droit public des affaires*, 3e éd., Paris, Montchrestien, 2012, p. 19.
[10] Voir en ce sens, Ch. EISENMANN, « Les fonctions de l'État », *in* Ch. LEBEN (éd.), *Charles Eisenmann. Écrits de théorie du droit, de droit constitutionnel et d'idées politiques,* Paris, Éd. Panthéon-Assas, 2002, p. 189.
[11] CE, Ass., 21 déc. 2012, *Sté Groupe Canal Plus*, n° 353856, *AJDA*, 2013, p. 215, chron. A. BRETONNEAU et X. DOMINO, *RFDA*, 2013, concl. V. DAUMAS.

plus contestable encore, de leurs « pouvoirs disciplinaires », comme le font les dispositions relatives aux pouvoirs de l'Autorité de contrôle prudentiel et de résolution[12]. En dépit de leur indéniable différence de régime, les sanctions participent de la police, dans la mesure où la répression qui est leur finalité première vise à garantir l'efficacité des règles de police[13].

Dans la mesure où il est à peu près unanimement partagé que la finalité de la police est le maintien de l'ordre public, la comparaison entre celle-ci et la régulation consiste à se demander si les objectifs de cette dernière correspondent ou diffèrent de l'ordre public. Simple en apparence, cette démarche risque cependant de susciter un malentendu en raison d'un *dissensus* doctrinal sur la définition de l'ordre public ou, plus exactement, sur la manière dont cette notion est conçue. À l'approche la plus répandue en doctrine, qui appréhende l'ordre public sous un angle matériel, c'est-à-dire celui de son contenu, s'en oppose une autre, adoptée notamment par Étienne Picard, qui, constatant que le contenu de l'ordre public est une donnée contingente, préfère aborder cette notion sous l'angle de sa fonction à l'égard de la société. Or les résultats de la comparaison sont très différents selon que l'on opte pour l'une ou pour l'autre approche.

Adopter, comme le font la plupart des auteurs, un point de vue matériel, conduit immanquablement à constater une identité entre les objectifs de la police et ceux de la régulation et à considérer celle-ci comme un ensemble de polices administratives spéciales. Conservatrice, au sens où elle consiste à faire rentrer la régulation dans le rang des catégories traditionnelles, cette assimilation nous semble cependant assez décevante sur le plan de la compréhension du phénomène de la régulation. C'est pourquoi l'on peut lui préférer l'approche fonctionnelle qui, si elle ne suffit sans doute pas à conclure à l'existence d'une fonction autonome de régulation, permet au moins de faire apparaître les dimensions interventionniste et politique par lesquelles celle-ci se différencie de la police.

I. – L'identité matérielle des objectifs

Le fait que la notion d'ordre public soit susceptible d'accueillir en son sein les très divers objectifs de la régulation nourrit la thèse d'une

---

[12] C. mon. fin., art. L. 612-38 s.

[13] J. PETIT, « La police administrative », préc., p. 34.

assimilation de cette dernière à un ensemble de polices administratives spéciales.

A. Les objectifs de la régulation comme composantes de l'ordre public *lato sensu*

L'opinion majoritaire qui tend à assimiler la régulation à la fonction de police du point de vue de leurs objectifs envisage, à quelques exceptions près[14], ces objectifs sous l'angle de leur contenu. L'ordre public est alors conçu comme un ensemble de valeurs, d'intérêts et de principes donnés, qui sont considérés comme le socle de l'ordre social et forment ainsi une sorte de noyau dur de l'intérêt général ; relève de la fonction de police administrative toute fonction de l'Administration qui vise spécifiquement à atteindre ces objectifs. Selon cette approche matérielle, la grande diversité de contenu des objectifs de la régulation paraît susceptible d'être accueillie au sein de l'ordre public *lato sensu.*

1. La diversité de contenu des objectifs

L'observation la plus immédiate que suscite l'examen des textes énonçant les objectifs des différentes régulations sectorielles est leur grande diversité de contenu.

Il en va ainsi, d'une part, des objectifs économiques, qui sont les plus communément admis de la régulation.

Ceux-ci se rapportent le plus souvent à la concurrence, qu'il s'agisse de la protéger ou de la promouvoir, en garantissant un accès à une infrastructure essentielle[15] ou plus généralement en imposant des contraintes particulières aux opérateurs exerçant « une influence significative » sur le marché[16]. Il peut s'agir aussi de veiller à la transparence et à la stabilité du marché, comme en matière bancaire et financière[17]. Mais les réglementations sectorielles font également état de nombreux objectifs de politique économique, qu'ils soient

---

[14] J. PETIT, « La police administrative », préc., p. 24.

[15] C'est la problématique bien connue de « l'accès au réseau », particulièrement bien illustrée dans le secteur de l'énergie électrique (C. énergie, art. L. 111-91).

[16] Comme dans le secteur des communications électroniques (CPCE, art. L. 37-1 et s.).

[17] Voir les missions de l'Autorité des marchés financiers (C. mon. fin., art. L. 621-1) et de l'Autorité de contrôle prudentiel et de résolution (C. mon. fin., art. L. 612-1).

généraux comme le développement de l'emploi[18], la compétitivité de l'économie[19], l'incitation à la recherche-développement[20], à l'innovation et aux investissements[21], ou particuliers comme le développement de la filière industrielle ferroviaire et l'accroissement de la capacité d'exportation[22], la gestion optimale des ressources en énergie[23].

D'autre part, les textes énoncent également de nombreux objectifs de nature non économique[24].

Dans les secteurs des activités de réseaux ouverts à la concurrence, certains d'entre eux revêtent un caractère transversal, et peuvent être regroupés en trois grandes catégories : la protection de l'environnement d'abord, notamment par la lutte contre l'effet de serre, les économies d'énergie, la « croissance verte » et le développement durable ; l'aménagement et le « développement équilibré » du territoire[25] ensuite ; enfin, les objectifs de « cohésion sociale »[26], de « lutte contre l'exclusion »[27] voire de « solidarité nationale »[28], lesquels passent par l'organisation d'une offre de « service universel »[29] ou de « service public »[30].

Sont également récurrents les objectifs relatifs à la protection des consommateurs, particulièrement dans les secteurs de la banque et des assurances[31], ou la santé publique, par exemple par la prévention du jeu pathologique dans le secteur des jeux en ligne[32] ou « la sobriété de

---

[18] CPCE, art. L. 32-1 ; C. transp., art. L. 2100-1
[19] CPCE, art. L. 32-1 ; C. énergie, art. L. 121-1.
[20] CPCE, art. L. 35-6 ; C. transp., art. L. 2100-2.
[21] CPCE, art. L. 32-1.
[22] C. transp., art. L. 2100-2.
[23] C. énergie, art. L. 121-1.
[24] G. MARCOU, « La notion juridique de régulation », *AJDA*, 2006, p. 350.
[25] C. énergie, art. L. 121-1 et L. 121-32.
[26] C. énergie, art. L. 121-1 (secteur de l'électricité) ; CPCE, art. L. 1 (service universel postal).
[27] C. énergie, art. L. 121-1.
[28] C. transp., art. L. 2100-1 (système de transport ferroviaire).
[29] Dans les secteurs des services postaux (CPCE, art. L. 1) et des communications électroniques (CPCE, art. L. 35-1 et s.).
[30] Dans le secteur de l'énergie électrique (C. énergie, art. L. 121-1 et s.).
[31] Par ex. dans le secteur bancaire et des assurances (C. mon. fin., art. L. 612-1).
[32] Loi n° 2010-476 du 12 avril 2010 relative à l'ouverture à la concurrence et à la régulation du secteur des jeux d'argent et de hasard en ligne, art. 1er.

l'exposition de la population aux champs électromagnétiques » dans le secteur des communications électroniques[33].

Mais, si grande que soit la diversité de contenu des objectifs de la régulation, la notion d'ordre public paraît susceptible de l'accueillir.

2. L'extension de la notion d'ordre public

Bien que certains s'y rapportent, comme la sécurité des personnes et des biens dans les secteurs du transport ferroviaire et du gaz naturel[34], un grand nombre d'objectifs des différentes régulations sectorielles excèdent la notion « d'ordre public général » au sens du droit administratif, comprenant la trilogie sécurité, tranquillité et salubrité publiques ainsi que la dignité de la personne humaine.

Toutefois, l'on concèdera bien volontiers que la notion d'ordre public possède un sens plus général et une extension beaucoup plus large.

Si la doctrine publiciste dénomme souvent « ordre public » les buts légaux de la seule police administrative générale, c'est parce que l'idée d'une limitation de la police à l'ordre public « matériel et extérieur » — pour reprendre la célèbre formule que le doyen Hauriou a vraisemblablement emprunté à Auguste Comte[35] — exprime bien la perspective libérale dans laquelle s'est opérée la conceptualisation de la police administrative[36]. Cependant, l'inclusion bien connue parmi les « composantes » de cet ordre public général de la dignité humaine[37] comme, en d'autres temps, de la moralité publique, suffit à montrer que le contenu de l'ordre public en droit administratif n'est pas figé dans une orthodoxie libérale mais relativement perméable aux évolutions du contexte politique et social.

---

[33] CPCE, art. L. 32-1.

[34] C. transp., art. L. 2102-1 ; C. énergie, art. L. 121-32, 1°.

[35] Lequel distingue « l'ordre extérieur, d'abord matériel puis vital » de « l'ordre humain, d'abord social puis moral » (A. COMTE, *Catéchisme positiviste*, Septième et huitième entretiens, 1852, Paris, Apostolat positiviste, 1891 (rééd.) p. 179 s. et 204 s.).

[36] J. PETIT, « La police administrative », préc., p. 7.

[37] CE, Ass., 27 oct. 1995, *Cne de Morsang-sur-Orge*, *Leb.*, p. 372, concl. P. FRYDMAN, *GAJA* ; CE, 9 nov. 2015, n° 376107, *Association générale contre le racisme et pour le respect de l'identité française chrétienne (AGRIF)*, *AJDA*, 2015, p. 2508, concl. A. BRETONNEAU, *AJDA*, 2015, p. 2512, note X. BIOY.

Mais la très large extension de la notion d'ordre public apparaît plus clairement encore si l'on y intègre « l'ordre public du juge »[38], c'est-à-dire l'ensemble des règles juridiques que le juge fait prévaloir sur la volonté des contractants, lequel peut être regardé comme participant de la fonction générale de police au même titre que les buts de la police administrative[39]. En ce sens, en effet, l'ordre public possède un contenu relativement indéterminé dans la mesure où « le caractère d'ordre public d'une norme est inhérent au fait qu'elle mette en œuvre un intérêt ressortissant aux valeurs sociales essentielles », ce qui résulte « de la substance de la disposition, et non principalement de son énoncé formel »[40].

Cette conception large permet, selon Thomas Pez, de considérer que les buts de la régulation correspondent à un « ordre public économique » au sens du « bon fonctionnement du marché », qui ne se limite pas aux règles de concurrence mais intègre également d'autres objectifs[41]. Encore pourrait-on considérer cette notion d'ordre public économique trop restrictive, puisque certains des objectifs de la régulation, en particulier celui d'organiser « la fourniture et le financement [d'un] service public »[42] constituent des objectifs non économiques qui excèdent le « bon fonctionnement du marché ».

Mais, plus précisément, la diversité de contenu des objectifs de la régulation ne s'oppose pas à ce que l'on range celle-ci au sein de la fonction de police administrative, pour peu que l'on intègre dans cette dernière les non moins diverses polices administratives spéciales.

B. Les régulations sectorielles comme polices administratives spéciales

La possibilité de subsumer le contenu des divers objectifs de la régulation sous la notion d'ordre public inspire l'assimilation de cette dernière à un ensemble de polices administratives spéciales. Une

---

[38] G. MARCOU, « L'ordre public aujourd'hui. Un essai de redéfinition », *in* Th. REVET, L. VIDAL (dir.), *Annales de la régulation*, Paris, IRJS, 2009, p. 83.

[39] Voir en ce sens, É. PICARD, *La notion de police administrative*, préc., p. 523 s. ; É. PICARD, « Police », *in.* D. ALLAND, S. RIALS (dir.), *Dictionnaire de la culture juridique*, Paris, Lamy, PUF, 2003, p. 1164.

[40] P. DEUMIER, Th. REVET, « Ordre public », *in* D. ALLAND, S. RIALS (dir.), *Dictionnaire de la culture juridique*, préc., p. 1119.

[41] Th. PEZ, « L'ordre public économique », *Nouveaux Cahiers du Conseil constitutionnel*, n° 49, oct. 2015, p. 43.

[42] *Ibid.*

analyse approfondie de cette assimilation de prime abord séduisante montre cependant qu'elle déçoit par sa faible utilité.

1. Une assimilation séduisante

Comme l'ont montré les travaux fondateurs d'Étienne Picard, en droit administratif, la notion d'ordre public général sert de « norme implicite d'habilitation »[43] des autorités de police à restreindre les libertés selon des modalités qui ne sont pas prédéterminées par les textes, mais exigées par la *nécessité* de réagir à certaines circonstances (les troubles à l'ordre public), sous le contrôle *a posteriori* du juge administratif. En délimitant le contenu de l'ordre public général, la jurisprudence administrative délimite donc *rationae materiae* cette compétence singulière des autorités de police administrative générale[44].

Cependant, les limites de l'ordre public général ne valent, par définition, que pour les situations dans lesquelles l'autorité administrative n'a pas été habilitée textuellement à apporter certaines restrictions aux libertés dans le cadre de ce qu'il est convenu d'appeler les polices administratives spéciales. Or ces dernières traduisent non seulement la volonté de permettre des restrictions plus fortes que ne le permettent les pouvoirs de police administrative générale (par exemple par l'instauration d'un régime préventif d'autorisation ou de déclaration préalable), mais encore celle de viser des objectifs étrangers à l'ordre public général comme la protection de l'environnement ou l'esthétique. Ainsi, la prolifération des polices administratives spéciales depuis le début du XIXe siècle accompagne le développement d'un État social, dont les principes viennent se surajouter aux principes libéraux de l'État de droit[45].

Il est, dès lors, très tentant d'assimiler, comme le font plusieurs auteurs, à autant de polices administratives spéciales les diverses régulations sectorielles[46], lesquelles présentent avec celles-ci de frappantes similitudes formelles qui les distinguent de la police

[43] É. PICARD, *La notion de police administrative*, préc., p. 558.
[44] Aussi bien la décision de police administrative générale prise dans un but étranger à l'ordre public général encourt-elle la censure pour détournement de pouvoir (voir par ex. CE, Sect., 25 janvier 1991, *Brasseur*, *Leb*., p. 23).
[45] É. PICARD, « Police », préc., p. 1163 ; J. PETIT, « La police administrative », préc., p. 16.
[46] Voir notamment : Ch. VAUTROT-SCHWARTZ, « Police et régulation », préc., spéc. p. 55 s.

administrative générale : elles concernent des domaines particuliers de la vie sociale (des secteurs d'activités ou des marchés déterminés) et sont instituées par des textes, qui habilitent des autorités dont ils décrivent de façon relativement précise les compétences et pouvoirs. La jurisprudence a pu d'ailleurs paraître confirmer au moins partiellement cette assimilation, le Conseil d'État s'étant fondé, pour dénier au maire la compétence de réglementer l'implantation des antennes relais, sur l'existence « d'une police spéciale des communications électroniques confiée à l'État », dont participent certaines compétences de l'ARCEP[47].

L'assimilation de la régulation à un ensemble de polices administratives spéciales a, en outre, ceci de séduisant qu'elle permet de montrer que le phénomène apparemment perturbateur de la régulation ne remet nullement en cause l'ordre binaire (immuable ?) des fonctions de l'Administration : ce qui n'est service public ne peut être que police, concepts juridiques que d'aucuns voudraient voir « permanents » et même « immortels »[48]. Toutefois, il n'est pas évident que son intérêt aille bien au-delà de cette vertu conservatrice.

2. Une assimilation décevante

L'utilité qu'il pourrait y avoir à montrer que la régulation n'est rien d'autre qu'un ensemble de polices administratives spéciales peut se situer sur deux plans différents.

Il peut d'abord s'agir d'une qualification juridique, destinée à produire ou à justifier des conséquences en termes de régime des pouvoirs et des actes. Mais, dès lors que chaque police administrative spéciale obéit à son régime propre, fixé par les textes qui l'instituent, cette première possibilité paraît d'emblée peu vraisemblable. Ceux qui s'y sont essayés reconnaissent d'ailleurs que « la moisson [est] faible », au moins quantitativement[49], et se résume pour l'essentiel au fait que l'ensemble des régulations sectorielles « [trouvent] leur fondement dans la loi qui détaille grandement leur régime et celui du secteur en cause »[50]. Encore pourrait-on faire observer que ceci ne peut être tenu pour une caractéristique que par contraste avec

[47] CE, Ass., 26 oct. 2011, *Cne de Saint-Denis,* n° 326492, *Lebon*, p. 529 ; *AJDA*, p. 2219, chron. J.-H. STAHL et X. DOMINO, *DA*, n° 1/2012, p. 53, note F. MELLERAY.
[48] Ch. VAUTROT-SCHWARTZ, « Police et régulation », préc., p. 55.
[49] *Ibid.*, « Police et régulation », spéc., p. 82.
[50] *Ibid.*, p. 82.

l'habilitation implicite très singulière des autorités de police administrative générale.

Mais l'assimilation de la régulation à la police peut également avoir une visée heuristique. En la ramenant à une fonction classique et bien connue de l'Administration, il s'agit alors de dénier à la régulation, ou ce qu'il est convenu d'appeler ainsi, l'originalité dont ses spécialistes la voient parée. Or, s'il est absolument légitime de procéder à la « déconstruction du mythe » de la régulation[51], le faire en l'assimilant à un ensemble de polices administratives spéciales nous semble comporter deux inconvénients majeurs.

D'une part, la conception de la notion de police sur laquelle cette assimilation repose est si large, qu'à pousser la logique jusqu'au bout, c'est l'activité administrative toute entière qui se trouve irrésistiblement attirée dans son orbite. En effet si, partant du principe qu'une police administrative spéciale peut viser soit le maintien de l'ordre public soit la satisfaction « d'autres fins d'intérêt général », l'on affirme que « la régulation est une activité de police en ce qu'elle poursuit certainement un but d'intérêt général »[52], et si l'on admet cependant que « l'intérêt général [est le] but de toute activité administrative »[53], une logique imparable conduit à conclure que toute activité administrative est de la police, y compris, même, les activités de service public[54]. Que l'on se trouve ainsi renvoyé à la vision de l'État de Nicolas Delamare[55] nous rappelle que la notion de police, à l'instar de celle de service public, a conservé quelque chose de la portée totalisante qu'on lui prêta naguère. En d'autres termes, si la régulation peut être un « mythe moderne de l'État », cette dimension mythique n'est pas non plus absente de la notion de police[56].

D'autre part, la « déconstruction » de la régulation par sa réduction à un ensemble de polices administratives spéciales s'opère, on le verra, au prix d'un arasement qui vise à désencombrer la notion de régulation de toutes les aspérités qui en compliquent le classement. Or

---

[51] *Ibid.*, p. 65 s.
[52] *Ibid.*, p. 76.
[53] *Ibid.*, p. 66.
[54] Délaisser le terrain des fins pour celui des moyens en arguant que les services publics consistent en des prestations n'est ici d'aucun secours : la police elle aussi passe par certaines prestations, de secours aux personnes par exemple.
[55] Voir N. DELAMARE, *Traité de la police*, t. 1, Paris, Jean & Pierre Cot, 1750, p. 2-4.
[56] Voir Th. PERROUD, *La fonction contentieuse des autorités de régulation en France et au Royaume-Uni*, préc., n° 801-807.

tout l'intérêt d'une comparaison avec la police est, à notre sens, de faire ressortir ces particularismes. Cela devient possible si l'on envisage les objectifs de la régulation et de la police non plus sous l'angle de leur contenu mais de leur fonction.

II. – La différenciation fonctionnelle des objectifs

Tributaire, comme on l'a vu, de la manière dont est envisagé le rôle de l'État vis-à-vis de la société, le contenu de l'ordre public est une donnée relativement contingente et variable selon les époques. C'est la raison pour laquelle certains auteurs appréhendent cette notion sous un angle non pas matériel mais fonctionnel : quel que soit son contenu, l'ordre public a toujours pour fonction d'« autoriser la limitation des droits et libertés pour assurer les conditions sociales de leur jouissance »[57] ou, plus largement, pour assurer le maintien d'un certain ordre social. C'est ce qui conduit Étienne Picard à définir la police comme « la fonction disciplinaire de l'institution politique globale »[58].

L'intérêt de cette approche est de montrer que si la fonction disciplinaire est une composante indéniable de la régulation (A), celle-ci s'y résume rarement, et se différencie le plus souvent de la police par sa dimension à la fois interventionniste (B) et politique (C).

A. La dimension disciplinaire de la régulation

On ne saurait nier que la fonction disciplinaire occupe une place importante dans l'ensemble des secteurs régulés. Il n'est pas impossible qu'elle constitue l'objectif exclusif de la régulation dans certains d'entre eux.

1. Des objectifs toujours présents

Limiter les libertés en vue de rendre le comportement des individus et des opérateurs compatible avec le respect de l'ordre social souhaitable est incontestablement une dimension que l'on retrouve dans l'ensemble des régulations sectorielles.

---

[57] J. PETIT, « La police administrative », préc., p. 10.

[58] É. PICARD, « Police », préc., p. 1164 ; voir aussi : É. PICARD, *La notion de police administrative*, préc., p. 506 s.

La dimension disciplinaire de la régulation — ou, si l'on veut, sa fonction « de police » — apparaît, en particulier, chaque fois que les textes soumettent l'exercice d'une activité à un régime d'autorisation administrative préalable et habilitent l'autorité administrative compétente à lier la délivrance de l'autorisation au respect de certaines conditions.

Elle se manifeste également lorsque les autorités sont dotées du pouvoir de contrôler le respect par les opérateurs des obligations qui leur sont imposées ainsi que d'enquêter et, le cas échéant, de leur infliger des sanctions — le procédé répressif n'étant, comme on l'a déjà indiqué, nullement étranger par principe à la fonction disciplinaire —. Pour les mêmes raisons, l'approche fonctionnelle des objectifs de la régulation suggère enfin d'inclure également dans cette dimension disciplinaire, en dépit de son caractère très inhabituel dans le cadre de la police administrative[59], la fonction de règlement des différends dévolue à certaines autorités de régulation[60] : destinée à pallier par une décision l'échec de négociations entre opérateurs économiques, celle-ci prolonge la restriction au droit de propriété et à la liberté contractuelle que constitue le droit d'accès au réseau garanti en vue de favoriser la concurrence[61] ; en cela, elle s'apparente d'abord à une véritable « fonction de réglementation » avant d'être une fonction de règlement des litiges à proprement parler[62].

La nature disciplinaire de ces pouvoirs est, en soi, indifférente au contenu des objectifs dont il s'agit d'assurer le respect. Il nous semble cependant permis de les résumer par l'idée, souvent exprimée par les textes[63], de veiller au bon fonctionnement du marché ou du secteur concerné, sous réserve d'entendre par là également la satisfaction d'objectifs extrinsèques, en particulier les objectifs non économiques.

Il convient également de préciser qu'on ne peut, à notre sens, considérer comme le fait Étienne Picard que cette dimension disciplinaire est strictement limitée à une « fonction minimale de *protection* » de l'ordre existant, de sorte qu'iraient au-delà d'elle les

---

[59] M. LOMBARD, « La régulation et la distinction du droit public et du droit privé en droit français », *in* J.-B. AUBY, M. FREEDLAND (dir.), *La distinction du droit public et du droit privé : regards français et britanniques*, Paris, Éd. Panthéon-Assas, p. 81.

[60] CPCE, art. L. 5-4 s. et L. 36-8 ; C. énergie, art. L. 134-19 s. ; C. transp., art. L. 1263-2.

[61] Voir Th. PERROUD, *La fonction contentieuse des autorités de régulation en France et au Royaume-Uni*, préc. n° 505-511.

[62] *Ibid.*, n° 547.

[63] C. mon. fin., art. L. 621-1 ; C. énergie, art. L. 131-1 ; C. transp., art. L. 2131-1.

pouvoirs qui visent « à assurer une fonction de *constitution* de la société »[64]. En effet, contrairement à la vision libérale classique, le marché, et même l'ordre social dans son ensemble, doivent être envisagés comme étant non seulement protégés par l'État mais encore largement construits et institués par lui[65]. C'est pourquoi paraissent participer de la fonction disciplinaire de la régulation non seulement les pouvoirs qui visent à protéger la concurrence, mais encore ceux qui visent à l'introduire et à la développer en imposant des sujétions particulières aux opérateurs dont la puissance de marché est susceptible de l'empêcher ou de la limiter.

2. Des objectifs parfois exclusifs

Réserve faite de la dimension politique de la régulation, qui tient comme on le verra à la conciliation des objectifs, il n'est pas impossible que dans certains secteurs ou vis-à-vis de certains marchés, la dimension disciplinaire puisse englober l'ensemble des objectifs de la régulation. Cela semble être le cas dans le domaine des jeux en ligne, où « la politique de l'État » se borne à permettre le développement d'une concurrence dans le respect « des enjeux d'ordre public »[66]. De même, les objectifs de la régulation des marchés financiers et ceux de la régulation des activités bancaires et d'assurance, qui tiennent essentiellement à la protection et à l'information des épargnants et des clients, à la stabilité des marchés, et à la prévention et la résolution des crises[67] semblent également se rapporter exclusivement à cette dimension disciplinaire.

En revanche, dans d'autres secteurs, et particulièrement dans ceux des réseaux ouverts à la concurrence, la régulation comporte des objectifs qui nous paraissent étrangers à la notion de police en raison de leur caractère clairement interventionniste.

---

[64] É. PICARD, « Police », préc., p. 1164.

[65] Particulièrement prégnante en ce qui concerne la France (voir P. ROSANVALLON, *L'État en France de 1789 à nos jours*, Paris, Éditions du Seuil, 1990, p. 100 s.) cette vision se trouve aussi au fondement de ce qu'il est convenu d'appeler le « néo-libéralisme » (voir en ce sens : S. AUDIER *Néo-libéralisme(s). Une archéologie intellectuelle*, Paris, Grasset, 2012).

[66] Loi n° 2010-476 du 12 mai 2010, préc., art. 2 et 1er.

[67] C. mon. fin., art. L. 612-1 et L. 621-1.

B. La dimension interventionniste de la régulation

La frontière entre la fonction disciplinaire et l'interventionnisme est délicate à tracer, tant il est vrai qu'un glissement progressif peut s'opérer de l'un à l'autre[68]. Elle l'est d'autant plus si l'on admet, comme on l'a fait plus haut, que la fonction disciplinaire ne se contente pas de protéger l'ordre existant mais participe à sa constitution même. Il est cependant possible de considérer que l'État se fait *interventionniste* lorsque, constatant que les restrictions imposées aux libertés des individus ou des opérateurs économiques ne suffisent pas à atteindre certains objectifs d'intérêt général, il s'écarte de l'orthodoxie libérale qui commande en pareil cas de se contenter de ce résultat insatisfaisant comme d'un moindre mal, en décidant d'agir positivement en vue de la réalisation effective de ces objectifs.

En ce sens, la régulation comporte bel et bien une dimension interventionniste, qui se manifeste à la fois par ses objectifs de service public et ceux qui traduisent une volonté dirigiste de l'État.

1. Les objectifs de service public

Dans les secteurs des activités de réseaux ouverts à la concurrence, le service public occupe une place de premier plan parmi les objectifs de la régulation[69].

Une part importante des dispositions régissant les secteurs des services postaux, des communications électroniques, de l'électricité et du gaz naturel, a pour objet d'organiser l'attribution, la compensation et le contrôle de l'exécution d'« obligations de service public »[70]. Qu'elle découle de l'exigence d'un service universel défini à l'échelle du droit de l'Union européenne ou d'objectifs nationaux instaurés dans le respect de ce dernier, l'obligation de service public se définit comme une obligation qu'une entreprise mue par la recherche de son propre intérêt commercial n'assurerait pas spontanément dans la même mesure ou dans les mêmes conditions si elle ne lui était pas

[68] Voir É. PICARD, « Police », préc., p. 1165.
[69] G. MARCOU, « La notion juridique de régulation », *AJDA*, 2006, p. 350.
[70] CPCE, art. L. 1 s. et L. 35 s. ; C. énergie, art. L. 121-1 s.

imposée[71]. Le procédé de l'obligation de service public traduit ainsi « l'exécution du service public par des procédés de marché »[72].

Il convient toutefois d'observer que, d'un point de vue fonctionnel, l'obligation de service public peut être utilisée pour imposer aux opérateurs le respect d'objectifs d'intérêt général relevant de la dimension disciplinaire de la régulation[73] ; paradoxalement, elle ne correspond donc pas nécessairement à l'instauration d'un service public véritable.

Il n'en est ainsi que dans les cas — au demeurant nombreux — où l'obligation de service public vise à garantir, au profit de l'ensemble ou de catégories particulières d'usagers, l'accès à certains services dans des conditions prédéfinies de qualité et de prix. En instaurant de telles obligations, l'État ne se contente plus d'instituer et de préserver l'ordre social souhaitable entendu comme le cadre au sein duquel les libertés sont exercées, mais organise positivement la satisfaction de certains besoins. La régulation quitte alors le domaine des libertés formelles pour entrer dans une logique de droits-créances, que manifeste explicitement la proclamation du « droit de tous à l'électricité, produit de première nécessité » [74] ou du « droit au transport »[75] par exemple. Il est d'ailleurs fréquemment souligné que ces obligations doivent être exécutées dans le respect des principes du service public et plus particulièrement ceux « d'égalité, de continuité et d'adaptabilité »[76].

La forte présence du service public est encore plus visible dans le secteur des transports ferroviaires, où sont confiées par la loi[77] ou par les conventions conclues par les collectivités territoriales [78] des missions de service public dont la SNCF conservera le monopole jusqu'en 2019. Ces missions constituent un objet d'autant plus important de la régulation que les activités concurrentielles dans le

---

[71] Voir S. ZIANI, *Du service public à l'obligation de service public*, thèse, Paris, LGDJ, n° 230 s.
[72] *Ibid.*, p. 305.
[73] Par exemple, des obligations assignées aux différents opérateurs du secteur du gaz naturel tenant à la sécurité des personnes et des installations ou à la protection de l'environnement (C. énergie, art. L. 121-32, 1° et 6°).
[74] C. énergie, art. L. 121-1, al. 3.
[75] C. transp., art. L. 1111-1.
[76] C. énergie, art. L. 121-1, al. 3 ; CPCE, art. L. 1 et L. 35.
[77] C. transp., art. L. 2141.
[78] C. transp., art. L. 1221-3.

domaine du transport de voyageurs sont aujourd'hui limitées au transport international et demeurent peu développées.

2. Les objectifs dirigistes

Le second aspect de la dimension interventionniste de la régulation est constitué par des objectifs que l'on peut qualifier de dirigistes, dans la mesure où ils traduisent la volonté de l'État d'orienter le développement de certains secteurs. Il n'est, là encore, pas toujours aisé de différencier ces objectifs dirigistes avec ceux de la dimension disciplinaire, avec lesquels ils peuvent se confondre partiellement. Comme précédemment, la différence tient cependant à l'intention clairement exprimée d'agir positivement pour atteindre certains résultats. Par exemple, si la protection de l'environnement constitue un objectif disciplinaire, les objectifs de réalisation d'économies d'énergie et de valorisation du biogaz[79] ont une connotation plus dirigiste.

De tels objectifs, présents en abondance dans les réglementations sectorielles, ne se limitent pas aux aspects environnementaux mais concernent également d'autres domaines, en particulier la politique économique, comme l'illustrent les exemples cités au début de cette étude. Leur diversité laisse d'ailleurs supposer de possibles antagonismes qui interrogent quant à la manière dont ils peuvent être conciliés. C'est-là le second plan sur lequel la fonction de régulation se différencie de la police.

C. La dimension politique de la régulation

Le nombre et la diversité des objectifs de la régulation implique que les autorités compétentes procèdent à leur conciliation, voire à leur hiérarchisation, ce qui semble étranger à la fonction de police.

1. La conciliation et la hiérarchisation des objectifs

Si beaucoup d'auteurs estiment, à la suite de Marie-Anne Frison-Roche[80], que la régulation vise à concilier « les objectifs et valeurs de nature économique [...] avec le régime concurrentiel du marché »[81], il

---

[79] C. énergie, art. L. 121-32.
[80] M.-A. FRISON-ROCHE, « Le droit de la régulation », *D.*, 2001, p. 612.
[81] G. MARCOU, « La notion juridique de régulation », *AJDA*, 2006, p. 349.

importe de souligner que cette conciliation, que l'on peut considérer comme une donnée classique voire « consubstantielle au droit public »[82], concerne, au-delà de cette opposition binaire, une pluralité d'objectifs porteurs de multiples contradictions potentielles. Ainsi les objectifs de croissance et de création d'emplois, par exemple, ne vont pas forcément de pair avec ceux de développement durable, de maîtrise de la demande d'énergie, de pluralisme et de soutien à la création dans le domaine audiovisuel.

À vrai dire, les objectifs de la régulation sont si nombreux, leurs contenus si divers et leurs divergences potentielles tellement importantes, qu'il semble assez largement illusoire d'imaginer qu'ils puissent toujours être conciliés. En masquant cela, le recours à l'idée de conciliation pour définir la régulation risque de tomber dans ce que Pierre Legendre a appelé « l'idéologie de la régulation »[83]. En présence d'objectifs antagonistes, c'est au mieux un « compromis »[84] qui pourra être trouvé ; souvent il faudra choisir, faire primer un objectif sur l'autre, autrement dit *décider*, au sens politique du terme. Voilà une autre dimension de la régulation qui nous semble la différencier de la police.

2. Une fonction étrangère à la police

L'affirmation selon laquelle opérer un choix parmi une pluralité d'objectifs divergents est une dimension étrangère à la police peut surprendre. N'est-ce pas là, précisément, la fonction même d'une autorité de police administrative générale ? Il convient cependant de souligner à nouveau ici la profonde singularité de la police administrative générale, dont la norme d'habilitation implicite réside dans la nécessité d'agir en présence d'un événement menaçant les conditions primordiales de l'ordre social. Or si une analogie entre la régulation et la police est possible, ce n'est, comme on l'a montré, qu'avec les polices administratives spéciales.

Dans le cadre de ces dernières, au contraire, une telle dimension est nettement moins présente. En règle générale, chaque police administrative spéciale est instituée en vue de la poursuite d'un

---

82 G. Clamour, *Intérêt général et concurrence*, préc., n° 1248.

83 Voir P. Legendre, *La 901e conclusion. Étude sur le théâtre de la raison*, Paris, Fayard, 1998, p. 137.

84 Terme que Gérard Marcou préfère à celui de conciliation (G. Marcou, « La notion de régulation », préc., p. 349).

nombre limité d'objectifs qui forment un ensemble relativement homogène et cohérent. Certes, le « concours » entre polices administratives spéciales, c'est-à-dire la situation dans laquelle deux polices administratives spéciales trouvent à s'appliquer concomitamment à un même fait se produit assez souvent[85]. Mais, d'une part, on est alors en présence de la rencontre de deux polices distinctes, fussent-elles exercées par une autorité unique ; d'autre part, et surtout, il est alors logique qu'en l'absence de texte le prévoyant « le respect des exigences d'un des deux ordres publics spéciaux ne puisse évincer celles de l'autre »[86]. C'est là ce que traduit, au plan contentieux, le principe dit « de l'indépendance des législation »[87], qui implique par exemple qu'une opération de construction pour laquelle un permis de construire à été délivrée ne puisse avoir lieu faute d'avoir obtenu l'autorisation de démolir des bâtiments existant[88].

La logique de la régulation paraît à cet égard toute autre, comme l'illustre de façon particulièrement frappante l'exemple des secteurs de l'énergie. Si la Commission de régulation de l'énergie est chargée de veiller « au bon fonctionnement des marchés de l'électricité et du gaz naturel au bénéfice des consommateurs finals », cela doit se faire, précise la loi, « en cohérence avec les objectifs [...] et prescriptions »[89] de la « politique énergétique »[90], lesquels doivent être atteints par « l'État, en cohérence avec les collectivités territoriales et leurs groupements et en mobilisant les entreprises, les associations et les citoyens »[91]. Comment, par quels processus formels ou informels, ces « objectifs » et « prescriptions » politiques informent la mission de régulation confiée à des instances dont la raison d'être même réside pourtant dans une indépendance relative vis-à-vis du pouvoir politique n'est pas la moins intéressante des questions[92]. En tout état de cause, cette preuve, s'il en fallait, que la

---

[85] Voir É. PICARD, *La notion de police administrative*, t. 2, préc., p. 696 et p. 725-726.
[86] *Ibid.*, p. 727.
[87] Voir B. GENEVOIS, « Les autorisations administratives en matière de réhabilitation de l'habitat ancien », *Droit et Ville*, 1979, p. 97 ; A. BOURREL, « Contribution à l'étude du principe d'indépendance des législations en droit administratif français », *RJEP/CJEG*, 2005, p. 455.
[88] CE, 25 avr. 1990, *Smet*, *D.*, 1991, somm., p. 269, obs. H. CHARLES.
[89] C. énergie, art. L. 131-1.
[90] C. énergie, art. L. 100-1 et L. 100-2.
[91] C. énergie, art. L. 100-2.
[92] Il n'est cependant pas certain, comme le souligne Olivier Beaud, qu'il soit possible d'y répondre étant donné la culture du secret qui prédomine dans l'Administration française (O. BEAUD, « L'État », préc., p. 242).

régulation comporte une forte dimension politique justifie les récentes préoccupations relative au contrôle politique des autorités administratives indépendantes[93].

*

La régulation, bien qu'elle comporte un aspect disciplinaire similaire à la fonction de police, se différencie donc néanmoins de celle-ci par ses dimensions interventionniste et politique. Elle ne semble ainsi pas plus réductible à la police qu'elle ne l'est au service public. Cela ne suffit pas à conclure qu'elle corresponde nécessairement à une fonction autonome, débat que la présente étude n'avait d'ailleurs pas pour objet de trancher. Elle rappelle cependant que, s'il y a certainement un « mythe » de la régulation, les catégories traditionnelles par lesquelles le juriste prétend classer les fonctions sociales de l'Administration dénotent elles aussi des représentations « mythiques » de l'État, marquées par les contextes idéologiques et politiques dans lesquels elles ont été forgées. Cela suggère qu'il faudrait peut-être changer d'approche, en tentant d'appréhender la régulation à l'aide d'une théorie de l'action publique plutôt que d'une théorie strictement juridique des fonctions de l'État[94].

---

[93] R. DOSIÈRE, Ch. VANNESTE, *Les autorités administratives indépendantes*, Rapport n° 2925 fait au nom du Comité d'évaluation et de contrôle des politiques, Assemblée Nationale, 28 oct. 2010 ; voir aussi : J.-L. AUTIN, « Le devenir des autorités administratives indépendantes », *RFDA*, 2010, p. 875.

[94] Voir en ce sens : J.-B. AUBY, « Régulations et droit administratif », *Mél. G. Timsit*, Paris, Bruylant, 2005, p. 209.

Les objectifs de la régulation et de la concurrence ou l'esthétique du double

Frédérique BERROD[1]

Les liens entre la concurrence et la régulation s'illustrent dans une esthétique du double : la concurrence engendre la régulation ; la régulation donne à la concurrence un caractère soutenable[2]. Cette relation de miroir / frontière se reflète dans les objectifs de chacune de ces deux branches du droit économique moderne[3].

L'étude de ces objectifs révèle des liens endogamiques qu'il convient de comprendre d'abord dans le contexte de la naissance du droit de la régulation. Celui-ci procède en effet de l'approche du droit de l'Union européenne. La régulation naît de la libéralisation des industries de réseau, qui consiste en l'élimination de principe des monopoles de droit, qui « trustaient » le plus souvent la chaîne de production et de distribution[4]. Pour que la libéralisation soit effective, il faut qu'elle soit générée, accompagnée et, en quelque sorte, orchestrée par un droit de la régulation[5]. Ce pilotage est nécessaire

---

[1] Professeure de droit public à l'Université de Strasbourg (Centre d'études internationales et européennes).

[2] Ce que l'on visualise en superposant deux tableaux peints dans le même laps de temps par deux peintres du surréalisme belge : Delvaux, Le miroir, 1936 et Magritte, Double secret, 1937.

[3] Sur l'importance des objectifs dans le développement du droit de la concurrence, voir « Les objectifs du droit et de la politique de concurrence », *in Revue sur le Droit et politique de la concurrence*, OCDE, 1/2003, vol. 5, pp. 8-30 et pour la régulation, M.-A. FRISON-ROCHE, « La victoire du citoyen client », *Sociétal*, 2000, n° 30, pp. 49-54.

[4] Sur ces évolutions, voir G. ECKERT, *Droit public des affaires*, Focus Droit, LGDJ, 2ème édition, 2013, p. 159 et s.

[5] Sur le caractère pérenne du droit de la régulation, voir par exemple les conclusions de l'analyse comparative menée dans l'ouvrage de G. MARCOU et F. MODERNE, *Droit de la régulation, service public et intégration régionale*, Tome 1, coll. Logiques Juridiques, L'Harmattan, 2005.

quand le secteur est en transition vers la concurrence, quand le marché est structurellement défaillant ou quand une entreprise agit sur un marché de biens publics, de nature a-concurrentielle[6]. Le droit de la régulation est donc un droit du pilotage de secteurs de l'économie par l'État au moyen d'un panel de prérogatives utilisé pour préserver les équilibres du marché[7].

Une fois rappelée cette filiation historique, qui fait des deux branches du droit un droit du marché, une étude de leurs objectifs conduit à une autre cartographie juridique. Les objectifs du droit de la concurrence de l'Union européenne se répartissent traditionnellement en deux catégories. On distingue des objectifs principaux, qui consistent à maintenir et encourager le processus concurrentiel pour promouvoir l'utilisation efficace des ressources, tout en protégeant la liberté économique des acteurs. Il existe aussi des objectifs plus secondaires, mais politiquement majeurs, qui sont la protection du pluralisme, la décentralisation des décisions économiques, l'encouragement des PME ou encore la loyauté de la concurrence. On observe que, pour le droit de la concurrence, les objectifs premiers sont de nature économique, ce qui paraît logique. L'application de la concurrence peut ensuite conduire à la prise en charge des objectifs sociaux ou politiques. Tous les pays, sauf peut-être les pays en développement, semblent aller aujourd'hui dans le sens d'un abandon de la concurrence comme instrument de promotion de l'intérêt général[8]. La protection de ce dernier n'est envisageable que par des exemptions, autorisations ou autres dérogations.

Plus spécifiquement, dans l'Union européenne, la concurrence est un instrument au service du fonctionnement du marché intérieur. La modernisation du droit de la concurrence dans l'Union a consisté à redonner toute sa valeur à l'objectif de protection du bien-être du consommateur. L'idée consiste à privilégier l'efficacité économique

---

[6] M.-A. FRISON-ROCHE, « Les entreprises "cruciales" et leur régulation », *in* A. SUPIOT, (dir.), *L'entreprise dans un monde sans frontières. Perspectives économiques et juridiques,* coll. « Les sens du droit », Dalloz, 2015, pp. 253-267.

[7] Définition retenue par S. NICINSKI, « Intervention économique et régulation », *in* P. GONOD, F. MELLERAY et P. YOLKA (dir.), *Traité de droit administratif,* Dalloz, 2011, pp. 114-154, spéc. p. 120.

[8] « Les objectifs du droit et de la politique de concurrence », *in Revue sur le droit et la politique de concurrence*, OCDE, 1/2003, vol. 5, pp. 8-30.

plutôt qu'une analyse dogmatique de la restriction de concurrence[9]. Sans changer le sens du droit de la concurrence, cette approche permet de valoriser l'évaluation des effets d'une restriction de concurrence sur le marché. Cela démontre que les objectifs non économiques peuvent être servis très indirectement par la concurrence, mais en quelque sorte par effet ricochet du fonctionnement du marché. L'analyse économique du droit de la concurrence commande qu'une restriction de concurrence soit acceptable si elle est compensée par des effets économiques globalement positifs[10]. C'est dans le même ce sens que le président Juncker plaide pour qu'une entreprise paye ses impôts à l'endroit où elle fait des bénéfices, sans possibilité de « dealer » une réduction du taux d'imposition. Cet aspect social de la concurrence est, selon lui, une caractéristique du mode de vie européen[11].

La régulation est d'abord une résultante de cette conception, qui permet de faire du marché un moyen d'assurer le bien-être du consommateur. Le droit de la régulation et le droit de la concurrence permettent ainsi d'installer et de maintenir un processus concurrentiel efficace[12]. Pour assurer l'efficacité des industries de réseau, la concurrence a été utilisée par les institutions de l'Union comme un moyen de réaliser l'interconnexion des marchés, objectif premier du marché intérieur. L'application des règles de concurrence des articles 101 et 102 TFUE a permis de garantir la liberté pour toute entreprise d'entrer sur le marché national, en développant le principe de l'ATR (accès des tiers au réseau). En contrepartie, les textes d'harmonisation sont venus consacrer, pour chaque consommateur un droit de choisir son fournisseur afin de rendre effective l'ouverture des marchés.

La régulation est ensuite un contrepoids à cette approche concurrentielle. À bien observer les secteurs qui servent de premiers développements au droit de la régulation du point de vue du droit de l'Union européenne, on distingue d'autres objectifs que le fonctionnement du marché intérieur ou la protection du

---

[9] Pour une étude de ces développements historiques, voir C. PRIETO et D. BOSCO, *Droit européen de la concurrence. Ententes et abus de position dominante*, coll. Manuels, Bruylant, 2013, p. 155 et s.

[10] Voir dans l'Union européenne la logique des règlements d'exemption par catégories et des lignes directrices qui les accompagnent.

[11] Discours sur l'état de l'Union, 19 septembre 2016.

[12] J. RIFFAULT-SILK, « La régulation de l'énergie : bilan et réformes », *RIDE*, 2011, pp. 5-40, spéc. p. 10. Cette approche fait de la régulation un droit de la transition des secteurs des industries de réseau.

consommateur. Ce qui est en réalité symptomatique de l'évolution des industries de réseau c'est que la concurrence n'est pas un objectif en tant que tel de la libéralisation. Elle n'est qu'un moyen pour atteindre d'autres objectifs économiques ou non.

On s'attachera dans cette communication au droit de la régulation développé dans le secteur de l'énergie. La concurrence y est en effet sérieusement remise en question par des possibilités étendues d'interventionnisme étatique ou le développement d'autres logiques solidaires, induites par les objectifs de l'article 194 TFUE. Le droit de la régulation n'est donc en rien un droit transitoire, qui vise à établir les conditions d'un marché concurrentiel pour mieux disparaître ensuite. La régulation est en réalité nécessaire pour modeler le marché, contrebalancer la concurrence quand elle empêche d'assurer d'autres objectifs, essentiellement de nature non économique[13].

Cette analyse restera centrée sur les objectifs qui différencient concurrence et régulation, qui les identifient comme deux champs juridiques distincts. C'est finalement sur la prise en charge des objectifs non économiques que se fait jour une différence d'approche entre elles. La recherche de ces différences sera menée à partir de la régulation de l'énergie. Cette régulation part de l'hypothèse que le consommateur doit avoir la liberté de choisir son fournisseur, ce qui implique le développement d'une offre concurrentielle. Sur ce point, l'identité des objectifs de la concurrence et de la régulation est totale. Mais, en réalité, la concurrence n'est pas un objectif de la politique européenne de l'énergie[14]. Le marché intérieur de l'énergie suppose que la concurrence soit assurée dans le but de renforcer la sécurité des approvisionnements et la complémentarité des ressources énergétiques. La mise en oeuvre de ces objectifs peut conduire à perturber le jeu de la concurrence pour développer, par exemple, la promotion des ENR (énergies nouvelles et renouvelables)[15], comme elle peut conduire à éviter la concurrence pour respecter « l'esprit de solidarité » de l'article 194, paragraphe 1, TFUE.

On voit donc que la régulation implique la concurrence autant qu'elle la discipline, voire s'en écarte, pour assurer la planification des interconnexions ou la promotion de ENR, pour ne pas détailler plus

---

[13] Pour une analyse d'ensemble, voir F. Berrod et A. Ullestad, *La mutation des frontières dans l'espace européen de l'énergie*, coll. Paradigme, Larcier, 2016.
[14] Voir l'article 194-1 TFUE.
[15] Sur ces possibilités, Voir CJUE, 29 septembre 2016, *Essent Belgium NV*, aff. C-492/14.

amplement. Comme le déclarait Nelly Kroes en 2009, parlant de la régulation bancaire et économique, « régulation et concurrence devaient être maniées de concert, pour garantir l'efficacité du marché et le retour de la croissance. Les institutions européennes se doivent de travailler ces deux droits en interfaces ».

S'il apparaît ainsi que la concurrence et la régulation assurent une protection apparemment différente des objectifs de nature non économique, chaque branche du droit obéissant au jeu du double je (I), elles se construisent comme deux droits en interface par une distinction de leurs objectifs, exploitant pleinement les virtualités d'un double jeu (II).

I. – La protection apparemment différente des objectifs de nature non économique : les vertus du double je

L'étude de la prise en compte des objectifs non économiques révèle l'identité propre de la concurrence et de la régulation. Chacune cultive sa propre individualité par une prise en compte marginale des objectifs non économiques par la concurrence (A), alors que ces objectifs sont une dimension constitutive de la régulation (B).

A. Une protection marginale par la concurrence

Il est certain que la concurrence a une dimension de politique d'intérêt général[16]. Elle garantit en effet une allocation optimale des ressources et assure l'innovation et les investissements adéquats par la garantie que le prix résulte d'une mécanique d'ajustement entre l'offre et la demande. En ce sens, elle a bien pour objectif la protection du consommateur, peu important d'ailleurs le produit considéré[17]. La concurrence sert donc à formater le marché pour qu'il autorise des comportements concurrentiels[18], autant qu'elle lui sert ensuite de principe de fonctionnement[19]. Dans l'Union européenne, ce formatage

---

[16] Voir le discours de l'actuelle commissaire à la concurrence Madame Vestager disponible sur : http://ec.europa.eu/commission/2014-2019/vestager/ announcements/eesc-plenary-thursday-14-july_en et la stimulante analyse de C. PRIETO, « La culture européenne de concurrence », Droit 21, 2002, ER 007.

[17] CJUE, 17 février 2011, *Telia Sonera*, aff. C-52/09.

[18] Ce qui correspond au contrôle des concentrations.

[19] Ce que l'on voit très bien dans le déploiement des dispositions interdisant les ententes et les abus de position dominante.

est une garantie du libre accès des opérateurs aux vingt-huit marchés nationaux, principe général du marché intérieur[20].

Cette approche relie d'ailleurs le droit de la concurrence et celui de la libre circulation, qui font tous deux du marché le lieu d'épanouissement du bien commun par la satisfaction des besoins de chacun. Ce constat vaut aussi pour des biens particuliers, que l'on pourrait penser de prime abord en dehors de la logique de marché. Si l'on prend, par exemple, le cinéma, il apparaît que la spécificité des films est reconnue en tant qu'ils sont des œuvres d'art en même temps que des services[21]. Les règles de concurrence doivent aussi s'appliquer à ce secteur. Ce n'est que si certains objectifs culturels ne peuvent pas être atteints par le marché, que la régulation du secteur doit être utilisée comme un complément mais non un substitut des règles de concurrence[22]. L'État veille par une régulation sectorielle à atteindre les objectifs culturels, lesquels sont clairement extérieurs aux règles de concurrence.

On reconnaît ici la logique de l'article 106, paragraphe 2 TFUE, appliquée aux SIEG (services d'intérêt économique général) puis aux SIGNE (services d'intérêt général non économique). La concurrence se suffit en principe à elle-même pour assurer la protection de l'intérêt général. La satisfaction des besoins du consommateur est complètement prise en charge par le marché. Ce n'est que dans le cas où l'on observe une défaillance de ce marché que l'État peut écarter les règles de concurrence pour que l'entreprise puisse assumer pleinement sa mission d'intérêt général. Les objectifs économiques ou non, dès lors qu'ils sont d'intérêt général, permettent ainsi de déroger aux règles de concurrence. On retrouve ce même modèle dans l'article 101, paragraphe 3 TFUE : les efficacités positives peuvent être prises en compte pour déroger à l'interdiction des ententes[23]. Il reste que cette dérogation est d'interprétation stricte. Les efficacités tenant à l'amélioration d'objectifs non économiques restent au final

---

[20] CJUE, 2 décembre 2010, *Ker Optika*, aff. C-108/09, pt 48.

[21] A. PERROT et J.-P. LECLERC, *Rapport sur cinéma et concurrence*, La Documentation française, mars 2008, p. 17.

[22] Rapport, préc., p. 23.

[23] Lignes directrices concernant l'application de l'article 81, paragraphe 3 du traité, JOCE C 101 du 27 avril 2004, pp. 97-118.

marginalement prises en compte, parce que ces efficacités doivent, en tout état de cause, être quantifiables sur le plan économique[24].

La prise en compte d'objectifs non économiques peut, enfin, conduire à écarter les règles de concurrence pour qu'elles tiennent compte d'entreprises spécifiques, comme les entreprises sociales. La Cour de justice de l'Union européenne a, par exemple, estimé qu'une mutuelle ne pouvait ainsi être réduite à sa seule dimension commerciale, ce qui justifiait des politiques d'exonérations fiscales qui ne sont pas qualifiables d'aides d'État, à partir du moment où elles s'inscrivent dans l'économie générale d'un système fiscal favorable à des objectifs non concurrentiels[25].

Si les objectifs non économiques sont pris en compte par les règles de concurrence, qu'elles s'appliquent aux entreprises ou aux mesures étatiques, la prise en charge de ce type d'objectif est, on le constate, systématiquement extérieure à la concurrence. La concurrence doit être équilibrée par des politiques non exclusivement économiques, comme la politique environnementale ou sociale[26]. La question qui se pose n'est pas, au fond, de savoir comment la concurrence doit prendre en compte la satisfaction d'objectifs non économiques mais plutôt quelle doit être la hiérarchisation des politiques, dont celle de la concurrence[27]. C'est d'ailleurs la même question qui se pose pour le marché intérieur, qui peut devoir céder pour mieux assurer la protection de l'environnement[28].

Autant les objectifs non économiques sont secondaires, voire pris en compte de manière mineure, dans la concurrence, autant ils sont une dimension constitutive de la régulation.

B. Une dimension constitutive de la régulation

La régulation semble mieux prendre en compte les objectifs non économiques. Ceux-ci ne servent pas à contrebalancer une approche strictement concurrentielle mais ils contribuent pleinement à définir l'action publique. Il ne s'agit donc pas d'équilibrer les objectifs

---

[24] C'est du moins la position de la Commission dans ses lignes directrices préc.
[25] CJUE, 8 avril 2011, *Paint Graphos Soc. coop arl*, aff. C-78 à 80/08.
[26] C. London, « Concurrence et environnement : une entente écologiquement rationnelle ? », *RTDE*, 2003, pp. 267-285.
[27] N. Petit, *Droit européen de la concurrence*, Montchrestien, Lextenso, 2013, p. 49 et s. et 251 et s.
[28] CJUE, 1er juillet 2014, *Vindkraft*, aff. C-573/12.

économiques et non économiques par une approche somme toute assez proche de la proportionnalité, mais de construire une politique de régulation qui vise cette double dimension économique et non économique.

La régulation du secteur de l'énergie montre qu'elle vise des objectifs de sécurité des approvisionnements par le développement de la solidarité. A ce titre, la concurrence devient un objectif adjacent[29]. Même si l'énergie est un bien de marché[30], elle reste un bien spécifique du fait de la configuration nationale du marché[31], la nécessité des interconnexions techniques pour assurer l'entrée sur le marché comme la fluidité des échanges et la prégnance de la dimension de service public. La concurrence est donc nécessaire pour développer l'offre d'énergie et interconnecter économiquement les marchés, mais il faut d'autres règles pour garantir la transition ou l'efficacité énergétique.

On peut rappeler en ce sens que la libéralisation du secteur du transport, de la distribution et de la fourniture d'électricité s'est faite en contrepartie du maintien des obligations de service public (OSP) dans les mains des États membres. L'architecture des directive depuis 1996 montre ce marchandage : l'article 3 de la première directive « électricité »[32] pose en 1996 la possibilité, pour chaque État membre de définir et de mettre en oeuvre de telles OSP, dans le respect de l'article 106, paragraphe 2 TFUE. Plus les directives évoluent pour rendre la libéralisation effective, plus elles incorporent d'OSP, dont le contenu est parfois défini par l'Union européenne elle-même[33]. Par exemple, les institutions érigent au rang d'OSP la protection du consommateur vulnérable, que ce soit sur le plan social ou territorial.

---

[29] M.-A. Frison-Roche, « La concurrence, objectif adjacent de la régulation de l'énergie », in M. Behar-Touchais, N. Charbit et R. Amara (dir.), *A quoi sert la concurrence ?*, éd. Concurrences, 2014, pp. 423-428.

[30] J. Riffault-Silk, préc., p. 37.

[31] Rappelons la souveraineté des États sur leur bouquet énergétique consacrée par l'article 194-2 TFUE.

[32] Directive 96/92/CE du Parlement européen et du Conseil du 19 décembre 1996 concernant les règles communes pour le marché intérieur de l'électricité et abrogeant la directive 96/92/CE, JOCE L 27 du 30 janvier 1997, p. 20.

[33] Voir par exemple les directives sur le marché intérieur de l'électricité de 2003 et 2009 (directive 2003/54/CE du Parlement européen et du Conseil du 26 juin 2003 concernant les règles communes pour le marché intérieur de l'électricité et abrogeant la directive 96/92/CE, JOCE L 176 du 15 juillet 2003, p. 17 ; directive 2009/72/CE du Parlement européen et du Conseil du 13 juillet 2009 concernant les règles communes pour le marché intérieur de l'électricité et abrogeant la directive 2003/54/CE, JOUE L 211 du 14 août 2009, p. 55).

L'idée est donc que l'État joue en la matière son rôle de puissance publique pour imposer des tarifs différenciés ou la desserte de zones montagneuses et/ou enclavées en électricité [34]. Ces objectifs de cohésion sociale et territoriale sont le cœur des politiques de régulation des États. Ces politiques ne peuvent pas faire de choix divergents, le contenu de ce type d'OSP ayant été européanisé.

L'intervention de l'État dans le marché des ENR est un autre signe de la spécificité de la régulation comme moyen de prendre en charge des objectifs non économiques[35]. La récente réforme du système d'échange des quotas d'émission (SEQE) est exemplative de la prégnance des objectifs non économiques, dans la constitution même d'un mécanisme de marché. L'Union est en réalité responsable de dimensionner correctement le marché pour en garantir l'effectivité. À défaut, la concurrence risque de générer un effet opposé à celui attendu. Le sous-dimensionnement du marché aboutit en effet à un permis de polluer trop peu cher, qui ne joue pas son rôle d'incitatif à investir dans une production moins polluante. Les entreprises maintiennent parfois des sites en ruine pour conserver les permis de polluer qui y sont attachés[36].

Pour orienter le marché vers la transition énergétique il faut, dans certaines hypothèses, aller souvent à l'encontre de la logique concurrentielle. La libéralisation est ainsi bien plus un moyen d'interconnecter les marchés et d'assurer la pénétration d'autres ressources d'énergie que d'aboutir à une concurrence exacerbée entre les offreurs. Cette volonté de renforcer bien plus la sécurité énergétique que la concurrence transforme la régulation en champ de politique publique au plein sens du terme[37].

Ce mouvement est aisément observable dans la reconfiguration du marché de l'énergie autour du consommateur, partie active dans la

---

[34] F. BAFOIL et R. GUYET, « Accès à l'énergie et consommateurs vulnérables : les enjeux de la précarité énergétique en Europe », CERISCOPE Environnement, 2014, [en ligne], consulté le 27/11/2016, http://ceriscope.sciences-po.fr/environnement/content/part4/acces-a-l-energie-et-consommateurs-vulnerables

[35] Directive 2009/38/CE du 23 avril 2009 relative à la question de la promotion de l'utilisation de l'énergie à partir de sources renouvelables, JOCE L 140 du 5 juin 2009, p. 16. Voir aussi CJUE, 1er juillet 2014, *Vindkraft*, aff. C-573/12.

[36] Pour plus d'informations, voir le site de la Commission européenne, https://ec.europa.eu/clima/policies/ets/reform/index_fr.htm

[37] C. CLASTRES et C. LOCATELLI. « Libéralisation et sécurité énergétique dans l'Union européenne. Succès et questions », Cahier de recherche EDDEN n° 15/2012, 23 p., https://hal.archives-ouvertes.fr/halshs-00735610/document

politique européenne de l'énergie. La notion même de protection du consommateur change de sens. Celui-ci ne peut être suffisamment protégé par la seule baisse des prix de l'énergie ou la diversification des services qui y sont liés, produits de la concurrence qui règne sur le marché, suite à la libéralisation. La logique traditionnelle de la protection des consommateurs par le droit est également insuffisante : le consommateur ne peut pas seulement être la partie faible au contrat qu'il faut renforcer par l'attribution de droits spécifiques[38]. Pour assurer l'Union de l'énergie, il faut développer des instruments de mise en capacité du consommateur, pour en faire l'acteur de la transition énergétique. Le consommateur est appréhendé comme le générateur d'une demande nouvelle, supportant l'Union de l'énergie. La liberté de choisir son fournisseur peut alors devenir le levier de commande d'une politique européenne de l'énergie, nécessaire au renforcement de la sécurité de l'Union et à la protection de l'environnement.

La régulation acquiert par ce biais un sens différent de la concurrence. Elle en incorpore, certes, la logique première, mais elle s'extériorise en quelque sorte d'une stricte logique de marché. Elle devient un moyen de cadrer le marché, de le discipliner, de le modeler pour protéger efficacement des objectifs non économiques. Concurrence et régulation ont donc une interface commune mais doivent cultiver des objectifs potentiellement autonomes pour faire jouer leur complémentarité plus que leur identité-ressemblance.

II. – Des objectifs potentiellement autonomes : les virtualités du double jeu

Le double jeu de la régulation et de la concurrence est en réalité nécessaire à l'équilibre des marchés et à la protection effective de l'intérêt général. Les objectifs différents de la concurrence et de la régulation ont ainsi pour propriété de favoriser leur mise en synergie (A), autant que leur mise en cohérence pour garantir la réalisation de l'intérêt général par la juste intervention de l'État (B).

---

[38] Pour plus de détails, voir F. BERROD et A. ULLESTAD, ouvrage préc., p. 232 et s.

A. La mise en synergie de la concurrence et de la régulation

La politique de concurrence vise à faire fonctionner correctement le marché pour protéger le bien-être du consommateur par l'émulation entre les entreprises. Cette démarche repose sur l'idée que le marché protège un certain ordre social fondé sur l'égalité des chances et la concurrence par le mérite pour garantir, dans un même mouvement, le marché intérieur et la protection du consommateur[39]. Le droit de la concurrence vise donc à maintenir un certain ordre concurrentiel en fonction d'un de ces objectifs ou des deux, en fonction du temps[40].

Cette idée d'égalité des chances explique les évolutions de la politique de concurrence, qui vise aujourd'hui à protéger les possibilités d'accès au marché (que ce soit la liberté d'entrer et de sortir du marché) et discipline en priorité le pouvoir de marché. Cela suppose qu'une entente à l'intérieur de la zone de sécurité définie par les règlements d'exemption bénéficie d'une présomption d'exemption, peu important finalement les comportements [41] des entreprises puisqu'ils ne risquent pas de « congeler » le marché par l'utilisation de leur puissance de marché[42]. La concurrence est d'abord nourrie par une logique de décloisonnement des marchés de la politique du marché intérieur, qui mène à formater la concurrence pour qu'elle facilite la libre circulation (protection spécifique des importations parallèles) et qu'elle facilite les flux commerciaux (protection des ventes passives ; limitation des effets des brevets et des marques)[43].

Mais la concurrence ne peut pas aller jusqu'à définir quelle peut être la politique culturelle ou même industrielle[44]. Le droit de la concurrence n'empêche pas non plus la concurrence normative qui peut conduire à la concurrence déloyale. Pour qu'existent d'autres

---

[39] C. PRIETO et D. BOSCO, ouvrage préc., p. 160 et 185 et s.

[40] D. CAYLA, « Concurrence, de quoi parlons-nous ? Préciser le concept économique pour clarifier le débat politique », https://hal.archives-ouvertes.fr/file/index/docid/994773/filename/Cayla_2014_Concurrence_de_quoi_parlons_nous.pdf

[41] À l'exception, bien entendu, des restrictions dites caractérisées, qui empêchent l'exemption automatique.

[42] Voir les explications de la logique d'exemption des accords verticaux, J.-F. BELLIS, *Droit européen de la concurrence*, coll. Concurrences, Bruylant, 2014, pp. 190-219.

[43] N. PETIT, ouvrage préc., pp. 58 et s.

[44] F. MARTY, « Concurrence et politique industrielle : analyse de logiques distinctes », *in* V. DE BEAUFORT (dir.), *Entreprises stratégiques nationales et modèles économiques européens*, Bruylant, 2012, pp.131-153.

politiques, il convient alors de mettre la concurrence au second plan, pour que soient pleinement assumés des objectifs non économiques, tels que la sauvegarde des emplois ou la protection de l'environnement, qui ne peuvent mécaniquement être pris en charge par un fonctionnement « normal » du marché. La libéralisation des marchés de l'énergie va ainsi de pair, dans l'article 194, paragraphe 1 TFUE, avec le renforcement de la sécurité des approvisionnements par une vision inclusive de la société (protection des consommateurs vulnérables, promotion de la maîtrise de la consommation d'énergie) et pas uniquement par une démultiplication de l'offre d'énergie et le fonctionnement d'un marché pleinement concurrentiel[45].

Si l'on se réfère à la régulation, on peut dire que la concurrence en est à la fois le fondement et un complément. La concurrence est d'abord le principe fondateur de la régulation, qui impose la démonopolisation pour garantir l'ATR. Une fois ces principes posés et protégés par les autorités de régulation, la concurrence intervient à la marge, pour sécuriser des offreurs concurrents ou éviter un comportement abusif de l'opérateur historique. Il s'agit alors de considérer que la concurrence et la régulation ont chacun un champ d'action et des modalités spécifiques de mise en œuvre. La concurrence intervient une fois le comportement commis, pour sanctionner le dommage au marché et jouer un double rôle de sanction et de prévention des comportements infractionnels. Dans le cadre du contrôle des concentrations, les règles de concurrence constituent même un moyen de formater le marché pour qu'il incorpore une charge suffisante de concurrence par une protection des possibilités d'entrer sur le marché[46].

Dans les marchés nouvellement ouverts à la concurrence, les règles de concurrence vont, en effet, protéger le nouvel arrivant. La concurrence ne peut déployer ses effets qu'une fois que le marché a été remodelé par les autorités de régulation pour créer les conditions d'une entrée effective sur le marché, par une politique dynamique de séparation juridique des entreprises et de contrôle des prix d'entrée sur les réseaux[47]. La régulation doit intervenir pour donner une réalité tangible à la liberté de choix des consommateurs. Ensuite, et ensuite

---

[45] M.-A. FRISON-ROCHE, « La concurrence, objectif adjacent de la régulation de l'énergie », préc.
[46] A. PERROT et J.-P. LECLERC, *Rapport sur cinéma et concurrence*, préc.
[47] M.-A. FRISON-ROCHE, « La victoire du citoyen client », préc.

seulement, les comportements anticoncurrentiels pourront être détectés et sanctionnés par les autorités nationales et communautaires de la concurrence.

La régulation comprend donc le respect des principes de concurrence, seuls à même de garantir un fonctionnement concurrentiel (*ex post enforcement*). Mais elle ne peut se satisfaire de cet état du droit et elle doit utiliser d'autres modes de formatage des marchés. La sélection par le marché risque en effet de ne laisser subsister que les *blockbusters* et les multiplexes, tuant le cinéma d'auteur et les cinémas de quartier. Pour contrecarrer le marché, il faut alors qu'une autorité de régulation favorise les concentrations et l'intégration verticale. Les principes de la régulation sectorielle viennent alors enrichir et compléter les règles de concurrence[48]. De leur mise en synergie dépend l'efficacité de marchés qui ne sont pas tout à fait comme les autres parce qu'ils comprennent une forte composante d'intérêt général. Le marché de l'énergie révèle les mêmes enjeux. Il illustre au fond une nouvelle manière de concevoir l'interventionnisme étatique.

B. La mise en cohérence de l'intervention de l'État

La régulation serait aujourd'hui un moyen de dessiner une nouvelle façon de penser l'intervention publique dans l'économie[49]. L'État doit être la puissance qui garantit la bonne gouvernance des marchés. Celle-ci repose sur une pièce maîtresse : des autorités indépendantes dotées de réels pouvoirs de sanction[50]. Le règlement 713/2009/CE du 13 juillet 2009 prévoit même, pour le marché de l'électricité et celui du gaz, une mise en œuvre coordonnée des règles de régulation au niveau de l'Union par le biais de l'Agence de coopération des régulateurs de l'énergie (ACER), dont l'objet est de réfléchir et d'échanger sur les problèmes communs aux régulateurs nationaux[51]. La régulation est ainsi légitimée par une législation qui comprend

---

[48] A. PERROT et J.-P. LECLERC, *Rapport sur cinéma et concurrence*, préc., spéc. p. 17.
[49] Pour reprendre le raisonnement du Vice-président Jean Marc Sauvé dans son introduction à un colloque de l'ÉNA intitulé précisément « Corriger, équilibrer, orienter : une vision renouvelée de la régulation économique », http://www.conseil-etat.fr/content/download/3598/10822/version/1/file/2013-09-24_regulation-economique.pdf.
[50] J.-P. KOVAR, « L'indépendance des autorités de régulation financière à l'égard du pouvoir politique », *Revue française d'administration publique*, 2012/3, pp. 655-666.
[51] Règlement 713/2009/CE du Parlement européen et du Conseil du 13 juillet 2009 instituant une agence de coopération des régulateurs de l'énergie, JOCE L 211 du 14 août 2009, p. 1.

l'action de toutes les parties prenantes, relayée par une autorité publique dont l'indépendance garantit qu'un intérêt, tout particulièrement celui de l'opérateur dit historique, ne soit pas privilégié.

L'État doit aussi utiliser le marché pour fonder le pacte social. La concurrence sert bien l'intérêt général en étant source d'innovation et en favorisant l'accès des consommateurs aux biens et aux services nécessaires à la satisfaction de leurs besoins. La régulation est, en complément, voire même au contraire, le droit de la défaillance des marchés. L'État doit, dans ce cadre, prendre sa juste part dans le fonctionnement de l'économie, en palliant les insuffisances ou les injustices allocatives du marché. Il peut le faire en définissant précisément des OSP, puis en les finançant[52]. Il peut aussi recourir au monopole quand il est nécessaire, comme par exemple sur les réseaux de transport d'énergie. La concurrence n'aboutit donc pas au désengagement de l'État[53]. Celui-ci est tenu par le droit de l'Union à protéger, dans un double mouvement, la dimension économique de l'intérêt général et la dimension d'intérêt général du marché.

Il doit ensuite garantir un égal accès au marché pour les offreurs, une capacité de choix pour le consommateur et assurer tout à la fois, par cette politique, la cohésion sociale et territoriale. L'État est le garant du fonctionnement correct du marché et oriente les règles de concurrence pour garantir la priorité à la réalisation d'un des trois objectifs que sont l'efficacité économique, la maximisation du bien-être des consommateurs et la capacité des entreprises à innover.

La régulation est aussi caractérisée par la mobilisation de techniques diverses d'interventionnisme étatique, non mutuellement exclusives. L'État peut évidemment réglementer une activité économique ou concevoir les règles de concurrence par l'instrument traditionnel de la *hard law*. Il peut aussi créer un écosystème juridique favorable à la co-régulation par la conception de mécanismes de marché[54]. Il peut encore orienter les choix des entreprises par des politiques de certification / labellisation ou par des aides directes. Il

---

[52] Dans les conditions de la jurisprudence *Altmark*, CJCE, 24 juillet 2003, aff. C-280/00.

[53] F. BERROD, « Le droit de l'Union européenne et le service public : de la défiance à la compréhension mutuelle », *in Le service public*, AFDA, Dalloz, 2014, pp. 107-122.

[54] Comme le système des certificats verts pour aider les producteurs nationaux, favorisés par la Cour de justice dans l'arrêt *ENEL* du 29 septembre 2016, préc., sur conclusions contraires de l'Avocat général Bot.

peut, en quelque sorte, instrumentaliser les entreprises au profit de la réalisation d'un objectif d'intérêt général. Dans un arrêt *Federutility*[55], la Cour de justice rappelle ainsi que l'article 106 TFUE définit les principes de l'intervention de l'État comme la conciliation de l'intérêt général à « utiliser certaines entreprises en tant qu'instrument de politique économique ou sociale avec l'intérêt de l'Union au respect des règles de concurrence et à la préservation de l'unité du marché intérieur ». Dans l'affaire *ENEL*[56], concernant les règles du service d'appel et d'équilibrage découlant de la directive de 2003 sur le marché intérieur de l'électricité, la Cour a estimé dans le même sens que la spécificité de l'électricité oblige l'État à considérer que certaines entreprises sont en position « stratégique et incontournable » et peut leur imposer de fournir des quantités d'électricité à des prix contrôlés pour garantir la sécurité de l'approvisionnement et donc la protection du consommateur. La Cour impose donc à l'État de ne pas intervenir de manière disproportionnée en concevant ces obligations de manière délimitée dans le temps et les prix étant définis avec une référence aux mécanismes du marché.

L'État est enfin le gardien des libertés économiques et doit garantir la protection de droits subjectifs par un système efficace de traitement et de prévention du contentieux. Il doit fabriquer la confiance nécessaire au bon fonctionnement des marchés.

Le développement des libertés économiques comme libertés fondamentales conduit ainsi à prendre la liberté d'entreprendre au sérieux. L'État, ou l'Union, doivent opérer une juste conciliation des exigences liées à la protection des différents droits fondamentaux et des objectifs légitimes d'intérêt général protégés par l'ordre juridique de l'Union. La Cour de justice de l'Union européenne a estimé que l'ingérence dans la liberté d'entreprendre et la liberté d'expression et d'information de l'entrepreneur doit rester proportionnée aux objectifs de protection de la santé du consommateur, par exemple[57].

La régulation doit donc autoriser l'État à valoriser les droits fondamentaux de l'entreprise sur le marché. La concurrence n'est qu'un instrument au service de ces objectifs de protection des droits fondamentaux de l'entreprise. La régulation a, au contraire, pour

[55] CJUE, 20 avril 2010, aff. C-265/08.
[56] CJUE, 21 décembre 2011, aff. C-242/10.
[57] Voir l'important arrêt *Neptune Distribution*, CJUE, 17 décembre 2015, aff. C-157/14.

objectif de développer ces droits comme des libertés authentiquement publiques. Dans cette optique, il est vital de distinguer très clairement les objectifs de la concurrence et de la régulation, pour que l'État n'y perde pas le sens contemporain de sa puissance publique.

La détermination des objectifs de la régulation dans l'Union européenne : au-delà de l'évidence, la complexité

Aurore LAGET-ANNAMAYER[1]

S'interroger sur les objectifs de la régulation économique dans l'Union européenne semble une évidence pour les secteurs en réseau (communications électroniques, poste, énergie, transports) qui ont été depuis plusieurs décennies maintenant saisis par le droit de l'Union européenne. La régulation des secteurs en réseau est née dans les textes communautaires lorsque ces secteurs naturellement porteurs de missions d'intérêt général ont entamé leur processus d'ouverture à la concurrence, avant d'être transposée dans les législations nationales. En d'autres termes, les objectifs de la régulation, dans ces secteurs, ont été définis en premier lieu au niveau de l'Union européenne. Il en a été autrement dans le secteur financier où le processus « de régulation », si l'on peut employer cette expression pour un secteur qui en manque cruellement, a suivi une logique différente. En effet, en matière bancaire et financière, la concurrence était déjà établie avant que les objectifs de régulation n'apparaissent[2] pour y maintenir un équilibre précaire, entre une concurrence débridée et la volonté d'une stabilité financière qui se traduit surtout par la prévention des risques systémiques et un contrôle prudentiel. Ce constat rend la comparaison des deux domaines peu aisée. C'est la raison pour laquelle l'étude sera principalement orientée sur la définition des objectifs de la régulation économique au sens strict, non sans faire quelques incursions sur la question financière lorsque ceci s'imposera.

---

[1] Maître de conférences (HDR) en droit public à l'Université Paris-Descartes.

[2] L'objectif d'intégration financière est apparu après l'introduction de la monnaie unique comme la priorité de la politique européenne. On parle dans ce secteur davantage de supervision ou de surveillance que de régulation.

Le thème proposé soulève d'emblée de nombreuses questions qu'il convient de synthétiser en introduction, à commencer par la notion d'objectif dans le cadre de la régulation.

Les objectifs ou les finalités font partie de la définition même de la régulation. Rappelons à cet égard que la régulation est une fonction qui a pour mission le maintien, dans ces secteurs si particuliers, d'un équilibre entre plusieurs intérêts[3]. C'est la raison pour laquelle Marie-Anne Frison-Roche a pu dire, dans un article fondateur en 2001, que « le droit de la régulation est gouverné par les objectifs »[4]. La régulation fait appel à une conception finaliste ou fonctionnelle du droit qui implique d'envisager différemment le droit puisque, dans ce cadre, ce n'est pas l'institution qui façonne la norme mais c'est le mode opératoire de l'action qui modifie l'institution. Or, de la même façon, cette logique finaliste du droit a toujours été au cœur de la méthodologie communautaire. La notion d'objectif est ainsi fondamentale en droit de l'Union car cette entité a été créée en vue de réaliser un certain nombre d'objectifs dont la réalisation du marché intérieur est le plus connu. Très clairement, le droit de l'Union affectionne particulièrement les notions fonctionnelles qui se trouvent au cœur de la méthode téléologique[5].

La question de la définition de la régulation au sein de l'Union européenne devrait ainsi s'imposer en liaison avec les objectifs définis dans ce cadre, ce qui implique que l'exercice de caractérisation de ces objectifs est important. Or, il n'existe pas de définition de la régulation dans le droit de l'Union, que ce soit dans les traités, les directives ou les règlements[6]. Il faut donc rechercher les objectifs de la régulation indépendamment de la régulation elle-même, ce qui n'est pas toujours une tâche aisée.

---

[3] La régulation constitue un nouveau mode d'action publique qui vise à introduire la concurrence dans des secteurs anciennement monopolistiques tout en assurant le respect d'autres objectifs d'intérêt général. Voir notamment A. LAGET-ANNAMAYER, *La régulation des secteurs en réseaux. Télécommunications et électricité*, Bruylant, Bruxelles, 2002, 546 p.

[4] M.-A. FRISON-ROCHE, « Le droit de la régulation », D., 2001, chron., p. 610.

[5] Même si la polyphonie sémantique utilisée par les traités ne facilite guère la tâche de l'observateur. Ainsi l'article 3 (nouveau) du TUE énonce les « buts » de l'Union là où l'ex-article 2 TUE (dans sa version antérieure au traité de Lisbonne) envisageait les « objectifs » de l'Union. L'ex-article 2 du TCE quant à lui évoquait les « missions » de la Communauté.

[6] C'est pourtant un européaniste, Professeur de sciences politiques, G. Majone, qui a été l'un des premiers à s'être intéressé à la régulation. G. MAJONE, *La communauté européenne : un État régulateur*, Montchrestien, coll. Clefs politique, Paris, 1996.

Dans les secteurs en réseau, l'objectif premier et dominant fut et demeure dans une certaine mesure l'introduction de la concurrence et l'équilibre à trouver avec l'objectif de service public entendu au sens large. Néanmoins, la réalisation progressive de la concurrence dans ces secteurs économiques - il s'agit désormais parfois moins d'ouvrir à la concurrence ces secteurs que de la faire vivre et de la préserver - a fait apparaître de nouveaux objectifs de valeur non économique[7]. Il s'agit toujours d'objectifs d'intérêt général mais qui s'expriment de manière plus précise, tels que l'aménagement du territoire, la protection des consommateurs, la réalisation des droits fondamentaux ou encore l'environnement rattachable au développement durable[8]. Mais là encore, la terminologie utilisée par l'Union européenne n'aide guère à clarifier ces strates d'objectifs[9]. Il en résulte que la notion d'objectif est souple et adaptable, ce qui est d'ailleurs son intérêt principal.

La confusion des termes précités s'accentue si l'on y ajoute le possible enchevêtrement entre objectifs et compétences. En effet, la notion d'objectif est plus vaste que celle de compétence, les compétences permettant de réaliser les objectifs, mais les deux notions sont indissociablement liées[10]. Ainsi, l'article 3§6, TUE prévoit que « l'Union poursuit ses objectifs par des moyens appropriés, en fonction des compétences qui lui sont attribuées dans les traités ». On

---

[7] Pour un exposé rapide de ces divers objectifs, Voir G. MARCOU, *Droit de la régulation, service public et intégration régionale*, L'Harmattan, tome 2, p. 17 ; M.-A. FRISON-ROCHE, « Les nouveaux champs de la régulation », *RFAP*, 2004/1, pp. 53 à 63 qui démontre que l'objet principal de la régulation deviendrait la prévention des risques à la place de la concurrence, et que, dès lors, la régulation peut trouver de nouveaux champs d'application. Ainsi, dans le secteur financier, c'est l'objectif de prévention des risques ou encore la stabilité qui devient le premier terme de l'équation avec la mise en avant de règles prudentielles.

[8] Sur ce point, voir H. DELZANGLES, « Les autorités de régulation indépendantes de marché et la prise en compte de l'environnement : l'exemple de l'énergie », *in Marché et environnement, droits et environnement*, Bruylant, Bruxelles, 2014, pp. 449 à 462.

[9] Il existe les objectifs généraux de l'article 3 TUE, mais aussi des objectifs matériels, des objectifs à caractère transversal qui sont aussi des politiques elles-mêmes identiques aux objectifs. Sur ces aspects, voir : V. MICHEL, « Les objectifs à caractère transversal », p. 198 *in* E. NEFRAMI (dir.) *Objectifs et compétences dans l'Union européenne*, Bruylant, Bruxelles, 2012, qui considère que ces objectifs à caractère transversal renvoient à des considérations non économiques, de sorte que ces clauses peuvent renforcer le travail de conciliation entre impératifs économiques et impératifs non économiques.

[10] E. NEFRAMI, « Le rapport entre objectifs et compétences : de la structuration et de l'identité de l'Union européenne », *in* E. NEFRAMI (dir.), *Objectifs et compétences dans l'Union européenne*, Bruylant, Bruxelles, 2012, pp. 2 à 22 qui démontre que le rapport objectif/compétence joue un rôle régulateur dans les limites du principe d'attribution, mais conditionne aussi l'exercice de la compétence en fonction de la base juridique utilisée.

ne traitera néanmoins pas dans le cadre de cette étude des compétences permettant de réaliser les objectifs de la régulation, ni des moyens pour les mettre en œuvre (tout en sachant que les moyens de mise en œuvre peuvent constituer pour les États des objectifs en eux-mêmes) mais uniquement de la détermination de ces objectifs.

*

Derrière l'apparente évidence de la détermination des objectifs de la régulation dans l'Union européenne, se cache une relative complexité tant les acteurs, lieux et formes de cette détermination sont nombreux. Ceci est d'autant plus remarquable que la question de la détermination du contenu des objectifs est une question tout autant juridique que sociologique et politique[11]. Pour tenter de déjouer ces pièges, plusieurs questions méritent d'être posées. Qui détermine ou définit ces objectifs au niveau de l'Union européenne ? Quelle est l'articulation entre la compétence de l'Union et celle des États membres ? Et surtout comment et selon quelles méthodes ces objectifs sont-ils déterminés au niveau de l'Union ? De ces différentes interrogations découlent deux questions clefs : quels sont les acteurs et les lieux de la détermination des objectifs de la régulation (I), et quelles sont les méthodes de détermination de ces objectifs (II).

I. – La polyphonie des acteurs et des lieux de la détermination des objectifs de la régulation au sein de l'Union européenne

Les objectifs de la régulation procèdent de choix de politiques publiques au sein de l'Union européenne. Les acteurs institutionnels de l'Union occupent une place prépondérante dans la définition de ces objectifs (A), même si, conformément au principe de subsidiarité, les États membres peuvent conserver, dans une certaine mesure, un pouvoir de décision (B).

---

[11] Comme l'écrit Claude Blumann, avec ces objectifs « on paraît sortir quelque peu du monde du droit pour entrer dans celui de la politique, de l'économie, du social, de la sociologie, à peu près tout ce que les juristes entendent par le monde extra-juridique, ce qui pèse sur la règle de droit tout en lui restant extérieur » ; Conclusions générales, *Ibid.*, p. 410.

A. La place prépondérante des acteurs institutionnels de l'Union européenne

Pour comprendre quels sont les acteurs de la détermination des objectifs de la régulation dans l'Union européenne, il convient de revenir aux sources du droit de l'Union et à la compétence de l'Union pour réglementer les secteurs économiques. Partir des traités européens apparait donc comme une donnée essentielle pour déterminer les « lieux » où ces objectifs apparaissent.

C'est au nom de la mise en place des principes du marché intérieur que l'Union s'est intéressée aux secteurs en réseau, dès lors que ces activités de service public présentent un caractère économique et que leur influence sur le fonctionnement du marché intérieur est démontrée. Ce fut le cas pour les secteurs ne constituant pas une politique spécifique de l'Union (les télécommunications ou l'électricité au départ), mais le lien avec le marché intérieur se veut également prédominant pour d'autres secteurs en réseau qui ont fait dès l'origine l'objet d'une politique de l'Union comme les transports[12] ou qui en constituent une politique récente comme l'énergie[13].

On peut dès lors considérer que les objectifs de la régulation s'inscrivent et découlent directement des objectifs mêmes de l'Union européenne définis par le constituant dans le droit primaire. Ainsi, le premier objectif de la régulation des secteurs en réseau est constitué par la réalisation du marché intérieur[14] qui passe par l'ouverture à la concurrence de ces secteurs[15]. Parallèlement, c'est également dans les

---

[12] Voir Titre 6 du traité de Lisbonne « Les transports » (art. 90 à 100 TFUE) et notamment le nouvel article 90 TFUE (ex-art. 70 CE) qui précise que « Les objectifs des traités sont poursuivis, en ce qui concerne la matière régie par le présent titre, dans le cadre d'une politique commune des transports », expression vague mais qui recouvre au moins les règles de concurrence qui sont qualifiées comme telles par les articles 101 et 102 TFUE. Sur cette question, voir L. GRARD (dir.) : *L'Europe des transports*, Travaux de la CEDECE, La Documentation française, Paris, 2005.

[13] L'article 194 TFUE énonce ainsi quatre objectifs à poursuivre « dans le cadre de l'établissement ou du fonctionnement du marché intérieur et en tenant compte de l'exigence de préserver et d'améliorer l'environnement » qui sont : a) assurer le fonctionnement du marché de l'énergie; b) assurer la sécurité de l'approvisionnement énergétique dans l'Union ; c) promouvoir l'efficacité énergétique et les économies d'énergie ainsi que le développement des énergies nouvelles et renouvelables; d) promouvoir l'interconnexion des réseaux énergétiques.

[14] L'Article 3 TUE (ex-art. 2 TUE) précise en premier lieu que « l'Union établit un marché intérieur ».

[15] A cet égard, il existe une querelle doctrinale pour savoir si la concurrence est une finalité en soi ou n'est pas simplement un instrument au service du marché intérieur ; voir *infra*.

traités que l'on trouve dès l'origine la reconnaissance de la notion de service d'intérêt économique général (ci-après SIEG) dans l'article 106§2 TFUE dont les secteurs en réseau font partie[16] avec la possibilité, dans certaines conditions, de déroger aux règles de la concurrence au bénéfice de l'accomplissement de cette mission. Pour d'autres secteurs particuliers tels que les transports, le traité va même jusqu'à reconnaitre la notion de service public[17].

Les deux piliers de la régulation étaient ainsi présents dans les objectifs du traité, c'est leur articulation, leur équilibre qui a progressivement évolué. Il convient à cet égard de rappeler le phénomène de revalorisation continue qu'a connu le service public au niveau de l'Union jusqu'à l'introduction de l'article 16 du traité d'Amsterdam en 1997, dont l'essentiel de la substance est repris dans l'article 14 TFUE, qui confirme la responsabilité commune des États membres et de l'Union « pour veiller à ce que ces services fonctionnent sur la base de principes et dans les conditions qui leur permettent d'accomplir leurs missions »[18]. Il faut également mentionner l'article 36 de la charte des droits fondamentaux qui dispose que « l'Union reconnaît et respecte l'accès aux SIEG tel qu'il est prévu par les législations et pratiques nationales (…) afin de promouvoir la cohésion sociale et territoriale de l'Union ».

Il y a ainsi eu progressivement une intégration d'objectifs non économiques dans le marché intérieur jusqu'à la reconnaissance explicite, depuis le traité de Lisbonne, de ce que l'on pourrait appeler le besoin d'« une concurrence régulée », à travers la formule d'« économie sociale de marché » ou de « cohésion économique et sociale et territoriale » de l'article 3 TUE[19]. Cet article fait clairement

---

[16] Par exemple, l'électricité a été très tôt considérée comme un SIEG, CJCE, 27 avril 1994 *Commune d'Almelo*, C-393/92, Rec. p. I-1477.

[17] Avec la notion de « servitudes inhérentes à la notion de service public » en matière de transport (ex-art. 73 CE). De même l'article 93 TFUE admet la compatibilité des aides d'État qui constituent dans ce secteur la contrepartie de certaines obligations de service public.

[18] F. PICOD, « Vers une meilleure conciliation des SIEG avec la concurrence et le marché intérieur », *in Mélanges Blumann*, Bruylant, 2015, pp. 727-742 ; S. RODRIGUES, « Les SIEG et le traité de Lisbonne. Ou comment assumer pour l'Union européenne et les États membres une responsabilité commune à l'égard des consommateurs ? », *Revue européenne de droit de la consommation*, 2010, pp. 679-697.

[19] Art. 3 TUE : « l'Union établit un marché intérieur. Elle œuvre pour le développement durable de l'Europe fondé sur une croissance économique équilibrée et sur la stabilité des prix, une économie sociale de marché hautement compétitive, qui tend au plein emploi et au progrès social, et un niveau élevé de protection et d'amélioration de la qualité de

figure de renouveau dans l'identification des buts assignés à l'Union, car si l'impératif économique demeure, les dimensions humaine et sociale sont beaucoup plus prégnantes. En témoigne le fait que la France a obtenu que la concurrence n'y figure plus expressément[20], mais qu'elle soit reléguée dans un protocole additionnel[21].

Les deux objectifs de la régulation tels qu'ils découlent du droit primaire peuvent ainsi être résumés : concurrence et intérêt général.

Si les traités sont une source juridique essentielle des objectifs de la régulation, elle ne peut être unique car ces objectifs généraux que sont la concurrence et l'intérêt général doivent être déclinés, secteurs par secteurs. Le législateur européen est aussi devenu un acteur incontournable dans la définition des objectifs de la régulation. Dans le droit dérivé de l'Union, il vient fixer, préciser, articuler les objectifs de la régulation dans chacun des secteurs concernés pour les rendre opérationnels. Les principaux règlements et directives d'ouverture à la concurrence de ces secteurs comportent ainsi dans leurs considérants et leurs articles les éléments de définition des objectifs de la régulation de façon cette fois plus explicite[22].

En ce sens, les acteurs politiques sont les véritables initiateurs des objectifs de la régulation. La Commission joue à cet égard un rôle primordial grâce à sa fonction d'initiative dans le cadre législatif (présentation de paquets de directives et de règlements[23]), mais aussi

---

l'environnement. Elle promeut le progrès scientifique et technique. (…). Elle promeut la cohésion économique, sociale et territoriale, et la solidarité entre les États membres ».

[20] M. WAELBROECK, « La place de la concurrence dans le traité de Lisbonne », *in Mélanges Vandersanden -Promenades au sein du droit européen*, Bruylant, Bruxelles, 2008, p. 829.

[21] Protocole n°27 annexé au TUE et TFUE faisant partie intégrante du traité, qui précise que le marché intérieur, tel que défini à l'article 3, « comprend un système garantissant que la concurrence n'est pas faussée ».

[22] Voir notamment l'article 36 (« Objectifs de l'autorité de régulation ») de la directive 2009/72/CE du Parlement européen et du Conseil du 13 juillet 2009 concernant des règles communes pour le marché intérieur de l'électricité et abrogeant la directive 2003/54/CE (JOCE L 211 du 14 août 2009, p. 55) ou encore l'article 8 (« Objectifs que doivent poursuivre les autorités réglementaires nationales ») de la directive 2009/140/CE du Parlement européen et du Conseil du 25 novembre 2009 modifiant les directives 2002/21/CE relative à un cadre réglementaire commun pour les réseaux et services de communications électroniques, 2002/19/CE relative à l'accès aux réseaux de communications électroniques et aux ressources associées, ainsi qu'à leur interconnexion, et 2002/20/CE relative à l'autorisation des réseaux et services de communications électroniques (JOCE L 337 du 18 décembre 2009, p. 37).

[23] Même si en matière de marché intérieur les initiatives législatives découlent en réalité des orientations de politique générale déterminées par le conseil européen compétitivité, qui, à l'occasion du Sommet de Printemps, met en place les grands thèmes et les grands objectifs du marché intérieur.

en raison de sa fonction de surveillance de l'application des règles de l'Union, particulièrement du marché intérieur et de son évolution[24].

Dans les secteurs en réseau, le Commission, en se fondant initialement sur l'article 106§3 TFUE[25], a même pu mener une action normative autonome pour libéraliser ces secteurs qui avait été analysée comme accréditant le parti pris d'une interprétation du traité à la lueur d'une concurrence sans nuance. Progressivement néanmoins, devant les résistances politiques des États membres, les mesures d'harmonisation des législations ont été adoptées sur la base de l'article 95 TUE, qui a l'avantage d'associer l'ensemble des États membres à travers le Parlement européen et le Conseil de l'Union grâce à la procédure de codécision. Ces directives que l'on peut qualifier de « régulation », abordent non seulement la question de l'ouverture à la concurrence des secteurs en réseau, mais aussi l'équilibre à poursuivre afin que les missions d'intérêt général dont ils sont porteurs, soient toujours assurées. Désormais, l'article 14§2 TFUE offre une base juridique solide au législateur européen pour intervenir de façon dédiée dans les SIEG, puisqu'il est en mesure « d'établir ces principes et de fixer ces conditions, dans le respect des traités, sans préjudice de la compétence des États membres de fournir, faire exécuter et financer ces services ».

Le Parlement ou le Conseil ont également un rôle non négligeable dans le débat et, par là-même, réintroduisent les États dans la négociation dans la mesure où la législation européenne est élaborée

---

[24] La Commission est habilitée par les directives à adopter des orientations visant à assurer le degré d'harmonisation minimal requis pour atteindre les objectifs des directives (Voir cons. 65 de la directive 2009/72/CE du 13 juillet 2009 concernant des règles communes pour le marché intérieur de l'électricité), ce qui signifie que, indépendamment de son rôle de législateur, la Commission peut se trouver sollicitée dans certains domaines pour édicter des instruments informels tels que les communications, lignes directrices qui permettent d'indiquer aux États, entreprises et aux autres personnes intéressées, la conduite à tenir et le sens dans lequel elle va exercer ses propres compétences.

[25] Ancien article 90§3 TCE qui lui permet d'adresser, en tant que de besoin, des décisions et directives aux États membres pour l'application de l'ancien article 90§2 (devenu article 106§2 TFUE). L'applicabilité de cet article au secteur des télécommunications et de l'électricité va se trouver rapidement confortée par la jurisprudence de la Cour de justice, CJCE, 20 mars 1985, *British Telecom*, aff. 41/83, Rec. p. 873. Voir A. LAGET-ANNAMAYER, *La régulation des services publics en réseau*, *op.cit.*, pp. 41-53. Ce fondement juridique a été utilisé notamment pour l'adoption de la directive 88/301/CEE de la Commission relative à la concurrence dans le marché des terminaux de télécommunication (JOCE L 131 du 27 mai 1988, p. 73) et de la directive 90/388/CEE de la Commission du 28 juin 1990 relative à la concurrence dans les marchés des services de télécommunication (JOCE L 192 24 juillet 1990, p. 10).

grâce à des arbitrages et compromis permanents entre tous les États membres. On ne peut donc négliger la stratégie politique des différents acteurs dans l'inflexion possible de certains objectifs et notamment le renforcement de l'objectif d'intérêt général. La première directive électricité de décembre 1996 concernant des règles communes pour ce secteur est à cet égard topique[26]. A l'époque, l'intervention décisive du Parlement européen[27], qui faisait une des premières applications de la procédure de codécision, avait conduit la Commission à revoir à la baisse ses prétentions de libéralisation du secteur, et permis de rééquilibrer la régulation de ce secteur. Il convient de citer aussi le secteur ferroviaire où le fort lobbying de la France et de l'Allemagne lors de la récente négociation du quatrième paquet ferroviaire a conduit à repousser *de facto* une véritable concurrence en matière ferroviaire[28].

L'adoption des directives sectorielles successives a ainsi marqué une articulation et une conciliation évolutive dans le binôme fondamental concurrence *versus* service public. Le cas du secteur de l'électricité est une fois de plus exemplaire. Dans la directive de 1996 précitée, l'objectif fondamental était le fonctionnement concurrentiel du marché en tant qu'instrument de la réalisation du marché intérieur[29]. L'objectif de service public était plus diffus et la consécration par la directive du concept d'obligations de service public se contentait de constater son importance pour certains États membres. A ce moment-là, les États bénéficiaient d'une simple faculté de soumettre les entreprises d'électricité à certaines obligations de service public[30]. Or, progressivement, les obligations de service public se sont vues accorder dans le discours une importance égale à l'objectif d'ouverture à la concurrence. La directive 2003/54 est venue à cet égard réaffirmer l'objectif de construction du marché intérieur en association avec l'objectif d'efficacité et d'amélioration du service

[26] Directive 96/92/CE du Parlement européen et du Conseil du 19 décembre 1996 concernant des règles communes pour le marché intérieur de l'électricité, JOCE L 27 du 30 janvier 1997, p. 20.

[27] Soulignons à cet égard que le Parlement est ouvert aux lobbies qui exercent une influence sur le contenu des actes de l'Union en raison du manque d'expertise des députés. En l'espèce, il faut souligner le rôle important du lobby français et européen des entreprises dites « de service public » à l'époque, par le biais d'associations, dont ISUPE (Initiative pour des services d'utilité publique en Europe).

[28] Voir décision du 8 octobre 2015 du Conseil adoptée à l'unanimité.

[29] §2 Exposé des motifs de la directive 96/92/CE, préc.

[30] Exposé des motifs, §13.

public[31]. Les obligations de service public ne sont plus une simple faculté mais deviennent une obligation pour les États membres[32] et la notion de service universel y est consacrée au bénéfice des clients résidentiels et des petites entreprises, en tant que sous-catégorie des obligations de service public[33]. De même, l'émergence de l'objectif de protection élevée des consommateurs est considérée par la directive comme une partie intégrante de la catégorie des obligations de service public[34]. Enfin la directive 2009/72/CE du 13 juillet 2009 a réaffirmé que l'objectif du marché intérieur est associé, au moins autant qu'à un renforcement de l'efficacité économique, au renforcement de la sécurité d'approvisionnement de l'Union européenne ainsi que du développement durable, qui constitue un objectif de politique publique et même un objectif de service public[35], s'inscrivant ainsi dans les objectifs de l'article 194 TFUE.

Il ne faut certainement pas non plus négliger le rôle de la Cour de justice dans l'interprétation des objectifs. Non seulement elle a pu conduire à une revalorisation de la prise en compte des missions d'intérêt général à travers la clarification de la notion de SIEG[36] mais elle a aussi introduit, de manière prétorienne, des objectifs généraux tels que la protection de l'environnement[37] ou la protection des consommateurs, avant que ces objectifs ne soient repris dans le droit primaire[38].

---

[31] Exposé de motifs §1, 2 et 31 et 50.

[32] Art. 3§7 de la directive 2003/54/CE du Parlement européen et du Conseil du 26 juin 2003 concernant des règles communes pour le marché intérieur de l'électricité et abrogeant la directive 96/92/CE, JOCE L 176 du 15 juillet 2003, p. 37.

[33] Article 3§3 renvoyant à l'article 23§2.

[34] Art. 3§5 qui précise : « les États membres prennent les mesures appropriées pour protéger les clients finals et veillent en particulier à garantir une protection adéquate aux consommateurs vulnérables, y compris par des mesures destinées à les aider à éviter une interruption de la fourniture d'énergie. (..). Ils garantissent un niveau élevé de protection des consommateurs, notamment en ce qui concerne la transparence des conditions contractuelles, l'information générale et les mécanismes de règlement des litiges ».

[35] Exposé des motifs §1, 5, 25 et 39 de la directive 2009/72/CE du Parlement européen et du conseil concernant des règles communes pour le marché intérieur de l'électricité et abrogeant la directive 2003/54/CE, JOCE L 211 du 14 août 2009, p. 55.

[36] À partir des arrêts bien connus, CJCE, 19 mai 1993, *Corbeau*, aff. C-320/91, Rec. p. I-2533 et CJCE, 27 avril 1994, *Commune d'Almelo*, C-393/92, Rec. p. I-1477.

[37] La Cour intègre notamment ces contraintes environnementales dans son appréciation des conditions d'accomplissement par les SIEG de leurs missions, CJCE, 19 mai 1993, *Corbeau*, aff. C-320/91, préc. et CJCE 27 avril 1994, *Commune d'Almelo*, aff. C-393/92, préc.

[38] Article 6 TCE qui prévoit que « les exigences de protection de l'environnement doivent être intégrées dans la définition et la mise en œuvre des politiques et actions de la Communauté visées à l'article 2, en particulier afin de promouvoir un développement durable ».

Il résulte de ce processus et de la pluralité des intervenants institutionnels une définition complexe des objectifs de la régulation, qui, au-delà des aspects communs généraux, peut présenter des déclinaisons spécifiques selon les secteurs. Les objectifs du droit primaire et du droit dérivé doivent être combinés les uns avec les autres, alors même qu'ils peuvent être posés relativement à l'exercice de compétences de nature différente : le marché intérieur, la concurrence, la protection des consommateurs, l'emploi, l'environnement, l'énergie…, ce qui induit une nécessaire conciliation entre les objectifs du marché intérieur, de libre circulation et libre concurrence et des objectifs de politiques de l'Union et des États qui ne s'expriment pas en termes économiques mais sociaux, culturels et environnementaux.

Quel que soit le constat de l'enchevêtrement des objectifs de la régulation, il ressort que les institutions de l'Union ont acquis un rôle fondamental pour leur détermination, mais la détermination des objectifs de la régulation n'est pas pour autant accaparée par elles.

B. La compétence subsidiaire des États membres dans la détermination des objectifs de la régulation

Les États membres conservent-ils une compétence pour déterminer les objectifs de la régulation ou au minimum une marge de manœuvre dans la définition du contenu de chacun des objectifs de la régulation ? Si, dans un premier temps, un équilibre entre les compétences des États membres et de l'Union s'était opéré, on constate désormais une extension croissante de la compétence de l'Union.

La réglementation des secteurs en réseau procède juridiquement d'une compétence partagée entre l'Union et les États membres au titre du marché intérieur, ce qui signifie que le législateur européen et le législateur national agissent dans la limite de leurs compétences respectives, les États membres étant compétents pour adopter des actes juridiquement contraignants tant que l'Union n'a pas exercé sa compétence[39]. Le principe de subsidiarité trouve ainsi à s'appliquer à ces secteurs[40].

En ce sens, de manière générale, les politiques de l'Union reposent sur une imbrication des intérêts qui s'appuient sur une action complémentaire de l'Union et des États membres. Néanmoins, les choses ne sont pas toujours aussi simples. En effet, l'objectif du marché intérieur inclut une concurrence non faussée[41] dont la définition des règles repose quant à elle sur une compétence exclusive de l'Union[42]. C'est la raison pour laquelle le législateur précise que le droit dérivé sectoriel ne doit pas porter atteinte aux règles de concurrence consacrées dans les traités, au risque de voir la Commission évoquer ces règles de concurrence en faisant prévaloir le traité sur les textes dérivés[43]. Il semble donc exister un hiatus entre l'objectif général et un des volets de cet objectif général qui relève d'une compétence exclusive.

En ce qui concerne l'objectif de concurrence qui se traduit par la libéralisation de ces secteurs, rien n'empêche les États membres d'aller plus vite et plus loin mais l'inverse n'est pas possible. Cela explique que certains États membres ont libéralisé leurs secteurs en réseau plus vite, à l'instar du Royaume-Uni[44]. Le secteur ferroviaire est particulièrement intéressant car, bien qu'encore sur le chemin de la libéralisation au niveau de l'Union, il est déjà ouvert au niveau national ou régional dans certains États[45].

---

[39] Titre de compétence clarifié de manière explicite avec le Traité de Lisbonne qui contient désormais une liste des compétences exclusives et partagées (article 1-13), au titre desquelles figurent le marché intérieur mais aussi l'énergie.

[40] Conformément à l'article 5.3 TUE. Il est à noter que le test de la subsidiarité est systématiquement effectué, voir à titre d'exemple le considérant 62 de la directive 2009/72, préc. En l'occurrence, « étant donné que l'objectif de la présente directive, à savoir la création d'un marché intérieur de l'électricité ne peut pas être réalisé de manière suffisante par les États membres et peut donc être mieux réalisé au niveau communautaire, la Communauté peut prendre des mesures, conformément au principe de subsidiarité ».

[41] Voir à cet égard le Protocole n°27, préc.

[42] Notamment au titre des articles 101 et 102 TFUE.

[43] Voir J.-Y. Chérot, « Les techniques juridique de cohérence entre régulations nationales et communautaires », *in* M.-A. Frison-Roche, *Droit et économique de la régulation*, tome 2, Presse de Sciences Po, Paris, 2004, pp. 144-153.

[44] Mouvement qui a résulté d'une politique volontariste et libérale de Mme Thatcher dans les années 70.

[45] Il en va ainsi en Allemagne depuis la loi du 27 décembre 1993 sur le secteur ferroviaire. Les autorités allemandes ont été au-delà des objectifs européens en ouvrant à la concurrence non seulement le transport des marchandises mais aussi le transport des personnes. On peut

En ce qui concerne l'objectif de « service public », deux hypothèses doivent être distinguées.

Lorsqu'il n'existe pas de directives sectorielles d'harmonisation, le droit de l'Union s'appuie sur les droits nationaux pour promouvoir l'objectif de cohésion économique sociale et territoriale dans une logique de subsidiarité. Le renvoi au droit national pour le choix de la qualification de SIEG ou bien l'accès à un SIEG apparait naturel car la garantie d'accès se traduit par le respect d'obligations de service public dont la définition repose sur une compétence de principe des autorités nationales[46]. Dans le même sens, la jurisprudence de la Cour a confirmé que « les États membres ont un large pouvoir d'appréciation quant à la définition de ce qu'ils considèrent comme des SIEG » et que, partant, « la définition de ces services par un État membre ne peut être remise en question par la Commission qu'en cas d'erreur manifeste »[47]. L'article 14 TFUE précité confirme à cet égard que l'intervention de l'Union Européenne doit se limiter à l'adoption de principes et des conditions de fonctionnement des SIEG en énonçant la responsabilité commune ou partagée qu'ont les États et l'Union de veiller à ce que ces services fonctionnent sur la base de principes et dans les conditions qui leur permettent d'accomplir leurs missions. De la même façon, ces principes doivent être établis « sans préjudice de la compétence qu'ont les États membres, dans le respect des traités, de fournir, faire exécuter et financer ses services »[48].

également citer l'expérience britannique de la libéralisation du secteur réalisée au moment de la privatisation de l'opérateur public *British Rail* par le *Rail Act* du 5 novembre 1993.

[46] Voir à cet égard les diverses communications de la Commission sur le SIG et les SIEG notamment du 26 septembre 1996, suivie d'une autre en 2001, d'un livre vert en 2003 sur les services d'intérêt général, d'une communication consacrée aux services sociaux d'intérêt général en 2006 et d'une communication de 2007 accompagnant la réflexion sur le marché unique du XXIème siècle du 20 novembre 2007.

[47] Voir par exemple TPICE, 15 juin 2005, *Olsen c. Commission*, aff. T-17/02, Rec. p. II-2031, pt 216, même si le point 46 de l'arrêt précise que ce pouvoir « n'est cependant pas illimité et ne peut être exercé de manière discrétionnaire aux seules fins de faire échapper un secteur particulier à l'application des règles de la concurrence » et TPICE, 12 février 2008, *BUPA c. commission*, aff. T-289/03, Rec. p. II-81. Le contrôle est en revanche plus rigoureux s'agissant des modalités d'exercice qui sont confiées aux SIEG au titre de l'article 106§2, voir notamment CJCE, 27 avril 1994, *Commune d'Almelo*, aff. C-393/92, préc.

[48] Ainsi, conformément au principe de subsidiarité, il appartient toujours aux États membres « de décider, sur la base de critères objectifs, quelles entreprises sont désignées comme fournisseur de service universel », cons. 16 de la directive 2009/136/CE du Parlement européen et du Conseil du 26 novembre 2009 modifiant la directive 2002/22/CE concernant le service universel et les droits des utilisateurs au regard des réseaux et services de communications électroniques, la directive 2002/58/CE concernant le traitement des données

française du 10 février 2000 sur le service public de l'électricité[51]. La notion de service public y a été interprétée de manière très large comme une activité devant respecter « les principes d'égalité, continuité, adaptabilité en observant à la fois les meilleures conditions de sécurité, de coûts, de qualité, de prix et d'efficacité économique, sociale et énergétique », visant ainsi « à la cohésion sociale » et à « la lutte contre les exclusions », et une activité à laquelle on assigne aussi le but de concourir « au développement équilibré du territoire, dans le respect de l'environnement, à la recherche et au progrès technologique, ainsi qu'à la défense et à la sécurité publique »[52].

Il en va de même pour la notion communautaire de service universel[53], qui était initialement le fruit d'une harmonisation des obligations minimales de service public définies par secteur en réseau, mais qui n'empêchait pas les États membres d'imposer aux opérateurs des obligations supplémentaires et d'en définir la portée sur leur territoire[54].

On peut dès lors considérer qu'il y a une certaine « co-responsabilité » en la matière entre l'Union et les États membres lorsque la conciliation des objectifs matériels se fait par renvoi au droit et à la compétence nationale. Cela est moins vrai lorsque cette conciliation s'accompagne d'une extension de la compétence de l'Union.

L'objectif de service public illustre ce phénomène d'extension chronique des compétences de l'Union car, dès lors que le niveau européen s'empare des exigences d'intérêt général, la marge de manœuvre des États se réduit. C'est le cas de la notion déjà évoquée de service universel. Cette notion, consacrée en droit de l'Union puis

[51] Loi n°2000-108 du 10 février 2000 relative à la modernisation et au développement du service public de l'électricité. On peut dire ici qu'il s'agissait d'une technique législative « défensive » organisée par les États lors de la négociation des textes communautaires, JORF n° 35 du 11 février 2000, p. 2143.

[52] Loi n°2000-108 du 10 février 2000, préc., art. 1er.

[53] Notion apparue dans le Livre Vert de 1987 sur le développement du marché des services de télécommunications et le Livre vert de 1992 sur les services postaux, définie par la directive 2002/22/CE du 7 mars 2002 concernant le service universel et les droits des utilisateurs au regard des réseaux et services de communications électroniques. La notion de service universel a finalement gagné le secteur de l'énergie avec la directive 2003/54/CE du 26 juin 2003.

[54] Voir à cet égard l'article L. 35 CPCE. Le service public des communications électroniques inclut le service universel, les services complémentaires et les missions d'intérêt général dans le domaine des communications électroniques.

harmonisée dans chacun des secteurs, s'est « densifiée » au fur et à mesure de son développement[55]. Son contenu, obligatoire pour tous les États membres, est contrôlé par la Cour[56] et ce contrôle est d'autant plus approfondi qu'il existe une harmonisation via le droit dérivé[57].

L'objectif de protection des consommateurs développé au niveau de l'Union européenne en est une autre illustration. Il permet non seulement d'imposer des exigences quant à la nécessité de disposer d'informations transparentes, actualisées et comparables sur les diverses offres en terme de prix, mais aussi quant à la qualité de services imposée à une entreprise. Alors qu'au départ, ces normes de qualité étaient fixées par les États membres au nom de la subsidiarité, l'Union s'en est progressivement emparée encadrant la marge de manœuvre des États membres en la matière. Le secteur postal a montré la voie dès 1997 en matière de qualité de service[58] puis d'autres secteurs ont suivi la même évolution. Ainsi, dans le secteur des communications électroniques, la directive 2002/22/CE du 7 mars 2002 sur le service universel prévoit que l'évaluation de la qualité du service s'apprécie en fonction d'indicateurs, de définitions et de méthodes de mesures décrits dans une annexe[59]. La marge de manœuvre des autorités réglementaires nationales y est encadrée car celles-ci doivent fournir à la Commission un résumé des raisons sur

---

[55] En témoigne les dispositions de la directive 2009/140/CE du 25 novembre 2009 dite service universel dont l'article 4.2 adapte au progrès technique la description des éléments du service universel se rapportant à un accès à Internet qui doit être fonctionnel.

[56] CJCE, 11 septembre 2008, *Commission c/ Lituanie*, aff. C-274/07, Rec. p. I-7117, qui condamne la Lituanie pour manquement à ses obligations de service universel en matière de communications électroniques.

[57] Voir en matière énergétique sur la compatibilité des tarifs réglementés avec les objectifs de la directive 2009/73/CE du Parlement européen et du Conseil du 13 juillet 2009 concernant les règles communes pour le marché intérieur du gaz et abrogeant la directive 2003/55/CE (JO L 211 du 14 août 2009, p. 94), CJUE, 20 avril 2010, *Federutility*, aff. C-265/08, Rec. p. I-3377.

[58] Directive 97/67/CE du Parlement européen et du Conseil du 15 décembre 1997 concernant des règles communes pour le développement du marché intérieur des services postaux de la Communauté et l'amélioration de la qualité de service (JO L 15 du 21 janvier 1998, p. 14) et comportant un chapitre 6 intitulé « Qualité des services ».

[59] Art. 11 de la directive 2002/22/CE du Parlement européen et du Conseil du 7 mars 2002 concernant le service universel et les droits des utilisateurs au regard des réseaux et services de communications électroniques (JO L 108 du 24 avril 2002, p. 51), renvoyant à l'annexe III, confirmé par l'article 22 (« Qualité des services ») de la directive 2009/136/CE du 25 novembre 2009, préc. Les utilisateurs étant entendus au sens large et incluant les utilisateurs vulnérables.

lesquelles se fonde leur intervention, les exigences envisagées et la démarche proposée[60].

Pour compléter cette analyse, il faut noter que l'objectif final de l'Union - l'intégration - induit un autre objectif, celui de l'efficacité du droit de l'Union qui se traduit par l'encadrement de la compétence d'exécution des États membres. Ainsi, la plupart des décisions structurantes au niveau national en matière de communications électroniques sont susceptibles d'un veto par la Commission si celle-ci estime qu'elles ne sont pas conformes aux obligations de la régulation européenne[61]. Si l'on considère que les États membres peuvent avoir une marge de manœuvre dans l'application des objectifs (et non dans leur définition), ils ne peuvent le faire que dans le cadre d'une application cohérente du cadre réglementaire, pour contribuer efficacement au développement et à l'achèvement du marché intérieur. Ceci implique que les États membres ne sont finalement guère libres. Ainsi, en matière de communications électroniques, la Commission ne dissimule pas sa conviction quant à la nécessité de limiter la marge de manœuvre des États membres, dont les stratégies sont parfois contreproductives et les divergences contraires aux besoins du marché intérieur. Ceci est accentué par le recours à des règlements et directives très détaillés qui laissent finalement peu de liberté aux États au moment de leur transposition en droit interne[62].

On peut donc se demander si la marge de manœuvre des États membres, si elle existe, ne se révèle pas davantage dans la mise en œuvre d'un équilibre entre les divers objectifs, dans leur hiérarchisation éventuelle[63], plus que dans leur définition.

---

[60] La Commission peut alors émettre des commentaires ou faire des recommandations aux Autorités réglementaires nationales, ci-après ARN.

[61] Au titre notamment de l'article 7 de la directive « cadre » 2002/21/CE modifiée par la directive 2009/140/CE. Ainsi, l'ARCEP établit sous le contrôle de la Commission la liste des opérateurs réputés exercer une influence significative sur chacun des marchés.

[62] Et ceci dans tous les secteurs. En matière bancaire par exemple, les directives d'harmonisation sont désormais maximales et plus contraignantes. Un pas a été franchi avec le CRD4 (paquet comprenant une directive et un règlement européen d'application immédiate au 1er janvier 2013), sans besoin de transposition par les États membres, qui reprend l'essentiel de Bâle III (normes de gestion, ratios de solvabilité...).

[63] Le fait que l'art L. 32-1-I CPCE énonce comme premier objectif de l'ARCEP la fourniture et le financement de l'ensemble des composantes du service public des communications électroniques, suivi de l'objectif de l'exercice au bénéfice des utilisateurs d'une concurrence effective et loyale entre les exploitants de réseau et les fournisseurs de services de communications électroniques signifie-t-il qu'il y a une priorité de l'un sur l'autre ou qu'il faut trouver le bon équilibre ?

Les institutions de l'Union apparaissent de toute évidence comme les initiateurs privilégiés des objectifs de la régulation. L'étude des procédés, des méthodes de définition de ces objectifs dans l'Union européenne montre une réalité encore plus complexe. Il existe une véritable superposition de structures qui participent à la « fabrique » de ces objectifs.

II. – Les méthodes de détermination des objectifs de la régulation : un univers complexe

Il est presque banal de rappeler aujourd'hui que la structure pyramidale des normes juridiques s'applique mal en matière de régulation. Il en va de même en ce qui concerne la méthode de détermination de ces objectifs. Dans ce domaine, c'est l'autorité qui prend « le relais de la force hiérarchique »[64]. À cet égard, les procédés de détermination des objectifs par le législateur européen ne sont que le reflet de l'évolution des modes d'action publique au niveau de l'Union. C'est la raison pour laquelle, au-delà des titres de compétences, on peut considérer que la détermination des objectifs de la régulation résulte d'un processus continu faisant intervenir de nombreux acteurs non institutionnels. On peut se demander si la procédure ouverte et transparente qui en est la traduction (A), ne conduit pas, dans une certaine mesure, à une « externalisation » progressive de la définition des objectifs de la régulation (B).

A. Une procédure ouverte et transparente, leitmotiv du droit de l'Union

Les objectifs de la régulation au niveau de l'Union résultent d'une cristallisation progressive et plus précisément de la discussion de tous. La volonté d'ouvrir le processus d'élaboration des politiques publiques se traduit par une participation et une responsabilité accrues des divers acteurs de la régulation. Certes, c'est toujours le législateur qui donne « le cap », les points de repère, en traduisant les diverses préoccupations, c'est lui aussi qui a pour rôle de donner de la cohérence, de la clarté au système de régulation, mais il doit désormais toujours se justifier.

---

[64] M.-A. FRISON-ROCHE, « Le nouvel art législatif requis par les systèmes de régulation économique », *Droit et économie de la régulation*, tome 2, Presses de Sciences Po, Paris, *op. cit.*, pp. 154-170.

Cette évolution s'inscrit au niveau de l'Union dans le cadre de la Stratégie de Lisbonne qui a mis en place au tournant du millénaire un programme appelé « mieux légiférer »[65]. L'idée de cette nouvelle gouvernance au sein de l'Union européenne[66] - à travers un processus décisionnel renouvelé - était de renforcer l'efficacité de l'action communautaire comme source principale de sa légitimité. Comme a pu l'écrire Stéphane de la Rosa, « mieux légiférer » exprime depuis plus de dix ans une véritable politique de l'Union qui couvre l'ensemble du processus décisionnel et influence la manière de concevoir le contenu du droit de l'Union[67]. Ce nouvel art législatif s'illustre particulièrement dans le domaine de la régulation économique et se traduit par plusieurs exigences procédurales qui influencent le processus de détermination des objectifs de la régulation.

En premier lieu, le législateur européen ne bénéficie plus d'une légitimité de principe et toute intervention doit être précédée d'une justification de son bien-fondé.

La Commission européenne, dans sa fonction d'initiative agit dans le cadre d'une procédure transparente qui fait intervenir les divers acteurs du secteur. Les propositions de directives sont précédées par des livres verts et blancs qui constituent les linéaments de la future directive et permettent à la Commission d'ouvrir la réflexion et de demander l'avis des personnes intéressées. En outre, toute proposition législative doit être obligatoirement précédée de la réalisation d'une étude d'impact[68]. Ce procédé est destiné à aider le législateur et vise à déterminer les biens fondés du projet, à évaluer le degré de faisabilité d'une législation et surtout à faciliter la consultation des milieux

---

[65] Les principales caractéristiques du contenu de ce programme sont : l'analyse d'impact des propositions de la Commission, la simplification de la législation, la réduction des charges administratives, la consultation des citoyens et des parties prenantes, la coordination interinstitutionnelle. Notons que le « mieux légiférer » est, comme l'écrit Jacques Chevallier, « érigé à la hauteur d'un impératif catégorique » non seulement dans le droit de l'Union européenne mais aussi dans la plupart des droits nationaux, *in* « Peut-on rationaliser la production du droit ? » : F. PERALDI-LENEUF (dir.), *L'Union européenne et l'idéal de la meilleure législation*, Cahiers européens n°5, collection IREDIES, Pedone, 2012, Paris, p.18.

[66] Commission européenne, Gouvernance européenne - Un livre Blanc, COM (2001) 428 final, JOCE C 287, p. 1.

[67] S. DE LA ROSA *in L'Union Européenne et l'idéal de meilleure législation*, *op. cit.*, p. 50. A noter également que de « légiférer à bon escient » on est passé à l'idée de « réglementation intelligente » en 2010.

[68] A. ALEMANNO, « Le principe d'ouverture du droit européen : d'un instrument de lutte contre l'opacité institutionnelle à un outil de démocratie participative », *RDUE*, 4/2012, p. 24.

intéressés. L'article 11 TUE issu du traité de Lisbonne est venu institutionnaliser cette ouverture en prévoyant notamment que « les institutions donnent, par les voies appropriées, aux citoyens et aux associations représentatives la possibilité de faire connaître et d'échanger publiquement leurs opinions dans tous les domaines d'action de l'Union »[69]. Dans le même sens, la Commission doit désormais justifier dans l'étude d'impact le choix de préférer le règlement à la directive car celui-ci laisse moins de marge de manœuvre aux États en matière de transposition[70].

Il faut surtout mettre en avant le fait que la société civile et les parties prenantes sont systématiquement associées au processus décisionnel européen et finalement au contenu de la proposition de texte, puisque la consultation des parties intéressées est une obligation pour toute étude d'impact. De la sorte, on peut considérer que la définition des objectifs de la régulation résulte d'une mise en concert, d'un dialogue « normatif » entre les divers intervenants. L'exemple du processus d'élaboration du Paquet Télécoms de 2009 visant à revoir le cadre réglementaire des communications électroniques est particulièrement révélateur de cette méthode d'ouverture[71].

Enfin, une fois la proposition de texte élaborée par la Commission, des procédures consultatives plus classiques suivent leur cours. C'est ainsi que sont systématiquement requis des avis d'organes consultatifs institutionnalisés, tels que le Comité économique et social très actif en la matière ou le Comité des régions, qui reste un moyen important pour que les collectivités infra étatiques

---

[69] Art. 11.1 TUE. L'article 11.2 et 11.3 précisent dans le même sens que « Les institutions entretiennent un dialogue ouvert, transparent et régulier avec les associations représentatives et la société civile » et qu'« en vue d'assurer la cohérence et la transparence des actions de l'Union, la Commission européenne procède à de larges consultations des parties concernées ».

[70] Avant une déclaration précisait que dans le cadre du marché intérieur, il était préférable de recourir aux directives, mais cette déclaration a aujourd'hui disparu, et c'est à la Commission de décider au cas par cas. Néanmoins, en pratique, la différence est ténue dans la mesure où, en la matière, les directives sont de plus en plus détaillées et laissent peu de marge de manœuvre aux États membres.

[71] En novembre 2005, avant la rédaction des propositions de texte, la Commission avait procédé à de très larges consultations donnant lieu à 150 réponses écrites. Elle avait ensuite organisé 440 auditions en janvier 2006 ainsi que de nombreuses discussions avec les États membres et les autorités de régulation. Une étude d'impact a également accompagné les propositions de directives. Dans un deuxième temps, un autre jeu de consultations publiques très ouvertes fut mis en place de juin à octobre 2006 donnant lieu à 315 réponses des États membres, de régulateurs, d'opérateurs, d'utilisateurs et consommateurs. Ce processus a été repris dans le cadre de la révision du cadre réglementaire européen lancé en septembre 2015.

fassent entendre leur voix, et qui sont chargés de faire connaître le sentiment des intéressés auprès des organes politiques. L'article 184 TFUE rend par exemple ces consultations obligatoires en matière énergétique.

Au surplus, en dehors du cadre procédural pour ces secteurs complexes, la Commission est ouverte aux influences extérieures pour déterminer le contenu de sa proposition et des objectifs de la régulation qu'elle entend adopter. Dans sa volonté de promouvoir une meilleure gouvernance, l'Union a reconnu le besoin d'expertises extérieures afin d'être en mesure de proposer des textes qui soient les plus pertinents possibles et les plus aptes à saisir les enjeux économiques de ces secteurs. Les évolutions technologiques de ces domaines incitent ainsi les institutions de l'Union à élargir aux experts le processus d'élaboration des normes (et donc de détermination des objectifs) et à leur faire jouer un rôle de plus en plus important dans la préparation de décisions.

La figure de l'expert apparaît alors incontournable au stade de l'initiative[72]. Il existe plusieurs types d'experts reconnus, tels que les comités de spécialistes chargés de donner un avis objectif sur les propositions de la Commission, les groupes de travail composés d'experts gouvernementaux qui permettent de sonder les États membres sur le degré de faisabilité d'une législation à venir[73], et une troisième catégorie d'experts pour faciliter la consultation des milieux intéressés. Le secteur financier pour lequel des groupes d'experts de haut niveau interviennent en amont, quand la Commission prépare ses initiatives, est à cet égard exemplaire[74]. Il existe aussi des groupes composés uniquement d'acteurs du secteur privé, tels que le groupe d'experts du marché des systèmes de paiement[75], qui peuvent assister la Commission dans l'élaboration d'actes législatifs.

---

[72] On s'en tiendra au rôle des experts à ce stade car c'est là que les objectifs de la régulation sont définis. Mais il existe aussi des experts scientifiques et des experts en comitologie dont le rôle est d'intervenir davantage au stade de l'exécution des normes européennes. Pour l'exemple du droit de la concurrence, S. BRACQ, « Le rôle des experts », *in L'Union européenne et l'idéal de la meilleure législation*, *op. cit.*, pp. 115-126.

[73] Cela permet également de localiser les conflits, de baliser les terrains d'affrontement ou encore de situer les zones de compromis possible.

[74] Voir par exemple le rapport du Groupe d'experts de Haut Niveau Lamfalussy de février 2001 ou encore le rapport de la Rosière du 25 février 2009 sur la supervision financière dans l'Union européenne.

[75] Groupe institué par une décision de la Commission du 15 décembre 2008, JOUE L 24 D 28 janvier 2009.

On rappellera également l'importance des activités de lobbying qui peuvent avoir une influence sur la détermination des objectifs de la régulation. Le domaine financier en est un bon exemple car les lobbies y sont particulièrement puissants et leur rôle a indéniablement une influence sur le contenu des actes de l'Union[76]. Même s'ils sont davantage présents devant le Parlement, cela n'est pas sans rejaillir sur la Commission. Ils n'ont néanmoins pas fait l'objet d'une formalisation aussi poussée qu'en matière d'expertise, la nécessité d'en renforcer la transparence est de ce fait encore plus forte[77].

Ces procédés révèlent des aspects positifs car ils conduisent à l'amélioration de la qualité de l'information à la disposition des décideurs politiques et au travail de conceptualisation des données recueillies, le savoir des experts étant ainsi mis au service de la production de normes. Il existe néanmoins un risque majeur en matière de régulation économique et financière qui est celui de l'influence de la doctrine économique proposée par les experts sur les choix finaux de la Commission dans le texte de la proposition. On peut considérer que si la participation des citoyens constitue un principe de bonne gouvernance, l'expertise technocratique est plus suspecte en termes de légitimité. C'est la raison pour laquelle le Livre blanc sur la nouvelle gouvernance proposait que « le système d'expertise pluridisciplinaire de l'Union Européenne soit rendu plus transparent et ouvert au débat »[78]. Dans le même sens, la Commission européenne a présenté en 2003 une communication visant à identifier et promouvoir les bonnes pratiques en ce qui concerne l'obtention et l'utilisation des experts à toutes les étapes de l'élaboration des politiques[79], afin de s'interroger sur la nécessité de faire appel à l'expertise extérieure et de planifier les besoins en la matière[80].

---

[76] A tel point que l'on a vu apparaître des initiatives pour contrer ces lobbies et mettre fin à l'asymétrie entre la puissance de l'industrie financière et l'absence de lobbying des ONG en matière financière. La création de *Finance Watch* par vingt-deux députés européens en juin 2010 a ainsi pour vocation de fournir une expertise en matière financière en étant neutre vis-à-vis des intérêts en présence, Voir F. MARTUCCI, « Jargon économique, mutation normative et outils légistiques », *in L'Union et l'idéal de meilleure législation*, *op. cit.*, pp. 69-94.

[77] G. LEGRI et B. LEHMANN, « L'initiative européenne de transparence et l'encadrement des activités de lobbyisme par la Commission européenne », *RDUE*, n°4-2008, pp. 807-826.

[78] Commission européenne, Gouvernance européenne - Un livre Blanc, préc. p. 28.

[79] Communication de la Commission européenne, Améliorer la base de connaissances pour de meilleures politiques, COM(2002) 713 final participant à la mise en œuvre du Livre Blanc sur la gouvernance européenne.

[80] A cet effet, un registre d'experts a d'ailleurs été mis en place.

La contrepartie impérative de l'importance du rôle des experts dans le processus de détermination des objectifs doit être l'évaluation tant pour assurer une bonne gouvernance que pour rétablir un équilibre entre pouvoir politique, experts et citoyens, et s'assurer ainsi que la diversité de ces objectifs ne porte pas atteinte à l'essence des traités et ne contrevient pas à l'objectif du marché unique[81]. Dans le cas contraire, il n'est pas certain que les procédés entrevus soient une garantie de « meilleure législation » [82] car l'ouverture aux acteurs sociaux donne aux groupes d'intérêt puissants la possibilité de peser sur le contenu des textes, en faisant prévaloir leur point de vue et la consultation peut être instrumentalisée.

On peut dès lors se demander si l'évolution du mode de détermination des objectifs de la régulation n'aboutit pas à ce que, dans une certaine mesure, leur définition soit externalisée.

B. Vers l'externalisation progressive de la détermination des objectifs de la régulation ?

Au-delà de l'apparence, ne peut-on pas considérer que la définition des objectifs de la régulation se fait aussi dans des cercles non institutionnels et que l'évolution de ces objectifs est également initiée par les acteurs des secteurs (opérateurs, régulateurs) en collaboration avec la Commission qui représente l'intérêt général de l'Union ? En la matière, il est certainement difficile de porter des affirmations définitives et générales car la pratique reste différente selon les secteurs considérés. Les questions essentielles méritent néanmoins d'être posées.

Il existe une forme de coopération horizontale de plus en plus prégnante au niveau européen entre les opérateurs et entre les régulateurs agissant dans les secteurs concernés. Dans ce sens, la corégulation ou l'autorégulation sont des processus désormais utilisés aussi bien pour l'adoption des règles d'exécution[83], que pour leur définition. Cet élément novateur repose sur une cohérence horizontale pour assurer un équilibre entre les différents objectifs de l'Union, mais

---

[81] Voir D. DERO-BUGNY, A. LAGET-ANNAMAYER (dir.), *L'évaluation en droit public*, Centre Michel de L'Hospital, 2015, 238 p.

[82] Sur ce constat : J. CHEVALLIER, « Peut-on rationaliser la production du droit ? », *op. cit.*, qui précise qu'« à l'instar de tout mythe mieux légiférer repose sur une large part d'illusion ».

[83] S. BRACQ, « L'autorégulation au cœur de la légistique dans l'Union européenne », *in* F. PERALDI-LENEUF (dir.) : *La légistique dans l'Union européenne, op. cit.*, p. 65.

aussi pour participer à la définition des objectifs de la régulation qui implique une coopération institutionnelle « entre les acteurs et organes agissant dans des domaines concernés, entre les différentes composantes et intérêts qu'ils agrègent »[84].

Le secteur financier fut un précurseur puisqu'il existe depuis longtemps une forme de symbiose entre les régulateurs et les régulés dans la participation à la construction de normes financières ou à la définition des objectifs au niveau européen[85]. Les comités de régulateurs ont ainsi renforcé l'influence sur le contenu des normes européennes à travers la Comitologie[86]. En l'espèce, il ne s'agit pas d'une simple expertise puisque les comités émettent des normes, dénuées de force obligatoire, mais reprises le plus souvent par les institutions européennes et les autorités nationales. La création en 2010 des « autorités européennes de surveillance »[87] pousse cette logique encore plus loin en illustrant la complémentarité des sources du droit à travers ce processus horizontal et original qui vient renforcer l'unification des droits nationaux.

Ce qui s'est illustré d'abord dans le secteur financier gagne les secteurs en réseau[88]. Dans ce domaine, la Commission met à profit le

---

[84] L. AZOULAY, « L'Union européenne à venir : une communauté au-delà du projet communautaire », *in* F. SNYDER (dir.), *L'Union européenne et la gouvernance*, CERIC/Bruylant, Bruxelles, 2003, p. 382.

[85] Il existe ainsi une association étroite des acteurs du marché aux travaux d'harmonisation depuis la mise en place du processus innovant Lamfallusy en mars 2001 relatif au processus réglementaire applicable aux marchés européens de valeur mobilière, et qui a mis en place des comités européens de surveillance. Cette approche s'est renforcée avec la réforme de la surveillance des activités financières adoptée en 2010 (paquet « Supervision financière »). Voir R. VABRES, *Comitologie et services financiers. Réflexions sur les sources européennes du droit bancaire et financier*, Dalloz, 2009, 584 p.

[86] Ces comités composés de représentants des États membres développent un pouvoir normatif délégué ou d'exécution au bénéfice de la Commission ou d'autorités européennes de régulation.

[87] Règlements 1093/2010, 1094/2010 et 1095/2010/UE du Parlement européen et du Conseil du 24 novembre 2010 instituant respectivement l'autorité bancaire européenne, l'autorité européenne des assurances et des pensions professionnelles et l'autorité européenne des marchés financiers. Plutôt que l'intégration normative fondée sur une relation hiérarchique et verticale des ordres juridiques, cette méthode préfère une convergence spontanée par une coopération égalitaire et horizontale entre autorités. Voir aussi, R. MEHDI, « Le pouvoir de décision à l'épreuve de l'agenciarisation de l'Union. Quelques questions constitutionnelles », *in Mélanges Blumann*, *op. cit.*, pp. 653-667.

[88] On peut citer le COCOM établi en matière de télécommunications (composé de représentants des ministères) par l'article 22 de la directive-cadre de 2002 qui peut adopter des recommandations. Ainsi, en 2006, il s'est focalisé sur la révision du cadre réglementaire en proposant de réfléchir à l'évolution du contenu du service universel notamment.

développement de la coopération au niveau européen[89] dans le cadre d'une démarche plus générale dans laquelle elle s'appuie sur des acteurs publics et privés pour l'aider à une prise de décision plus adéquate. Le rôle des associations européennes d'opérateurs ou de régulateurs indépendants dans les secteurs en réseau a progressivement évolué pour acquérir une place dans le choix de la détermination des objectifs de la régulation.

Si les opérateurs ne sont pas chargés de définir les objectifs de la régulation, ils ont fait évoluer leurs actions traditionnelles pour penser et améliorer les règles qu'ils appliquent et dialoguer avec les institutions de l'UE afin d'assurer plus efficacement des activités de lobbying. Leurs initiatives s'analysent comme une démarche régulatrice. A cet égard, plusieurs exemples peuvent être pris, aussi bien dans le secteur de l'électricité que des télécommunications.

Dans le secteur de l'électricité, on peut citer l'association d'opérateurs *Eurelectric*[90] dont la mission est de contribuer au développement et à la compétitivité de l'industrie électrique. Son rôle, au sein de l'Union, est d'identifier et de représenter les intérêts communs de ses membres, de contribuer à formuler des propositions auprès de la Commission et de favoriser la coordination pour la mise en œuvre des actions nécessaires. Le troisième paquet énergie de 2009 va plus loin puisqu'il institutionnalise le rôle des opérateurs en matière normative dans le cadre de l'adoption des codes de réseaux européens[91].

Dans le secteur des communications électroniques, les opérateurs, à travers des associations telles que l'ETNO (*European Telecommunications Network Operators*), qui regroupe des anciens

---

[89] Voir L. RODRIGUE, *Les aspects juridiques de la régulation européenne des réseaux*, Bruylant, Bruxelles, 2012, 499 p. ; C. VLACHOU, *La coopération entre les autorités de régulation en Europe (communications électroniques, énergie)*, thèse, Université Panthéon-Assas, 2014, 581 p., dactylographiée.

[90] Association qui comprend des opérateurs des États membres de l'Union et d'États affiliés.

[91] Élaborés par les associations européennes de gestionnaires de réseaux de transport pour l'électricité et le gaz, les codes de réseau européens sont des règles communes portant sur différentes questions transfrontalières énumérées dans les règlements communautaires. Ils peuvent devenir juridiquement contraignants par la voie de la comitologie si l'Agence de coopération des régulateurs de l'énergie (ACRE) fait une recommandation allant dans ce sens à la Commission européenne, Voir S. DE MOEL, Fl. MELCHIOR, « *Cooperation Between TSOs: Background, Organisation and Netcodes* », *in* : M.-M. ROGGENKAMP, Ul. HAMMER, (éds.), *European Energy Law Report VIII*, Coll. Energy and Law, Vol. 12, Cambridge, Intersentia, 2011, 224 p., pp. 19-40.

monopoles depuis 1992, ou l'ECTA (*European Competitive Télecommunications Association*), qui regroupe les concurrents dans ce secteur depuis 1998, ont été très tôt intégrés dans le processus d'élaboration de la réglementation et donc des objectifs de la régulation. Les nombreuses innovations technologiques et la convergence des technologies imposent en effet que la Commission dialogue de façon continue avec les opérateurs pour déterminer le bon équilibre et suivre les aspirations des consommateurs. C'est ainsi que l'ETNO a pu se prononcer en janvier 2006 pour une modification du cadre réglementaire des communications électroniques.

Le mouvement s'est amplifié lorsque des associations des régulateurs nationaux au niveau de l'Union se sont mises en place. Si elles étaient considérées au départ uniquement comme des lieux d'information et de dialogue, leur rôle a évolué. Ainsi, Pierre-Alain Jeanneney, soulignant leur importance, pouvait écrire dès 2004 que ces associations de régulateurs « élaborent des textes avec l'accord ou à la demande de la Commission européenne qui peut ensuite les reprendre à son compte et leur conférer une valeur contraignante. Et avant qu'ils ne soient repris par la Commission, ces documents, s'ils font l'objet d'un consensus, sont mis en œuvre par chacun des régulateurs dans son propre pays »[92]. La régulation des communications électroniques est à cet égard exemplaire car elle s'inscrit d'assez longue date dans un réseau européen de régulateurs afin d'œuvrer à l'harmonisation des dispositifs nationaux de régulation[93]. La création du Groupe des régulateurs européens - GRE - en 2002 a fait évoluer le rôle de ce groupement de coordination en lui conférant pour mission de « conseiller et d'assister la Commission dans la consolidation du marché intérieur des réseaux et des services de communications électroniques »[94]. Le GRE peut donc indirectement participer à la définition des objectifs de la régulation et non plus seulement à leur mise en œuvre harmonisée par les régulateurs nationaux. Il a ainsi compétence pour donner des avis sur la préparation des textes, ce qu'il fit d'ailleurs pour le second paquet

[92] Voir P.-A. JEANNENEY, « Le régulateur, producteur de droit », *in Les régulations économiques : légitimité et efficacité*, Paris, Dalloz, Presses de Sciences Po, 2004, p. 50.
[93] Le premier était le GRI, Groupe européen des régulateurs indépendants créé en 1997.
[94] Décision du 29 juillet 2002. La Commission assure le secrétariat du GRE.

réglementaire de 2002. De la même façon, il peut se prononcer en amont des dossiers préparés par la Commission[95].

Le troisième paquet réglementaire de 2009 a franchi un pas supplémentaire en remplaçant le GRE par l'Organe des régulateurs européens des communications électroniques, l'ORECE[96], qui rassemble les vingt-huit régulateurs des États membres ainsi que neuf régulateurs observateurs. Au-delà de son rôle de plateforme de travail commune consistant à développer et à diffuser auprès des autorités de régulation nationales les meilleures pratiques réglementaires, il joue un rôle de conseil auprès des institutions européennes reconnu par la législation européenne[97]. Mais le résultat en pratique n'est pas toujours à la hauteur des espérances. Ainsi, le processus décisionnel permet encore à la Commission, qui bénéficie d'un statut d'observateur, de peser très fortement, l'ORECE n'ayant qu'un rôle consultatif le conduisant parfois à être marginalisé sur l'analyse des problèmes devant précéder les initiatives législatives de la Commission. En témoigne la teneur de son avis sur le projet de nouveau paquet communications électroniques[98]. En l'espèce, c'est donc la Commission qui en sort renforcée. Les choses semblent néanmoins évoluer dans le bon sens. En effet, dans le cadre de la révision du paquet télécoms de 2009, une très large consultation publique a été ouverte par la Commission le 11 septembre 2015. L'ORECE a formalisé une réponse (parallèlement aux autorités de régulation nationales), tout comme, pour la première fois, il s'est vu

[95] En novembre 2005 par exemple sa prise de position sur la nécessité de réglementer les coûts des appels de l'étranger vers les mobiles fut entendue par la Commission. Enfin, le GRE s'était prononcé sur la nécessité de réexaminer le cadre réglementaire des télécoms dès 2006.

[96] Art. 2 du règlement 1211/2009 du Parlement européen et du Conseil du 25 novembre 2009 instituant l'ORECE, JOUE L 337 du 18 décembre 2009, p. 1. Pour 2015-2017 la stratégie de l'ORECE vise trois objectifs : la promotion de la concurrence et de l'investissement, le parachèvement du marché intérieur et la protection des consommateurs.

[97] L'ORECE a pour mission notamment d'émettre des avis sur les projets de décision, des recommandations et des lignes directrices de la Commission, d'élaborer des rapports et de fournir des conseils sur demande motivée de la Commission ou de sa propre initiative, et de rendre des avis au Parlement européen et au Conseil sur toute question concernant les communications électroniques.

[98] Communiqué de presse de l'ORECE du 16 septembre 2013 concernant la proposition de règlement relatif au marché unique européen des communications électroniques publié par la Commission européenne qui regrettait notamment le manque de consultation publique préalable et finalement le fait de ne pas avoir été associé au processus. Voir, P. IDOUX, « Régulateurs nationaux et régulateurs européens », *RDP*, 2014, p. 295.

confier en novembre 2015 une compétence pour adopter les lignes directrices sur la neutralité de l'internet[99].

Une expérience voisine, bien qu'un peu différente, mérite d'être citée dans le secteur de l'énergie. L'Agence de coopération des régulateurs de l'énergie - l'ACRE - créée en 2009[100], rend également des avis et recommandations à l'intention des institutions, à la demande de celles-ci ou de sa propre initiative[101]. Mais, en pratique, l'ACRE est autant une émanation des institutions de l'Union que des régulateurs nationaux, et par l'intermédiaire de son directeur, semble trop liée à la Commission européenne qui a par ailleurs un statut d'observateur en son sein[102]. Or, la Commission peut avoir une vision autocratique de certains sujets et ne pas ou peu tenir compte de l'avis des régulateurs[103]. Il en résulte qu'en matière d'énergie la coopération fonctionne dans des domaines techniques (via l'organisation de groupes de travail), mais beaucoup moins lorsqu'il s'agit de la définition des objectifs de la régulation. Paradoxalement, les régulateurs nationaux se sentent parfois oubliés dans ce processus de coopération au niveau européen.

Ainsi, alors que l'on pouvait penser que la définition des objectifs était externalisée, les grands choix politiques restent établis au sein des institutions de l'Union, même si les secteurs sont de plus en plus corsetés par les normes techniques, ce qui réduit la marge de décision.

L'analyse finale n'est donc pas simple. D'un côté, on sent que la Commission, par la multitude d'intervenants et par un mouvement

---

[99] Par le règlement européen 2015/2120 du 25 novembre 2015 établissant des mesures relatives à l'accès à un internet ouvert. Ces lignes directrices ont été publiées le 30 août 2016.

[100] Règlement 713/2009 du Parlement européen et du Conseil du 13 juillet 2009 instituant une agence de coopération des régulateurs de l'énergie, JOCE L 211 du 14 aout 2009, p. 1. L'ACRE a remplacé le GREEG (Groupe des régulateurs européens pour l'électricité et le gaz) qui avait été créé par la Commission européenne le 11 novembre 2003.

[101] Art. 4 du règlement 713/2009 du 13 juillet 2009, préc.

[102] L'ACRE est composée d'un conseil des régulateurs, d'un conseil d'administration dont les membres sont désignés par plusieurs institutions de l'Union dont la Commission, d'un président, d'un directeur exécutif nommé sur une liste de trois noms proposés par la Commission et d'une commission des recours. L'indépendance de l'ACRE est garantie vis-à-vis des opérateurs mais non pas vis-à-vis des entités publiques.

[103] Ce fut le cas pour l'interconnexion électrique Espagne/France qui constituait un objectif politique fort de la Commission au nom de la sécurité d'approvisionnement de l'Union. Elle est opérationnelle depuis les 5 octobre 2015. Voir sur ce sujet la délibération du 26 novembre 2015 de la CRE portant avis sur les règles de répartition des capacités sur la frontière Espagne/France à la suite de la mise en service d'une nouvelle interconnexion entre les deux pays.

d'externalisation du processus, perd une forme de monopole dans la décision. A cet égard, le programme « mieux légiférer » montre que le monopole du droit d'initiative de la Commission se transforme et s'affaiblit[104]. Elle consent par exemple des délégations à toute une série d'organismes privés ou publics afin de l'aider dans son rôle d'initiateur, de producteur de droit européen, qui aboutit à rendre compliqué tout choix qui n'irait pas dans le sens indiqué par ceux-ci. D'un autre côté, la Commission semble pouvoir imposer ses choix face aux regroupements de régulateurs européens quand elle en a la volonté politique. Il y a donc bien une forme de « *Check and Balance* » selon les secteurs, les époques, et les enjeux.

*

Trois remarques conclusives s'imposent.

La première a pour objet de confirmer que la réponse à la question de la détermination des objectifs est finalement plus complexe qu'il ne semblait de prime abord. Il s'agit d'une question juridique relative aux compétences, mais qui revêt également un aspect sociologique et politique très important. Certes, les objectifs sont définis par les législateurs (de l'Union ou nationaux), mais le choix même de ces objectifs résulte d'influences diverses, à commencer par les critères qui s'imposent à un moment donné en dehors d'une volonté politique ciblée. Peut-on aujourd'hui ne pas introduire l'environnement et le développement durable parmi les objectifs principaux de la régulation ? Peut-on ne pas ouvrir à la concurrence ? Peut-on ne pas protéger les consommateurs ? Etc. La réponse est bien sûr négative car ces objectifs apparaissent comme des contraintes « naturelles » induites par des mouvements sociologiques qui échappent à la volonté de n'importe quel législateur, qui traduisent des courants d'opinions et qui forment un consensus qui se cristallisent sur ces objectifs. Il y a donc des objectifs imposés à côté des objectifs choisis. Le choix est par conséquent en grande partie contraint, même si la précision au-delà de ces objectifs généraux peut redonner à la phase de mise en œuvre une certaine latitude.

---

[104] P. SOLDATOS, « L'urgence de protéger le pouvoir d'initiative législative de la Commission européenne », *in L'Union européenne et l'idéal de meilleure législation*, Cahiers européens n°5, 2013, *op. cit.*, pp. 175-190.

La deuxième remarque concerne la multiplication des objectifs et leur éventuelle contradiction, autrement dit une interrogation sur leur cohérence. Il n'est guère aisé, par exemple, de satisfaire à la fois les critères afférents à une priorité environnementale, tout en ouvrant à la concurrence et en protégeant les consommateurs[105]. Ceci peut ressembler au triangle de Mundell en matière monétaire et conduire à une certaine paralysie. Après tout, la difficile négociation de la Cop 21 en a été l'exemple même, et il n'est pas certain que l'environnement en ressorte vraiment prioritaire face à la liberté du commerce, dogme qui semble au-dessus des autres. On peut donc se demander si cette complexité ne conduit pas à ce que la régulation soit dévoyée par rapport à sa définition dans la manière dont on détermine les objectifs. En effet, au-delà des objectifs généraux affichés au départ (concurrence *versus* intérêt général) caractérisant la régulation économique, la déclinaison en objectifs spécifiques, évolutifs, distincts selon les secteurs et les ordres juridiques n'aboutit-elle pas à un manque de lisibilité ou de transparence ? Et sans doute à la dilution des objectifs fondamentaux de la régulation[106] ? C'est finalement le mode opératoire théoriquement démocratique de la régulation qui est remis en cause car on semble aboutir à une forme de leurre où le résultat ne peut être que la résultante des mouvements contradictoires entre les décideurs, les influences diverses, l'opinion publique et les objectifs imposés par l'air du temps.

La dernière remarque tend à préciser, qu'au-delà de cette présentation, et dans la logique même de la régulation, des interstices existent qui permettent de faire évoluer l'articulation entre les objectifs, voire les objectifs eux-mêmes, dans la pratique quotidienne de la régulation. C'est d'ailleurs peut-être là que la méthode régulatrice s'illustre le plus. En d'autres termes, la question de la mise en œuvre des objectifs est aussi importante que celle de la détermination de ces objectifs. Elle conduit à s'interroger sur la marge de manœuvre des régulateurs (peuvent-ils hiérarchiser par exemple les priorités ?) en la matière car c'est à ce stade que l'on retrouve sans doute une forme d'autonomie et de latitude dans la décomposition des objectifs et les choix opérés. C'est donc dans la suite de cette étude, et

---

[105] L'article 7 TFUE précise lui-même que « l'Union veille à la cohérence entre ses différentes politiques et actions, tenant compte de l'ensemble de ses objectifs et en se conformant au principe d'attribution des compétences. »

[106] Ainsi, le code des postes et communications électroniques n'énonce-t-il pas moins de dix-huit objectifs.

à travers les communications consacrées à la mise en œuvre des objectifs par les représentants des régulateurs nationaux qu'il faudra peut-être rechercher les vraies réponses.

Deuxième partie : L'évolution des objectifs

Le renouveau des objectifs de la régulation publique au regard de l'économie comportementale

Samuel FEREY[1]

L'analyse comportementale a constitué l'une des évolutions marquantes de la théorie économique ces dernières années, aussi bien au niveau théorique qu'appliqué. Même si certains ont pu douter de la pérennité de cette approche et y ont vu avant tout une mode, elle s'affirme désormais comme un paradigme complémentaire voir alternatif au paradigme microéconomique standard[2]. L'économie du droit, des institutions et de la régulation publique n'échappe pas à cette évolution au point que, pour certains, la régulation publique est définitivement « entrée dans l'ère comportementale »[3].

Par ce terme, il faut entendre un ensemble de représentations et de questions originales portant sur les objectifs et les modalités de la régulation publique fondées sur une nouvelle représentation des acteurs régulés. Plutôt que de les considérer, à l'instar de la théorie économique standard, comme des acteurs parfaitement rationnels cherchant à maximiser leur propre bien-être, il faut plutôt prendre appui sur l'idée que les acteurs régulés sont imparfaitement rationnels, qu'ils suivent des routines et des normes sociales et que leur égoïsme n'est pas aussi complet qu'on le dit. Cette modification des hypothèses comportementales suffit alors à jeter un regard radicalement nouveau sur le fonctionnement économique de la régulation publique. L'économie comportementale remet ainsi en

---

[1] Professeur d'économie à l'Université de Lorraine (BETA-CNRS, UMR7522). Adresse pour correspondance : Samuel.Ferey@univ-lorraine.fr

[2] Pour une histoire de l'économie comportementale et expérimentale, A. COT et S. FEREY, « La construction de 'faits' économiques d'un nouveau type : éléments pour une histoire de l'économie expérimentale », *L'Actualité économique*, n°1-2/2016, pp. 1-37.

[3] M. P. VANDENBERGH, A.R. CARRICO et L. SCHULTZ BRESSMAN, « *Regulation in the Behavioral Era* », *Minnesota Law Review*, 95/2011, p. 717.

perspective les politiques de régulation en insistant sur trois éléments : de nouveaux outils d'intervention, de meilleures prédictions des politiques existantes et de nouvelles implications en termes de bien-être[4].

Au plan théorique, les contributions fondamentales de Kahneman et Tversky sur les biais et heuristiques, de Thaler, Rabin et Loewenstein sur les anomalies de la rationalité[5], de Frey, Benabou, Tirole sur les motivations intrinsèques et extrinsèques ou de Fehr sur les comportements pro-sociaux ont levé le voile sur les mécanismes complexes de prise de décision individuelle qu'il faut absolument comprendre et expliquer pour prédire les effets des dispositifs mis en place par les régulateurs[6]. Au plan appliqué, de larges domaines du droit public économique ont donné lieu à des analyses spécifiques : économie comportementale du droit de la concurrence[7], économie comportementale de la structure des marchés et de l'organisation industrielle[8], économie comportementale des politiques publiques[9], analyse des *nudges* mis en place par le droit[10] *etc.* Au plan normatif, ces réflexions se sont alors traduites par des propositions de nouveaux modèles d'intervention – redressement cognitif, paternalisme asymétrique, paternalisme libéral comme chez Thaler, Sunstein ou Camerer[11].

---

[4] R. CHATTY, « *Behavioral Economics and Public Policy: A Pragmatic Perspective* », *Richard T. Ely Lecture, American Economic Association*, 3 janvier 2015, p. 36.

[5] A. TVERSKY et R. THALER, « *Anomalies : Preference Re*versals », *Journal of Economic Perspectives*, 4(2)/1990, pp. 201-211.

[6] B. FREY et R. JEGEN, « *Motivation Crowding Theory* », *Journal of Economic Surveys*, 15(5)/2001, pp. 589-611 ; J. TIROLE, « Motivations intrinsèques et normes sociales », *Revue Économique*, 60(3)/2009, pp. 577-590 ; U. GNEEZY et A. RUSTICHINI, « *A Fine is a Price* », *Journal of Legal Studies*, 29(1)/2000, pp. 1-18 ; E. FEHR et S. GÄCHTER, « *Fairness and Retaliation: The Economics of Reciprocity* », *Journal of Economic Perspectives*, 14(3)/2000, pp. 159-181.

[7] A.P. REEVES and M. STUCKE, « *Behavioral Antitrust* », *Indiana Law Journal*, 86/2011, pp. 1527-1586.

[8] M. D. GRUBB et V. J. TREMBLAY, « *Introduction : Behavorial Industrial Organization* », *Review of Industrial Organization*, 47/2015, pp. 243-245.

[9] E. SHAFIR (ed.), *The Behavioral Foundations of Public Policy*, Princeton University Press, Princeton, 2012.

[10] A. ALEMANNO et A.-L. SIBONY (eds.), *Nudge and the Law. A European Perspective*, Hart, Oxford, 2015.

[11] C. SUNSTEIN et R. THALER, *Nudge: Improving Decisions on Health, Wealth, and Happiness*, Yale University Press, Yale, 2008 ; C. CAMERER, S. ISSACHAROFF, G. LOEWENSTEIN et M. RABIN, « *Regulation for Conservatives: Behavioral Economics and the Case for 'Asymetric Paternalism'* », *University of Pennsylvania Law Review*, 151/2003, pp. 1211-1254.

Les régulateurs se sont d'ailleurs saisis de ces travaux pour repenser leurs pratiques. C'est, par exemple, le cas de l'administration américaine sous l'influence de Sunstein : dans plusieurs *memoranda*, Sunstein souligne l'importance des recherches comportementales pour la régulation[12]. Et c'est le sens de l'*executive order* promulgué par le président Obama le 15 septembre 2015 dont le titre évocateur – « *Using Behavioral Science Insights to Better Serve the American People* » explicite une motivation totalement inspirée de l'économie comportementale[13]. Il engage les agences fédérales à « *(i) identify policies, programs, and operations where applying behavioral science insights may yield substantial improvements in public welfare, program outcomes, and program cost effectiveness; (ii) develop strategies for applying behavioral science insights to programs and, where possible, rigorously test and evaluate the impact of these insights; (iii) recruit behavioral science experts to join the Federal Government as necessary to achieve the goals of this directive; and (iv) strengthen agency relationships with the research community to better use empirical findings from the behavioral sciences* »[14]. De même, on trouve en Grande-Bretagne, dans l'Union européenne ou à l'OCDE des groupes de travail sur la régulation comportementale[15].

L'objectif du présent article est double. Il s'agira de présenter les attendus principaux du paradigme comportemental en économie de la régulation afin de voir si et dans quelle mesure il peut constituer un paradigme alternatif ou complémentaire à l'économie de la régulation standard. Ceci permettra alors de montrer en quoi ce paradigme renouvelle assez profondément les objectifs de la régulation publique.

---

[12] Voir M. P. VANDENBERGH, A.R. CARRICO et L. SCHULTZ BRESSMAN, *op. cit.*, notes 4 et 5. Voir *Letter from Cass R. Sunstein, Adm'r, Office of Info. & Regulatory Affairs, to the Honorable David Strickland, Adm'r, Nat'l Highway Traffic Safety Admin.* (19 mars 2010), http://www.reginfo.gov/public/postreview/Tire_Fuel_Efficiency_Consumer_Information_Final_Rule.pdf.

[13] L'*Executive Order* du 15 septembre 2015 commence ainsi : « *A growing body of evidence demonstrates that behavioral science insights -- research findings from fields such as behavioral economics and psychology about how people make decisions and act on them -- can be used to design government policies to better serve the American people.* »

[14] *Idem,* Section 1 (a).

[15] Voir http://www.oecd.org/gov/regulatory-policy/behavioural-economics.htm; *Consumer Behavioural Biases in Competition. A Survey*, Final Report commissioned by the Office of Fair Trading, Londres, 2011.

Pour ce faire, nous nous appuierons sur un vaste ensemble de contributions théoriques et appliquées. Le choix de ces contributions obéit à une définition tout à la fois large et stricte de la régulation comportementale : stricte dans la mesure où nous considérerons uniquement le programme comportemental *stricto sensu* – fondé sur les rapports économie/psychologie – que nous distinguons de l'économie expérimentale dans son ensemble et dont nous ne dirons que peu de choses[16] ; large dans la mesure où nous définissons par le terme « régulation » non seulement l'action *ex ante* des autorités publiques dans les secteurs régulés mais également l'intervention *ex post* de contrôle et de sanctions des comportements portée par ces mêmes autorités.

Un premier temps cherchera à circonscrire l'originalité des fondements analytiques de l'approche comportementale. Ceci permettra alors dans un deuxième temps de développer les nouveaux sens que peuvent prendre les imperfections de marché appelant l'action du régulateur. Enfin, dans un troisième temps, on montrera comment ce nouveau paradigme conduit à renouveler les objectifs économiques de la régulation.

I. – Les fondements analytiques : un nouvel acteur

Les innovations radicales en sciences sociales portent souvent soit sur la conception de l'action humaine soit sur la conception des institutions sociales, économiques ou juridiques. Dans le cas de l'économie comportementale, il est clair que le mouvement s'est d'abord développé comme une théorie de l'action, alternative aux approches économique ou sociologique traditionnelles, qui tirait son originalité de son positionnement entre économie et psychologie. C'est en partant d'une interrogation sur la nature de la rationalité qu'économistes et psychologues ont progressivement tiré des conséquences sur les institutions et les dispositifs juridiques. Nous suivrons cette logique, et son meilleur guide, Daniel Kahneman, pour présenter d'abord les attendus théoriques et appliqués de cette approche concernant la représentation de l'individu (A). Puis, on

---

[16] Pour une présentation plus large de l'importance de l'économie comportementale et expérimentale pour l'économie publique voir S. Ferey, Y. Gabuthy et N. Jacquemet, « Élaboration des politiques publiques et économie expérimentale », *Revue française d'économie*, 27/2013, pp. 155-194.

insistera sur quelques éléments particulièrement saillants pour la régulation publique (B).

A. Rationalité et irrationalités : le cœur du programme comportemental

Développé initialement par Kahneman et Tversky, le programme comportemental porte d'abord sur un renouvellement de la théorie de la rationalité. La manière la plus simple d'en expliciter les fondements est de positionner ces recherches par rapport à l'approche standard de la théorie de la décision. Dans le cadre standard, qui sert d'hypothèse fondamentale à de nombreuses recherches en économie de la régulation publique, les acteurs – consommateurs, firmes, régulateurs – sont rationnels : on peut représenter et expliquer leur comportement comme des actions cherchant à maximiser leurs préférences – appelée aussi utilité – sous contraintes. Plus précisément, on pourrait dire que la rationalité joue à trois niveaux. D'une part, les préférences individuelles sont rationnelles : elles respectent certains axiomes formels simples tels que la complétude ou la transitivité[17]. D'autre part, la rationalité porte également sur les croyances des acteurs et la manière dont ils envisagent les informations qu'ils ont à leur disposition. Enfin, la rationalité standard décrit le choix comme un processus d'optimisation : agir rationnellement, c'est choisir, dans un ensemble S d'alternatives, l'option qui maximise l'utilité étant données certaines contraintes et certaines croyances.

C'est ce modèle que questionne l'économie comportementale en insistant tout particulièrement sur ses aspects cognitifs. Certes, la théorie standard reconnaît largement que l'information est parcellaire, imparfaite et asymétrique. Cependant, les acteurs sont considérés comme capables de traiter rationnellement l'information qu'ils ont à leur disposition. Ainsi, avant d'acheter un billet de loterie, l'acteur ne connaît pas le numéro gagnant mais évalue ses chances de gain en recourant aux probabilités, compare ces chances au coût d'achat du ticket. Il décidera finalement de jouer si l'utilité espérée (l'utilité

[17] Ces axiomes simples sont uniquement des axiomes de cohérence et ne portent jamais sur le caractère raisonnable ou non des préférences en vertu du principe de souveraineté du consommateur et de la neutralité axiologique de l'économiste.

apportée par le gain multipliée par sa probabilité) est supérieure à la désutilité de jouer (la désutilité de la mise de départ)[18].

Prenant le contre-pied de ce modèle standard, l'économie comportementale développe plusieurs niveaux de critiques. A certains égards, le niveau le plus fondamental est d'affirmer que l'action individuelle ne suit pas un unique mécanisme mais plusieurs. C'est l'idée fondamentale sur laquelle Kahneman s'est longuement expliqué : le mécanisme de prise de décision est décrit comme obéissant à deux systèmes – le système 1 et le système 2. Tandis que le second est proprement rationnel, réfléchi et délibératif – et donc souvent lent –, le premier est immédiat, impulsif, largement inconscient mais présente un avantage de rapidité car il ne nécessite pas beaucoup d'attention. Comme Kahneman l'écrit dans son ouvrage *Thinking, Fast and Slow* : « Je décris la vie mentale par la métaphore de deux agents, appelés système 1 et système 2, qui produisent respectivement la pensée lente et de la pensée rapide. Je discute les caractéristiques de la pensée intuitive et délibérative »[19]. Il ne s'agit pas pour lui de déconsidérer l'un des systèmes mais, au contraire, d'en comprendre les relations. Sans cesse confrontés à des *stimulus* et des tâches à effectuer, les individus expérimentent souvent des conflits potentiels entre ces deux systèmes et rien n'assure que ce soit le système rationnel qui prenne systématiquement le dessus sur le système immédiat. Dit autrement, la critique de Kahneman à l'endroit des économistes est qu'ils se sont focalisés sur l'explication ou la description d'un seul des systèmes de prise de décision sans considérer qu'il ne s'agissait là que d'une instance parmi d'autres. Chercher à cerner l'ensemble des mécanismes de prises de décision par la compréhension fine, grâce à la psychologie sociale et cognitive, du système 1 et de ses interactions avec la pensée rationnelle constitue le cœur du projet de l'économie comportementale.

B. Une science de l'irrationalité ?

La conséquence est immédiate : rien n'assure que les choix des acteurs seront toujours et partout parfaitement rationnels. Au contraire, on peut mettre en lumière de nombreux comportements ou

---

[18] Ce choix est influencé par les préférences de l'agent par rapport au risque et dépend du fait de savoir si l'agent est averse au risque ou au contraire amoureux du risque.

[19] D. KAHNEMAN, *Système 1, Système 2. Les deux vitesses de la pensée*, Flammarion, Paris, 2012, *Introduction*.

jugements « irrationnels ». Si l'économie comportementale s'en tenait à une critique de l'hypothèse de rationalité, elle ne serait jamais sortie du cercle étroit des débats académiques et aurait été promise à un oubli aussi respectueux que définitif. C'est parce qu'elle ne s'est jamais cantonnée à la critique mais qu'elle a proposé de nouveaux concepts et de nouveaux faits que l'économie comportementale a construit sa légitimité. En étudiant en profondeur la manière dont le système 1 fonctionne, il est possible d'identifier de grandes classes de mécanismes cognitifs, les biais et heuristiques. Aidés de ces concepts, il est possible non seulement de fournir des explications de comportements qui, sinon, resteraient des anomalies de la théorie standard, mais également des prédictions. Les expériences menées par les économistes comportementaux fourmillent de cas où, confrontés à un problème à résoudre ou à une décision à prendre, les individus laissent le système 1 prendre le dessus, les conduisant certes à des réponses plus rapides mais potentiellement erronées[20]. Et c'est à construire une *science* de l'irrationalité que s'attachent ces travaux. Comme l'écrit Dan Ariely, les hommes sont irrationnels mais de manière prévisible[21]. C'est cette même conviction que l'on trouve dans le rapport de Gabaix, Landier et Thesmar consacré à la protection du consommateur et à la régulation : « la première partie de ce rapport insiste [*sur*] la mise en exergue de l'importance des biais psycho-cognitifs des consommateurs, ces biais s'ajoutant aux plus classiques problèmes informationnels. En substance, les consommateurs ne sont pas des ordinateurs idéaux : ils peuvent prendre des décisions qui sont contraires à leur propre intérêt, faisant des erreurs prévisibles que les entreprises savent exploiter »[22].

On l'aura compris, les biais et heuristiques sont les chevilles ouvrières de cette science de l'irrationalité. Méthodologiquement, leur mise en évidence passe par des expériences contrôlées – soit par le biais de simples questionnaires comme le célèbre questionnaire de Allais de 1951, soit au sein de protocole plus complexes de prises de décision. Ces protocoles cherchent à établir une validité relative des

---

[20] En général, ces heuristiques sont assez utiles mais conduisent, parfois, à des erreurs graves et systématiques. Voir D. KAHNEMAN et A. TVERSKY, « *Judgment Under Uncertainty: Heuristics and Biases* », *Science*, n°185(4157)/1974, pp. 1124-1131.

[21] Voir D. ARIELY, *Predictably irrational*, Harper, New-York, 2008, 349 p.

[22] X. GABAIX, A. LANDIER et D. THESMAR, *La Protection du consommateur : rationalité limitée et régulation*, La Documentation française, Paris, 2012, p. 8. Voir également les deux commentaires intégrés à ce rapport de Philippe Mongin et de Jean Tirole.

biais et peuvent alors permettre d'en faire des concepts empiriquement opérationnels[23]. Prenons deux exemples illustrant l'un, un biais de jugement et l'autre, un biais de comportement.

En de nombreuses occasions, les individus effectuent des évaluations ou portent des jugements qui les conduiront à choisir tel ou tel comportement. Système 1 et système 2 peuvent ici agir de manière concurrente et contradictoire. Ainsi, Kahneman et Tversky ont demandé à deux groupes d'étudiants d'évaluer, en moins de 5 secondes, le produit de tous les nombres de 1 à 8[24]. Le premier groupe avait à évaluer la multiplication suivante: 1x2x3x4x5x6x7x8. Le second groupe devait évaluer, toujours en moins de 5 secondes, la multiplication suivante : 8x7x6x5x4x3x2x1. Il s'agit évidemment de la même opération et pourtant, l'estimation médiane du premier groupe était de 512 tandis qu'elle était de 2250 pour le second groupe. L'explication proposée par les auteurs repose sur un effet d'ancrage : dans l'impossibilité de calculer l'ensemble de la multiplication, l'esprit interrompt sa computation aux premières opérations et évalue ensuite intuitivement le résultat global par rapport à ces premiers résultats. Mais selon que le point de départ est bas (1x2x3 si l'esprit va jusqu'à trois degrés d'opération) ou élevé (8x7x6), l'évaluation finale en sera affectée exactement comme si le chemin cognitif suivi orientait le résultat qui devrait pourtant en être indépendant.

Second exemple, les biais liés au contexte de choix. Dans le cadre d'une théorie parfaite de la rationalité, l'agent est suffisamment transparent à lui-même pour savoir ce qu'il préfère et pour ne pas être influencé par le contexte dans lequel il a à agir. Ainsi, si l'agent préfère une option A à une option B et qu'elles lui sont toutes les deux accessibles, il choisira A dans tous les contextes possibles. Or, la littérature comportementale a identifié plusieurs biais de dépendance contextuelle. Ainsi, l'aversion aux extrêmes énonce que la présence ou non d'une option C de toute façon non choisie peut avoir une influence sur la décision finale si l'option B qui paraissait extrême lorsque C n'était pas disponible, devient plus modérée en présence de C. On assiste alors à un phénomène de renversements des préférences en fonction du contexte. C'est ce même phénomène de renversement

---

[23] Sur l'histoire et la méthode de l'économie comportementale et expérimentale et ses différentes modalités (expériences de laboratoire, expérience de terrain, expériences naturelles, questionnaires), voir A. COT et S. FEREY, *op. cit.*

[24] D. KAHNEMAN et A. TVERSKY, *op. cit.*, p. 1128.

de préférence que l'on peut mettre également en évidence dans les choix intertemporels en cas de procrastination. L'acteur souhaiterait suivre un plan de décision à travers le temps mais ne parvient pas à modifier son choix présent du fait du *statu quo* existant. Ces quelques exemples permettent de mieux saisir la science de l'irrationalité que veulent construire les économistes comportementaux.

C. Les enjeux de la vision comportementale sur la régulation publique

Fournir une analyse exhaustive de la manière dont la théorie de la décision se trouve modifiée par le programme comportemental dépasserait le cadre de cet article. Nous voudrions terminer plutôt sur quelques éléments plus spécifiques au champ de la régulation publique.

La mise en évidence de biais remet en cause différentes parties de la théorie du choix rationnel de manière globale. Premièrement, les préférences ne sont plus considérées comme données et intangibles mais peuvent être instables. La seule constatation qu'un agent a choisi une option A ne suffit plus à considérer qu'il a révélé ses vraies préférences. Certaines des propriétés axiomatiques des préférences (comme la transitivité par exemple) sont alors remises en cause[25]. Deuxièmement, le traitement des informations n'est plus considéré comme obéissant à un traitement rationnel (par exemple, bayésien) mais de fausses croyances peuvent perdurer en dépit d'informations nouvelles. Troisièmement, la capacité des acteurs à décider des plans d'action à travers le temps et à s'y tenir est interrogée au profit d'effets temporels comme la procrastination ou la difficulté à se projeter dans le futur. Enfin, l'égoïsme que la théorie standard considère comme illimité est contré par l'application de normes de comportements.

Les conséquences de cette évolution de la théorie de l'acteur sont alors fortes. En effet, l'économie de la régulation publique s'est largement construite sur l'idée que le régulateur avait en charge, notamment, de construire des incitations efficaces pour amener les acteurs privés et publics à remplir certains objectifs par le biais de contrats optimaux ou de formules de tarification incitatives. Or,

[25] La transitivité est la propriété qui veut que si l'agent dit préférer A à B et B à C, il doit préférer A à C.

l'approche comportementale fait évoluer ces dispositifs. Ainsi, les travaux de Benabou, Tirole, Gneezy sur les motivations considèrent que des dispositifs purement incitatifs peuvent présenter, dans certains contextes sociaux, des effets pervers. Pour reprendre un exemple cher à Tirole[26], il existe des donneurs de sang qui le font gratuitement, donc pour des motivations intrinsèques. Introduire une gratification ou un paiement (motivation extrinsèque) peut, paradoxalement, détruire les motivations intrinsèques et générer un résultat finalement moins efficace[27]. Le régulateur doit donc utiliser avec précaution les incitations puisqu'elles peuvent se révéler contre-productives et coûteuses.

Deuxièmement, les aspects de matérialité et de contextes, totalement absents de la théorie standard, deviennent cruciaux avec l'économie comportementale. Comme l'action est liée à un processus de traitement de l'information, il n'y a plus de solution de continuité entre l'esprit humain et le monde matériel. Il faut plutôt envisager un continuum dans la mesure où des dispositifs matériels peuvent venir aider ou au contraire induire en erreur l'esprit humain. Le célèbre exemple de l'autoroute de Chicago de Thaler et Sunstein en est une bonne illustration : afin de limiter la vitesse sur cette autoroute, et plutôt que de placer de nouveaux radars, la municipalité de Chicago a décidé de peindre sur la chaussée des bandes blanches de largeur identique mais disposées de plus en plus proche de sorte que rouler sur la chaussée à vitesse constante donne aux automobilistes la *sensation* de vitesse les amenant alors à décélérer. Le monde matériel permet alors d'agir directement sur le système 1 des individus sans passer par le système 2 et tout en favorisant, pourtant, une action à laquelle le système 2 aurait souscrit. Dit autrement, les régulateurs doivent avoir à l'esprit que la régulation peut passer par des artefacts matériels qui jouent comme des dispositifs cognitifs.

---

[26] J. TIROLE, *Economie du bien commun*, Presses Universitaires de France, Paris, 2016.

[27] L'originalité de cette théorie porte sur la résolution d'un paradoxe. En effet, on peut tout à fait, dans le cadre standard, considérer que l'agent est altruiste du fait de ses préférences (son bien-être augmente lorsque le bien être d'autrui s'améliore) et l'on peut alors rationaliser certains comportements sur ce fondement. Mais, dans ce cadre, si l'on ajoute une incitation financière au comportement altruiste, on devrait observer une augmentation des actions altruistes (l'effet d'incitation s'ajoutant à l'effet lié aux préférences). Si l'on constate l'effet inverse, c'est que les incitations monétaires viennent en réalité détruire les motivations antérieures.

Troisièmement, l'approche comportementale conduit à introduire de l'hétérogénéité dans l'analyse des acteurs : de nouveaux horizons théoriques et empiriques s'ouvrent alors par la prise en compte d'interactions entre des agents cognitivement limités et des agents plus rationnels qui peuvent justement utiliser les biais cognitifs à leur profit.

II. – Vers un paradigme comportemental pour la régulation publique ?

Parler de paradigme comportemental est peut-être abusif mais renvoie tout de même au fait que les contributions de l'économie comportementale à l'analyse de la régulation publique constituent un ensemble de propositions alternatives et concurrentes au cadre standard[28]. Le terme de paradigme cher à Kuhn sera donc utilisé ici dans un sens non technique : un ensemble de propositions et de travaux articulés et structurés entre eux et reposant sur des hypothèses, des représentations et des conventions scientifiques partagées mais sans affirmer de supériorité ou de substitution de ce nouveau paradigme à l'ancien. L'intérêt du mot paradigme est de bien montrer que ces nouvelles hypothèses et conventions donnent à voir de nouveaux faits empiriques, de nouveaux mécanismes théoriques et de nouvelles explications de faits qui constituaient, dans le paradigme standard, des anomalies. En puisant dans des champs divers, nous rappelons dans un premier temps comment ces fondements analytiques génèrent de nouvelles questions pour la régulation publique (A) qui renouvellent le concept traditionnel d'imperfection de marché, raison d'être de l'intervention publique (B).

A. Acteurs de la régulation et biais comportementaux

Considérer les limites de la rationalité conduit d'abord à s'interroger sur les acteurs concernés par ces biais comportementaux. On trouve dans la littérature différentes applications[29]. Une première série de modèles et de réflexions, particulièrement développée dans la littérature d'économie industrielle, considère que les consommateurs

---

[28] Pour une position syncrétique et pragmatique, voir R. CHATTY, *op. cit.*

[29] Ellison rappelle ainsi que l'économie industrielle, principal pourvoyeur de modèles impliquant la régulation publique, compte une centaine de modèles de base qu'il faudrait coupler avec une dizaine de biais potentiels (G. ELLISON, « *Bounded Rationality in Industrial Organization* », 2006, p. 28, disponible sur http://economics.mit.edu/files/904.

sont les acteurs biaisés tandis que les producteurs sont parfaitement rationnels. Dans d'autres contributions, les biais touchent également les producteurs et les firmes. Enfin, certaines applications portent sur les autorités publiques elles-mêmes ou les juges.

Considérer que les limites de la rationalité touchent principalement les consommateurs ouvre sur un premier scenario attribuant à chacun un rôle. Aux consommateurs biaisés, répondent des entreprises et des firmes parfaitement rationnelles – appelées parfois entrepreneur de biais – qui, conscientes de la tendance à suivre des biais existants de la part de leurs clients, cherchent à les utiliser, les renforcer ou même à les créer. On raisonne alors avec des agents hétérogènes, certains étant davantage sujets aux biais que d'autres. Ainsi, dans le modèle de Kuran et Sunstein sur les cascades informationnelles, les auteurs développent un scenario où des entrepreneurs de biais alimentent une fausse croyance par le biais d'une cascade informationnelle en cherchant à modifier la perception qu'ont les acteurs de certains risques[30]. De même, Gabaix et Laibson développent un modèle de tarification où une partie des consommateurs sont biaisés et où leur biais se trouve être exploités par une entreprise[31].

Dans d'autres cadres, les entreprises régulées elles-mêmes sont biaisées. Cette idée rejoint en fait une tradition plus ancienne, celle notamment développée dans l'entre-deux guerre par les partisans de la concurrence imparfaite qui s'interrogeait sur la capacité des firmes à maximiser effectivement leurs profits[32]. De nombreux modèles de concurrence imparfaite partent de cette idée que les acteurs privés ne disposent pas de capacité de calcul illimitée et peuvent subir des biais[33]. Ce scenario pourrait surprendre dans la mesure où l'on voit mal comment une firme peut avoir une « psychologie » et à ce titre

---

[30] C. SUNSTEIN et T. KURAN, « *Controlling Availability Cascades* », *in* C. SUNSTEIN (ed.) *Behavioral Law and Economics*, Cambridge University Press, Cambridge, 2001, pp. 374-397.

[31] Il s'agit d'un biais de myopie de l'agent où le consommateur fait des erreurs dans l'estimation du prix réel d'un bien lorsque plusieurs attributs sont cachés (par exemple, la décision d'achat d'une imprimante se concentrera sur le prix de l'imprimante sans prendre en compte le prix des cartouches d'encre). Voir X. GABAIX et D. LAIBSON, « *Shrouded Attributes, Consumer Myopia, and Information Suppression in Competitive Markets* », *Quarterly Journal of Economics*, 121(2)/2006, pp. 505-540.

[32] R. L. HALL et C. J. HITCH, « *Price Theory and Business Behaviour* », *Oxford Economic Papers*, 2/1939, pp. 12-45.

[33] « Les entreprises sont exposées à des biais de toute sorte, non moins que les consommateurs, et l'on peut se demander contre lesquels ceux-ci doivent être défendus en priorité, de leurs propres biais ou de ceux des entreprises » (Ph. MONGIN, « Commentaire » *in* X. GABAIX, A. LANDIER et D. THESMAR, *op. cit.*, p. 70).

subir des biais comportementaux. La réponse est alors à trouver dans la théorie des organisations qui peut apporter des outils utiles pour comprendre comment l'agrégation de comportements psychologiques internes à la firme peut générer des effets sur cette entité elle-même. Deux exemples viennent immédiatement à l'esprit[34]. Le premier porte sur les phénomènes spéculatifs sur les marchés financiers. Dès 1936, Keynes dans un chapitre fameux de la *Théorie générale de l'emploi, de l'intérêt et de la monnaie*, mettait le doigt sur l'économie de « casino ». Il développait des arguments psychologiques à propos des acteurs de marché – investisseurs, banques – pour en expliquer le comportement parfois erratique. Même si la littérature économique est divisée sur le sujet, la finance comportementale, emmenée par exemple par Shiller a montré que certains épisodes d'évolution du prix des actifs correspond bien à des phénomènes comportementaux largement irrationnels et biaisés[35]. Une régulation adaptée est alors attendue et l'on voit que les dispositions de la régulation financière mise en œuvre par l'Autorité des marchés financiers peuvent tout à fait être cohérentes avec l'approche comportementale lorsque, par exemple, le Code monétaire et financier interdit les manipulations de cours. Un deuxième exemple, impliquant également des firmes, est la fameuse malédiction du vainqueur en théorie des enchères (« *winner curse* »)[36]. Lorsque les régulateurs sectoriels attribuent certains biens ou certaines ressources à des concurrents potentiels (sillons ferroviaires, ondes hertziennes), ils le font parfois en recourant à des mécanismes d'enchères. Ce fut le cas dans certains pays d'Europe au début des années 2000 avec la mise aux enchères des licences UMTS sur le marché des télécommunications. Or, un résultat empirique en ce domaine est que, lorsque les enchères sont à valeur commune (le bien mis aux enchères a la même valeur pour les différents enchérisseurs)

---

[34] « *But companies are ultimately a collection of individuals. If the public is an abstraction, then how is the corporation (divorced from its employees) any more definite? If many individuals systemically deviate from rational choice theory's predicted outcomes under certain scenarios, why shouldn't corporate behavior deviate under similar scenarios? Companies reflect their employees. They can vary by purpose (non-profit versus profit), structure (partnership, family concern, conglomerate), national identity and cultural norms (local firm, multinational), regulatory environment (utility versus unregulated concern), and size (large versus small)* » (M. E. STUCKE, « *Behavioral Economists at the Gate : Antitrust in the Twenty-First Century* », *Loyola University Chicago Law Journal*, 38/2007, p. 515).

[35] G. AKERLOF et R. SHILLER, *Les Esprits animaux. Comment les forces psychologiques mènent l'économie et la finance*, Pearson, Bruxelles, 2009, 293 p.

[36] R. H THALER, *The Winner's Curse. Paradoxes and Anomalies of Economic Life*, Princeton University Press, Princeton, 1992, 240 p.

celui qui gagne l'enchère est celui qui surestime le plus fortement la valeur du bien ou sa capacité à en tirer profit. Un agent rationnel devrait prendre en compte ce risque et se portera acquéreur à des niveaux de prix *conditionnellement* au fait d'être le vainqueur tandis qu'un agent biaisé ne le fera pas.

Enfin, un troisième scenario peut se conjuguer aux précédents, celui où le régulateur public lui-même est travaillé par des biais comportementaux. L'origine de ces biais peut être diverse, soit qu'il développe ces biais de manière indépendante des acteurs régulés, soit qu'il soit induit en erreur par ces mêmes acteurs. On pourrait alors parler de capture comportementale du régulateur. C'était d'ailleurs le point sur lequel insistaient Kuran et Sunstein en expliquant que, de même que l'évaluation de certains risques peut être biaisée au niveau des acteurs, de même, un régulateur insuffisamment rationnel pouvait tout à fait être pire que le mal et participer à des cascades informationnelles. Ce scenario est important car il implique de prendre position sur le fait de savoir si la lutte contre les biais comportementaux peut effectivement passer par le régulateur. Dans le récent rapport sur la protection des consommateurs, Landier, Gabaix et Thesmar développent ainsi une vision de la protection du consommateur où le droit est conçu comme un outil rationnel pour protéger des consommateurs parfois irrationnels.

Dans la suite, nous insisterons plus particulièrement sur le premier scenario pour montrer comment il permet de réinterpréter les imperfections de marché et de dessiner, par-là, de nouveaux objectifs pour la régulation publique.

B. De nouvelles significations aux imperfections de marché

Considérer que les acteurs régulés puissent être irrationnels, au sens développé dans la première partie, conduit à repenser les imperfections de marché qui sont les raisons d'être traditionnelles en économie de la régulation publique. Comme l'écrit Grub, « *embedding behavioral consumers in IO models has successfully generated novel and relevant insights for policy makers. This work suggests that policy makers have a difficult job to do: On the one hand, behavioral IO models often identify more market failures or inefficiency—and corresponding need for intervention—than would arise in standard models* »[37]. En effet, à côté des cas bien connus du monopole naturel, des externalités de réseaux ou encore des biens publics, apparaît une nouvelle catégorie que l'on pourrait appeler les imperfections cognitives. Ou plutôt, ces imperfections cognitives vont être conçues comme des causes nouvelles expliquant ces imperfections de marché. Un exemple permettra d'illustrer cette évolution dans les concepts théoriques. Classiquement, on considère que, dans les secteurs régulés comme le ferroviaire ou plus largement les industries de réseaux, un risque de forclusion du marché existe lorsque l'opérateur historique gère le réseau et l'exploite. C'est un des arguments poussant à vouloir séparer, à tout le moins de manière comptable, le gestionnaire du réseau et son exploitation. Cependant, l'économie standard insiste avant tout sur les aspects de tarification pour caractériser la forclusion. Or, les biais cognitifs mis en évidence dans la littérature peuvent potentiellement accentuer ou créer la forclusion[38]. Ainsi, le biais de *statu quo* qui fait préférer aux acteurs la situation présente à tout changement vient artificiellement renforcer la position de l'opérateur historique par rapport à ses concurrents. L'affaire soumise à l'Autorité de la concurrence à propos du gaz de Grenoble en fournit une bonne illustration[39]. De même, lorsque le régulateur des télécommunications en France a souhaité ouvrir à la concurrence le service de l'annuaire téléphonique, il a explicitement exigé des opérateurs qu'aucun d'eux ne puisse se servir du 12 pour une raison évidente : éviter un biais de saillance. Ou encore, l'ensemble de la littérature consacrée à l'existence ou non de barrières

---

[37] M. D. GRUBB, « *Behavioral Consumers in Industrial Organization: An Overview* », *Review of Industrial Organization*, 47(3)/2015, p. 254. L'auteur ajoute que la théorie comportementale en organisation industrielle se divise en trois branches : les préférences non-standard des consommateurs exploitées par les firmes, les problèmes de choix intertemporels et notamment l'hyper-optimisme et enfin la différentiation artificielle des produits et le pouvoir de marché (*Idem*, p. 248).

[38] Pour une analyse des conséquences des biais sur les politiques publiques en général, voir S. FEREY, Y. GABUTHY, N. JACQUEMET, *op. cit.*

[39] Voir la décision de l'Autorité de la concurrence n°09-D-14 du 25 mars 2009 relative à des pratiques mises en œuvre dans le secteur de la fourniture de l'électricité. Dans cette affaire, le biais en question était un biais de persuasion où l'opérateur historique avait utilisé une campagne de publicité pour créer une confusion dans l'esprit des consommateurs sur la réelle nature des entités pouvant distribuer de l'électricité à Grenoble. L'Autorité de la concurrence reconnaît que ces pratiques « cognitives » sont une violation des règles de concurrence et suit ainsi l'analyse du régulateur sectoriel. Pour une analyse de cette affaire d'un point de vue comportemental, voir M. DESCHAMPS et S. FEREY, « Économie comportementale et politique de concurrence. Une étude du cas français », *Revue française d'économie*, 27(4)/2013, pp. 1-34.

à l'entrée peut trouver dans l'économie comportementale de nouveaux mécanismes. Pour déterminer si un marché est contestable ou non, il ne suffit plus que l'entrée et la sortie soient sans coûts mais également que les consommateurs ne subissent pas de biais cognitifs rendant non profitable l'entrée potentielle d'un concurrent.

Cette reformulation des imperfections de marché ouvre alors sur une question : est-il possible de résoudre les imperfections cognitives de manière décentralisée ? Dit autrement, peut-on attendre des institutions de marché qu'elles résolvent d'elles-mêmes, par la concurrence, ces imperfections cognitives ? Pour paradoxale qu'elle paraisse, cette question est loin d'être oiseuse mais décale la focale sur la temporalité des effets cognitifs. Ainsi, on peut tout à fait admettre qu'à court terme les acteurs puissent être imparfaitement rationnels mais que, à long terme, cette situation ne puisse se maintenir. L'enjeu est de taille car une réponse positive limiterait le rôle de la régulation tandis qu'une réponse négative ouvrirait sur une palette de nouveaux objectifs pour la régulation publique.

En réalité, ce débat est aussi ancien que le programme comportemental lui-même[40]. Ainsi, Savage confronté au paradoxe de Allais usait, dès 1951, d'un argument similaire. Selon lui, de même que les lois de l'arithmétique sont vraies mais qu'il peut exister des acteurs faisant des erreurs de calcul, de même le fait que l'on montre qu'un individu viole certains axiomes de la théorie de la rationalité ne remet pas en cause cette théorie : on pourrait tout à fait lui expliquer son erreur et il la corrigerait de lui-même. Or, on peut imaginer qu'il soit dans l'intérêt de certains acteurs de marché de lutter contre les biais des individus. Ainsi, dans un article souvent cité, Gabaix et Laibson modélisent les comportements stratégiques de plusieurs concurrents faisant face à des consommateurs biaisés, l'un profitant des biais (scenario 1 précédemment), l'autre non[41]. Les auteurs étudient alors le fait de savoir si la stratégie du concurrent 2 de débiaiser les acteurs lui est profitable ou non. La conclusion est mesurée et l'on peut montrer que rien n'assure que la concurrence amènera à une disparition spontanée des biais.

---

[40] On pourrait même dire que cela remonte à plus loin. On trouve ainsi chez Ramsey dès l'entre-deux guerres un argument important dénommé « pompe à finance ». Si un agent est structurellement irrationnel dans ses préférences, alors il est possible de lui proposer une série de choix tel qu'il serait ruiné à la fin des échanges. On peut alors considérer qu'il est inutile de chercher à étudier de tels individus puisqu'il ne survivrait pas au processus de marché.

[41] X. GABAIX et D. LAIBSON, *op. cit.*

À ces approches modélisées, on peut ajouter les approches empiriques, et notamment expérimentales, qui visent à caractériser le caractère permanent ou transitoire des biais. Citons par exemple, l'expérience de Vernon Smith concernant les bulles spéculatives et leur régulation[42]. Cependant, si ces expériences ont sans doute une forte validité interne (les énoncés qu'elles tirent des expériences correspondent bien à des comportements constatés lors de l'expérience), il n'est pas aisé de généraliser leurs résultats à des acteurs « réels ». Pour cela, il faudrait disposer d'un critère permettant de comparer les comportements d'individus dans des environnements décontextualisés et des agents réels. Or, comme l'écrit Loewenstein, quel comportement en laboratoire est « représentatif » du comportement réel[43] ? Plus largement, ce débat autour de la représentativité des expériences débouche sur une question cruciale pour la régulation, celle de savoir si la rationalité individuelle est une caractéristique des individus ou une caractéristique de l'environnement dans lequel ils agissent.

III. – De nouveaux objectifs pour la régulation publique

Que tirer de cette présentation des éléments structurants de l'économie comportementale appliquée à la régulation publique ? Il s'agira dans cette dernière partie de considérer comment ces outils théoriques et ces résultats empiriques viennent enrichir le spectre des objectifs que peut se donner le régulateur. On le fera en considérant les objectifs économiques traditionnels de la régulation. Même si le législateur n'est pas toujours explicite sur ce qu'il entend inscrire dans les textes en termes d'objectifs économiques *stricto sensu*, la littérature économique a souvent essayé de rattacher des concepts économiques aux objectifs explicites de la régulation. Ainsi, l'ouverture à la concurrence et la mise en place de marchés libres est un élément de la réalisation du marché intérieur ou encore le bien-être du consommateur et la maximisation de son surplus semble attachés aux objectifs de service public dans certaines industries de réseaux. Sans remettre en cause ces objectifs économiques généraux, l'approche comportementale peut cependant permettre de préciser ces concepts. Nous insisterons particulièrement sur deux objectifs

[42] G. AKERLOF et R. SHILLER, *op. cit.*

[43] A. COT et S. FEREY, *op. cit.*, p. 30 et s.

nouveaux portés par la régulation comportementale : le redressement cognitif d'une part (A) et le paternalisme libéral d'autre part (B).

A. Redresser cognitivement les acteurs

Pour un économiste standard, l'un des objectifs de la régulation doit être de fournir aux acteurs l'ensemble des informations pertinentes pour qu'ils puissent prendre des décisions éclairées. Avec le programme comportemental, on comprend que cet objectif ne puisse se suffire à lui-même puisqu'il existe un écran entre l'information et son utilisation correcte par l'acteur. Ou plus précisément, le régulateur doit s'assurer à la fois que l'information est disponible et qu'elle est correctement traitée. Ce thème a pris le nom du *debiasing* en anglais que l'on se propose de traduire par « redressement cognitif ». Il s'agit d'attribuer au régulateur un rôle de correction des erreurs. La légitimité de cette fonction est la conséquence directe de ce que nous avons identifié en deuxième partie concernant la difficulté de la concurrence à supprimer d'elle-même les erreurs des acteurs économiques.

Ce rôle de la régulation peut s'implémenter à la fois *ex ante* et *ex post*. *Ex ante*, par la mise en place de dispositifs de contrôle de la manière dont les informations sont transmises aux consommateurs. Une grande partie des débats autour de la protection du consommateur tourne autour de ces questions. En effet, et notamment aux États-Unis, la régulation des informations qu'il est nécessaire que la partie « sophistiquée » (le professionnel) transmette à la partie plus « naïve » (le consommateur) s'est largement développée. Pourtant, rien n'assure l'efficacité de cette pratique si on ne la met pas en perspective avec l'objectif final[44]. Dans bien des contextes, donner l'information ne suffit pas à ce qu'elle soit correctement traitée par le consommateur. Dès lors, le contexte ou la manière de transmettre l'information doit devenir une préoccupation du régulateur afin d'assurer une transparence du marché. On peut par exemple penser aux obligations faites aux opérateurs de téléphone de communiquer sur la couverture de leurs réseaux.

De même, les régulateurs doivent veiller à ce que les opérateurs ne créent pas de biais cognitifs à leur profit. Ceci peut aussi bien se

---

[44] Voir O. BEN SHAHAR et C. J. SCHNEIDER, *More Than You Wanted to Know: The Failure of Mandated Disclosure*, Princeton University Press, Princeton, 2016.

concevoir *ex ante* qu'*ex post*. *Ex post*, cela signifie que les régulateurs, lorsqu'ils ont un rôle de contrôle des comportements des acteurs, doivent également chercher à lutter contre les biais, qu'ils soient spontanés ou artificiellement créés. C'est par exemple le cas de l'Autorité de la concurrence lorsqu'on la considère comme une autorité participant à la régulation des marchés[45].

B. Le paternalisme libéral et les conditions cognitives de la liberté

Un deuxième modèle a également émergé sous l'influence de Thaler et Sunstein[46]. Ces auteurs, doutant finalement que le régulateur puisse toujours redresser cognitivement les acteurs, ont développé une série de considérations amenant à être plus intrusif. Derrière le terme de paternalisme libéral, il faut entendre le fait de construire des contextes de choix qui utilisent les biais mais dans un souci de maximisation du bien-être individuel. La stratégie de Sunstein et Thaler est de maintenir conceptuellement qu'un individu peut être porteur de plusieurs types de préférences : celles immédiatement données par le système 1 et celles, plus réfléchies et plus rationnelles, générées par le système 2. Le régulateur peut donc vouloir préserver l'autonomie de l'individu en utilisant les biais du système 1 pour qu'il conduise à une meilleure réalisation des souhaits du système 2. Le célèbre livre *Nudge* propose un vaste éventail d'applications possibles. Par exemple, Thaler et Sunstein insistent sur le rôle des règles par défaut dans lesquels les acteurs sont plongés. On parle alors d'architecture des choix. Dans la mesure où l'acteur a tendance à subir un biais de *statu quo*, le contexte par défaut sera déterminant dans son choix final. Et le régulateur, parce qu'il a justement la capacité de créer ces règles de défaut peut orienter les choix. Ce faisant, il a un rôle crucial puisque, implicitement, il choisit quel type de préférences doit être pris en compte. Mais, s'il le fait en suivant les préférences les plus raisonnables des individus, son action permet, aux yeux de Sunstein, de développer l'autonomie de l'acteur.

Le cas de l'Autorité de régulation des jeux en ligne (ARJEL) est emblématique d'une telle théorie. Le dispositif mis en œuvre par l'ARJEL qui consiste à permettre aux agents de s'auto-contraindre et

---

[45] Pour des exemples de redressement cognitif mis en œuvre par l'Autorité de la concurrence, voir par exemple M. DESCHAMPS et S. FEREY, *op. cit.*

[46] Voir note 11.

de s'auto-exclure de casinos ou de cercles de jeux, correspond bien à un outil paternaliste libéral : l'agent est libre de solliciter volontairement une demande d'interdiction de jeu et il le fait pour une période longue de trois ans sur laquelle il ne peut revenir. Il s'agit ici de lutter contre le moi de court terme – qui souhaite pouvoir avoir accès à un casino tout le temps– et le moi de long terme qui, plus réfléxif, est conscient du risque d'addiction au jeu. Le moi de long terme du joueur trouve alors dans la régulation des moyens d'auto-contraindre sa liberté mais précisément pour être plus autonome[47].

Le paternalisme libéral a donné lieu à de nombreux débats qui allaient d'interrogations sur l'effectivité de tels dispositifs à des questions plus normatives sur la définition de la liberté et de l'autonomie ou sur les risques de manipulation des individus par les agences de régulation. Pour notre part, il nous semble que la pensée de Sunstein consiste à placer les individus dans des contextes cognitifs qui permettent le choix autonome. De ce point de vue, le bon *design* de ces contextes informationnels devient un objectif important du régulateur. Cela étant, on voit aussi sur l'exemple des renversements de préférences que celui-ci est amené à envisager d'une manière nouvelle le bien-être des consommateurs. En effet, si l'on pense que favoriser le bien-être social est l'un des objectifs de la régulation publique, alors il convient de savoir ce qu'est ce bien-être. Dans la théorie standard, le bien-être est défini en relation avec les préférences individuelles. Pour l'économie comportementale, les choses se présentent de manière plus complexe puisque comme les préférences dépendent du contexte, le régulateur a des choix à effectuer concernant le type de préférences qu'il prend en compte pour mener ses interventions.

*

L'approche comportementale s'affirme comme une approche nouvelle et fructueuse pour envisager la régulation publique. Développée dans le domaine académique sur le fondement de

---

[47] Voir article 1er de l'arrêté du 8 juin 2010 relatif aux contenu et modalités d'affichage du message d'information relatif à la procédure d'inscription sur le fichier des interdits de jeu : « Toute personne souhaitant faire l'objet d'une interdiction de jeux doit le faire elle-même auprès du ministère de l'intérieur. Cette interdiction est valable dans les casinos, les cercles de jeux et sur les sites de jeux en ligne autorisés en vertu de la loi n° 2010-476 du 12 mai 2010. Elle est prononcée pour une durée de trois ans non réductible ».

nouveaux modèles et de nouvelles approches empiriques, elle suscite un intérêt croissant chez les régulateurs à travers le monde même si le processus semble moins engagé en France qu'aux États-Unis ou en Grande-Bretagne. Considérer la régulation publique sous l'angle comportemental présente alors des enjeux importants. On l'a vu, elle implique de reconsidérer certains objectifs classiques comme la recherche du bien-être des consommateurs ou interroge l'efficacité d'objectifs intermédiaires comme par exemple la mise en œuvre de la concurrence dans les secteurs régulés.

L'évolution des objectifs de la régulation en France

Hubert DELZANGLES[1] et Sébastien MARTIN[2]

En France, lorsqu'elle est apparue dans les années 1990, la régulation a pu être considérée comme une mission assez nouvelle prise en charge par des organes spécialisés. En réalité, de mission nouvelle, il n'en existe pas vraiment, dans la mesure où les autorités publiques françaises ont toujours mené des actions dans le but d'atteindre des résultats non produits par le marché[3].

Toutefois, le terme de « régulation » renvoie à une notion qui a été débattue par la doctrine[4] et qui est pour le moins « polysémique »[5]. Si l'on s'accordera sur le fait que la régulation désigne « un système destiné à rétablir un équilibre indispensable à l'existence d'une situation ou au bon fonctionnement d'un système complexe »[6], on conviendra également que le champ des services publics en réseaux se

---

[1] Professeur de droit public à Sciences-Po Bordeaux (Centre de recherche et de documentation européennes et internationales, Centre d'excellence Jean Monnet d'Aquitaine).

[2] Maître de conférences en droit public à l'Université de Bordeaux (Centre de recherche et de documentation européennes et internationales, Centre d'excellence Jean Monnet d'Aquitaine).

[3] Cf. H.-G. HUBRECHT, *Droit public économique*, Cours Dalloz, Série Droit public-Science Politique, Paris, Dalloz, 1997, 366 pp.

[4] Sur les origines du terme, voir : J.-C. JOBART, « Essai de définition du concept de régulation : de l'histoire des sciences aux usages du droit », *RRJ*, 2004-1, p. 33 ; A. FRAVALO, *La régulation juridique dans le domaine économique*, thèse, Université Paris XII, 2003, dactyl., p. 5 ; A. SÉE, *La régulation du marché en droit administratif, étude critique*, thèse, Université de Strasbourg, 2010, dactyl., p. 16.

[5] Le caractère polysémique du terme, ou polymorphe de la notion, est reconnu par la doctrine économique : M. AGLIETTA, *Régulation et crises du capitalisme*, Odile Jacob, 1997, p. 13. Il en est de même dans la doctrine juridique. La notion de régulation répond à plusieurs définitions et traduit ainsi la difficulté pour lui donner une consistance juridique. Par exemple : M.-A. FRISON-ROCHE, « Les différentes définitions de la régulation », *in* M.-A. FRISON-ROCHE, L. COHEN-TANUGI (dir.), « La régulation : monisme ou pluralisme ? Équilibre dans le secteur des services publics concurrentiels », colloque DGCCRF, *LPA*, n° 82, 10 juillet 1998, p. 5.

[6] C. CHAMPAUD, « Régulation et Droit Économique », *Revue de Droit Économique*, p. 40.

révèle être un terrain de prédilection pour son développement[7]. Les services publics organisés en réseaux ont en commun de devoir être construits et maintenus en permanence dans un équilibre entre un principe de concurrence et un principe autre[8]. Ainsi, la régulation dans ce domaine peut être définie comme « la fonction tendant à réaliser certains équilibres entre concurrence et d'autres impératifs d'intérêt général »[9].

En d'autres termes, le législateur dans chacun des secteurs envisagés a donné comme objectif aux différents régulateurs l'introduction de la concurrence là où existait un monopole détenu par un opérateur public[10], mais il a également fixé d'autres objectifs adaptés aux particularités de ces secteurs. En un certain sens, les éléments qui avaient conduit à organiser le secteur sous forme de

---

[7] B. Du Marais, *Droit Public de la régulation économique*, coll. Amphi, Presses de Sciences-Po et Dalloz, 2004, p. 483 ; A. Laget-Annamayer, *La régulation des services publics en réseaux*, Bruxelles, Bruylant, 2002, 546 pp. ; V. Arekian, *Recherches sur la notion de régulation en droit public français le cas des services publics en réseaux*, thèse, Université de Lille, 2003, dactyl.

[8] M.-A. Frison-Roche, « Le droit de la régulation », *D.*, 2001, chron., p. 611.

[9] M. Lombard, « Institutions de régulation économique et démocratie politique », *AJDA*, 2005, p. 531.

[10] En France, pour l'énergie, les pouvoirs publics se sont d'abord intéressés au secteur électrique avant d'élargir les mesures au secteur gazier : loi n° 2000-108 du 10 février 2000 relative à la modernisation et au développement du service public de l'électricité, JORF n°35 du 11 février 2000, p. 2143 ; loi n° 2004-803 du 9 août 2004 relative au service public de l'électricité et du gaz et aux entreprises électriques et gazières, JORF n°185 du 11 août 2004 , p. 14256, modifiées par la loi n° 2003-8 du 3 janvier 2003 relative aux marchés du gaz et de l'électricité et au service public de l'énergie (JORF du 4 janvier 2003, p. 265) et par la loi n° 2006-1537 du 7 décembre 2006 relative au secteur de l'énergie (JORF n° 284 du 8 décembre 2006, p. 18531). Ainsi, à compter du 1er juillet 2007, l'ensemble du marché de l'électricité est ouvert à la concurrence. Pour les communications électroniques et les services postaux : loi n° 90-568 du 2 juillet 1990 relative à l'organisation du service public de la poste et à France Télécom, JORF n°157 du 8 juillet 1990, p. 8069 ; loi n° 99-533 du 25 juin 1999 d'orientation pour l'aménagement et le développement durable du territoire, JORF n°148 du 29 juin 1999, p. 9515 ; loi n° 2005-516 du 20 mai 2005 relative à la régulation des activités postales, JORF n°117 du 21 mai 2005, p. 8825 ; loi n° 2010-123 du 9 février 2010 relative à l'entreprise publique La Poste et aux activités postales, JORF n°0034 du 10 février 2010, p. 2321. Pour les transports : loi n° 2009-1503 du 8 décembre 2009 relative à l'organisation et à la régulation des transports ferroviaires et portant diverses dispositions relatives aux transports, JORF n°0285 du 9 décembre 2009, p. 21226. Pour les marchés financiers : loi n° 2013-672 du 26 juillet 2013 de séparation et de régulation des activités bancaires, JORF n°0173 du 27 juillet 2013, p. 12530. Pour les jeux en ligne : loi n° 2010-476 du 12 mai 2010 relative à l'ouverture à la concurrence et à la régulation du secteur des jeux d'argent et de hasard en ligne JORF n°0110 du 13 mai 2010, p. 8881. Pour la communication audiovisuelle : loi n° 86-1067 du 30 septembre 1986 relative à la liberté de communication, JORF du 1er octobre 1986, p. 11755.

monopole ont été maintenus après la libéralisation mais, surtout, ils se sont retrouvés au cœur de la régulation. Les régulateurs ont donc été tenus de les prendre en charge afin que la concurrence ne prenne pas le pas sur les autres aspects d'intérêt général[11].

Selon cette acception, la régulation s'inscrit dans un mouvement économique global de conciliation entre l'intérêt général et le marché. Pour définir les autorités de régulation, il est possible de considérer qu'il s'agit d'organes qui, soit ont pour objectif de faciliter l'introduction de la concurrence sur des marchés de services publics en réseaux tout en garantissant le respect d'autres impératifs d'intérêt général, soit qui sont chargées de garantir des considérations d'intérêt général sur des marchés à concurrence imparfaite (AMF).

Aujourd'hui, avec le recul dont on peut disposer, plusieurs éléments ressortent clairement.

Tout d'abord, sans être parfaitement établie, la concurrence est désormais bien ancrée dans chacun des secteurs. En effet, l'entrée de nouveaux opérateurs est une réalité même dans le secteur ferroviaire pourtant encore fortement marqué par le monopole de la SNCF sur le transport national de voyageurs.

Ensuite, tant l'objectif concurrentiel que les autres objectifs d'intérêt général nécessitent toujours une attention permanente. La complexité des secteurs ne permet pas, même après éventuellement plusieurs années d'une régulation intense, d'abandonner toute intervention régulatrice de la part des autorités publiques.

Enfin, les objectifs d'intérêt général confiés aux régulateurs sont en voie de développement. Le législateur, au fur et à mesure des réformes du cadre de la régulation propre à chaque secteur, n'a cessé d'envisager de nouveaux objectifs pour les autorités de régulation. On soulignera qu'une telle évolution n'apparait pas au regard de l'objectif concurrentiel si bien que, même s'il est toujours présent et qu'il appelle toujours des mesures de régulation, celui-ci ne sera pas traité dans le reste des développements.

Concernant les autres objectifs, en revanche, les autorités de régulation connaissent un véritable bouleversement. Face à de telles

---

[11] G. Clamour, *Intérêt général et concurrence. Essai sur la pérennité du droit public en économie de marché*, Paris, Dalloz, 2006, coll. Nouvelle Bibliothèque de Thèses, vol. 51, 1044 p.

évolutions, il convient de s'interroger sur les réactions des régulateurs.

Il apparaît qu'ils se sont montrés assez favorables au développement de ces objectifs qui viennent contrebalancer l'objectif concurrentiel. Mais, par ailleurs, les régulateurs se sont retrouvés confrontés à des difficultés de différents ordres ce qui les a obligé à se positionner et à s'adapter.

Ainsi, au-delà de l'introduction de la concurrence dans les secteurs soumis à régulation, le législateur a progressivement élargi le panel des autres objectifs fixés à chaque régulateur (I) tout en redéfinissant leur positionnement et leur rôle, leur donnant ainsi une place de plus en plus importante. Cependant, la lecture statique des dispositions législatives est insuffisante pour apporter une analyse fiable de l'évolution des objectifs de la régulation. Il est en effet nécessaire d'étudier l'influence que peut avoir le régulateur sur la prise en compte de ceux-ci. Or, il apparaît que ce dernier doit, dans une certaine mesure, les adapter (II), ce qui interroge alors sur la suffisance des moyens qui sont à sa disposition.

I. – L'extension croissante des objectifs fixés par le législateur

La lecture des différentes lois confiant à une autorité indépendante la mission de réguler un secteur met en évidence qu'il existe de multiples objectifs. Néanmoins, il semble possible de les regrouper autour de deux aspects généraux. Tout d'abord, la défense des intérêts du consommateur, objectif qui peut apparaître comme étant très large mais qui correspond à titre principal au contrôle de la fourniture des prestations (A). Ensuite, le régulateur a un objectif de protection des secteurs dans leur ensemble. Ici, différents aspects sont alors pris en compte tels que la sécurité d'approvisionnement ou l'aménagement du territoire qui tend à assurer un développement harmonieux du secteur sur l'ensemble du territoire (B).

A. L'objectif de protection des intérêts individuels : la défense des intérêts du consommateur

S'il est un élément essentiel parmi les objectifs fixés aux autorités de régulation, c'est assurément la protection des individus. Tous les régulateurs indépendants ont pour mission de défendre les intérêts des destinataires finaux des services fournis qu'ils soient désignés comme

« usagers » [12], « clients » [13] « consommateurs » [14], « joueurs » [15] ou « investisseurs »[16]. Preuve de leur importance, les références à cet objectif apparaissent très rapidement dans les textes définissant le régulateur et ses missions, souvent dans la toute première disposition législative s'y rapportant. Ainsi en est-il pour la Commission de régulation de l'énergie, avec l'article L. 131-1 du code de l'énergie qui affirme qu'elle « concourt au bon fonctionnement des marchés de l'électricité et du gaz naturel au bénéfice des consommateurs finals ».

Il faut noter toutefois qu'il existe deux hypothèses dans lesquelles

---

[12] C. transp., art. L. 2131-1 : « L'Autorité de régulation des activités ferroviaires et routières est une autorité publique indépendante, dotée de la personnalité morale.
Elle concourt au suivi et au bon fonctionnement, dans ses dimensions techniques, économiques et financières, du système de transport ferroviaire national, notamment du service public et des activités concurrentielles, au bénéfice des usagers et clients des services de transport ferroviaire. Elle exerce ses missions en veillant au respect de la loi n° 2010-788 du 12 juillet 2010 portant engagement national pour l'environnement, notamment des objectifs et dispositions visant à favoriser le développement des modes alternatifs à la route pour le transport de marchandises ».

[13] *Ibid.*

[14] C. énergie, art. L. 131-1 : « Dans le respect des compétences qui lui sont attribuées, la Commission de régulation de l'énergie concourt au bon fonctionnement des marchés de l'électricité et du gaz naturel au bénéfice des consommateurs finals et en cohérence avec les objectifs de la politique énergétique fixés par l'article 1er de la loi n° 2005-781 du 13 juillet 2005 de programme fixant les orientations de la politique énergétique et par les articles 1er et 2 de la loi n° 2009-967 du 3 août 2009 de programmation relative à la mise en œuvre du Grenelle de l'environnement, notamment les objectifs de réduction des émissions de gaz à effet de serre, de maîtrise de l'énergie et de production d'énergie renouvelable.
A ce titre, elle veille, en particulier, à ce que les conditions d'accès aux réseaux de transport et de distribution d'électricité et de gaz naturel n'entravent pas le développement de la concurrence.
Elle assure le respect, par les gestionnaires et propriétaires de réseaux de transport et de distribution d'électricité et de gaz naturel et par les entreprises opérant dans les secteurs de l'électricité et du gaz, des obligations qui leur incombent en vertu des titres Ier et II du livre Ier et des livres III et IV du présent code.
Elle contribue à garantir l'effectivité des mesures de protection des consommateurs ».

[15] Loi n° 2010-476 du 12 mai 2010 relative à l'ouverture à la concurrence et à la régulation du secteur des jeux d'argent et de hasard en ligne, art. 34 : « IV. — L'Autorité de régulation des jeux en ligne évalue les résultats des actions menées par les opérateurs agréés en matière de prévention du jeu excessif ou pathologique et peut leur adresser des recommandations à ce sujet.
Elle peut, par une décision motivée, limiter les offres commerciales comportant une gratification financière des joueurs ».

[16] C. mon. fin., art. L. 621-1 : « L'Autorité des marchés financiers, autorité publique indépendante dotée de la personnalité morale, veille à la protection de l'épargne investie dans les instruments financiers et les actifs mentionnés au II de l'article L. 421-1 donnant lieu à une offre au public ou à une admission aux négociations sur un marché réglementé et dans tous autres placements offerts au public. Elle veille également à l'information des investisseurs et au bon fonctionnement des marchés d'instruments financiers et d'actifs mentionnés au II de l'article L. 421-1 ».

il n'y a pas de référence expresse aux destinataires. La première concerne l'Autorité de régulation des communications électroniques et des postes. En effet, tant pour le domaine des postes[17] que pour celui des télécommunications[18], la référence à la protection des usagers est

[17] CPCE, art. L. 5-2 : « L'Autorité de régulation des communications électroniques et des postes :
1° Veille au respect, par le prestataire du service universel et par les titulaires de l'autorisation prévue à l'article L. 3, des obligations résultant des dispositions législatives et réglementaires afférentes à l'exercice du service universel et des activités mentionnées à l'article L. 3 et des décisions prises pour l'application de ces dispositions. Elle sanctionne les manquements constatés dans les conditions prévues à l'article L. 5-3 ».
[18] CPCE, art. L. 36-6 : « Dans le respect des dispositions du présent code et de ses règlements d'application, et, lorsque ces décisions ont un effet notable sur la diffusion de services de radio et de télévision, après avis du Conseil supérieur de l'audiovisuel, l'Autorité de régulation des communications électroniques et des postes précise les règles concernant :
1° Les droits et obligations afférents à l'exploitation des différentes catégories de réseaux et de services, en application de l'article L. 33-1 ; [...] ». CPCE, art. L. 33-1 : « [...] L'établissement et l'exploitation des réseaux ouverts au public et la fourniture au public de services de communications électroniques sont soumis au respect de règles portant sur :
a) Les conditions de permanence, de qualité, de disponibilité, de sécurité et d'intégrité du réseau et du service qui incluent des obligations de notification à l'autorité compétente des atteintes à la sécurité ou à l'intégrité des réseaux et services ;
b) Les conditions de confidentialité et de neutralité au regard des messages transmis et des informations liées aux communications ;
c) Les normes et spécifications du réseau et du service ;
d) Les prescriptions exigées par la protection de la santé et de l'environnement et par les objectifs d'aménagement du territoire et d'urbanisme, comportant, le cas échéant, les conditions d'occupation du domaine public, les garanties financières ou techniques nécessaires à la bonne exécution des travaux d'infrastructures, les modalités de partage des infrastructures et des réseaux radioélectriques ouverts au public et d'itinérance locale ;
e) Les prescriptions exigées par l'ordre public, la défense nationale et la sécurité publique, notamment celles qui sont nécessaires à la mise en œuvre des interceptions justifiées par les nécessités de la sécurité publique, ainsi que les garanties d'une juste rémunération des prestations assurées à ce titre et celles qui sont nécessaires pour répondre, conformément aux orientations fixées par l'autorité nationale de défense des systèmes d'informations, aux menaces et aux atteintes à la sécurité des systèmes d'information des autorités publiques et des opérateurs mentionnés aux articles L. 1332-1 et L. 1332-2 du code de la défense ;
f) L'acheminement gratuit des appels d'urgence. A ce titre, les opérateurs doivent fournir gratuitement aux services d'urgence l'information relative à la localisation de l'appelant ;
f bis) L'acheminement des communications des pouvoirs publics destinées au public pour l'avertir de dangers imminents ou atténuer les effets de catastrophes majeures ;
g) Le financement du service universel et, le cas échéant, la fourniture du service universel et des services complémentaires au service universel, dans les conditions prévues aux articles L. 35-2 à L. 35-5 ;
h) La fourniture des informations prévues à l'article L. 34 ;
i) L'interconnexion et l'accès, dans les conditions prévues aux articles L. 34-8 et L. 38 ;
j) Les conditions nécessaires pour assurer l'équivalence de traitement des opérateurs internationaux conformément aux dispositions du III du présent article ;
k) Les conditions nécessaires pour assurer l'interopérabilité des services ;

faite de façon indirecte dans la mesure où le législateur a confié au régulateur l'objectif de faire respecter les obligations de service universel par les opérateurs.

Le Conseil de supérieur de l'audiovisuel est représentatif de la seconde hypothèse. Pour les services de télévisions ou de radio, le législateur a confié au régulateur l'objectif de « veille[r] à la protection de l'enfance et de l'adolescence et au respect de la dignité de la personne dans les programmes mis à disposition du public par un service de communication audiovisuelle »[19]. Une telle mission représente un champ assurément moins vaste dans la mesure où seules les catégories de téléspectateurs ou d'auditeurs vulnérables sont prises en considération.

Si l'on s'interroge sur les éléments précis qui correspondent à cet objectif de protection des intérêts individuels, il apparaît que, dans plusieurs cas de figure, protéger les intérêts des consommateurs ou des usagers-clients, consiste en premier lieu à s'assurer que le service est fourni selon les principes du service public, c'est-à-dire en respectant les principes d'égalité, de continuité et d'accessibilité[20]. En effet, dans

---

l) Les obligations qui s'imposent à l'exploitant pour permettre son contrôle par l'Autorité de régulation des communications électroniques et des postes et celles qui sont nécessaires pour l'application de l'article L. 37-1 ;

m) L'acquittement des taxes dues par l'exploitant pour couvrir les coûts administratifs occasionnés par la mise en œuvre des dispositions du présent livre, dans les conditions prévues par les lois de finances ;

n) L'information des utilisateurs, dans la mesure où cette information est nécessaire à la mise en œuvre des dispositions du présent code ou des décisions prises en application de celui-ci ;

n bis) Les informations devant figurer dans le contrat conclu avec un utilisateur professionnel, à la demande de ce dernier, et comprenant celles mentionnées à l'article L. 121-83 du code de la consommation relatives aux prestations qu'il a souscrites ;

n ter) L'obligation de mettre à disposition des utilisateurs professionnels les informations mentionnées à l'article L. 121-83-1 du code de la consommation, selon les modalités prévues à ce même article ;

o) Un accès des utilisateurs finals handicapés à des services de communications électroniques à un tarif abordable et aux services d'urgence, équivalent à celui dont bénéficie la majorité des utilisateurs finals ».

[19] Loi n° 86-1067 du 30 septembre 1986 relative à la liberté de communication, préc., art. 15.

[20] L'ensemble des secteurs en réseaux soumis à régulation connaît à la fois des obligations de service public d'origine nationale et d'origine européenne. « Depuis les années 80, la Communauté procède à l'ouverture graduelle des marchés pour les grandes industries de réseau telles que les communications, les services postaux, l'électricité, le gaz et le transport, où des services d'intérêt économique général peuvent être fournis. Dans le même temps, la Communauté a adopté pour ces services un cadre réglementaire global précisant les obligations de service public au niveau européen et incluant des aspects comme le service universel, les droits des consommateurs et des utilisateurs, la santé et la sécurité. Les industries précitées possèdent une dimension communautaire indiscutable et constituent un

la mesure où les prestations encadrées par le régulateur répondent à des besoins essentiels pour les destinataires finals, certains régulateurs doivent contrôler que les opérateurs respectent les obligations qui sont les leurs dans la fourniture du service aux usagers. Ainsi, par exemple, l'ARCEP, dans le domaine des communications mobiles, doit contrôler que les opérateurs respectent les obligations qui s'imposent à eux, notamment en matière d'itinérance[21], et sanctionner les manquements constatés[22]. De même, la Commission de régulation de l'énergie assure le respect, par l'ensemble des acteurs des secteurs énergétiques, de diverses obligations[23]. Il en va ainsi, par exemple, pour ce qui touche aux entreprises du secteur de l'électricité, de « la desserte rationnelle du territoire national par les réseaux publics de transport et de distribution, dans le respect de l'environnement, et [de] l'interconnexion avec les pays voisins [ainsi que] le raccordement et l'accès, dans des conditions non discriminatoires, aux réseaux publics de transport et de distribution »[24].

L'objectif de protection des droits individuels peut également être assigné à l'opérateur en faveur d'une population particulièrement

---

domaine où la nécessité d'une définition de l'intérêt général européen se fait fortement sentir. Ce que le titre XV du traité reconnaît également en confiant à la Communauté une responsabilité spécifique en matière de réseaux transeuropéens dans les secteurs des infrastructures de transport, des télécommunications et de l'énergie, dans le double objectif d'améliorer le bon fonctionnement du marché intérieur et de renforcer la cohésion économique et sociale » (Livre vert de la Commission, du 21 mai 2003, sur les services d'intérêt général, COM (2003) 270 final, JOCE C 76 du 25 mars 2004).

[21] En vertu notamment du règlement (UE) n° 531/2012 du Parlement européen et du Conseil du 13 juin 2012 concernant l'itinérance sur les réseaux publics de communications mobiles à l'intérieur de l'Union (JOUE L 172 du 30 juin 2012, p. 10), les clients des opérateurs mobiles français, qu'ils soient des consommateurs ou des entreprises, bénéficient d'un tarif régulé lorsqu'ils utilisent leur téléphone mobile lors de leurs déplacements dans un autre pays de l'Espace économique européen ou EEE, soit les vingt-huit États membres de l'Union européenne ainsi que l'Islande, le Liechtenstein et la Norvège) pour :
- les communications vocales passées à destination de n'importe quel pays de l'EEE, ainsi que celles reçues lorsque le client se situe dans un autre pays de l'EEE ;
- l'envoi de SMS à destination de n'importe quel pays de l'EEE ;
- leur connexion à l'internet mobile.

Ce tarif régulé, appelé eurotarif, est encadré sous la forme de plafonds tarifaires, c'est-à-dire de prix maximum qu'un opérateur peut imposer à son client. Le niveau de ces plafonds est fixé dans le dernier règlement européen sur l'itinérance internationale qui est entré en vigueur le 1er juillet 2012. Ce règlement impose une baisse annuelle de l'eurotarif jusqu'en 2014, chaque 1er juillet.

[22] CPCE, art. L. 36-7.

[23] C. énergie, art. L. 131-1. L'ensemble des obligations qui incombent aux différents acteurs de l'électricité et du gaz est prévu par les titres Ier et II du livre Ier et des livres III et IV du code de l'énergie.

[24] C. énergie, art. L. 121-4.

sensible. La mission du CSA a été évoquée à l'égard des mineurs mais tel est également le cas de l'Autorité de régulation des jeux en ligne qui « évalue les résultats des actions menées par les opérateurs agréés en matière de prévention du jeu excessif ou pathologique et peut leur adresser des recommandations à ce sujet »[25].

Toutefois, ce dernier exemple interpelle. En effet, il est précisé que le régulateur peut adresser des recommandations aux opérateurs, sans autre précision. Il est possible de noter ici un certain décalage entre l'objectif et les prérogatives confiées à l'ARJEL pour y parvenir. Ce cas est heureusement isolé. Le législateur, pour d'autres régulateurs, a bien prévu des compétences particulières pour assurer cette protection des usagers/clients. Sans être exhaustif, tel est le cas pour le CSA, où la loi de 1986 modifiée prévoit qu'il peut suspendre provisoirement la retransmission des services de médias audiovisuels notamment « si le service porte atteinte ou présente un risque sérieux et grave de porter atteinte à l'ordre et à la sécurité publics [...], notamment dans les domaines de la protection des mineurs, du respect de la dignité de la personne humaine ou de la lutte contre l'incitation à la haine »[26]. De même, le code monétaire et financier confie à l'Autorité des marchés financiers un pouvoir de contrôle et d'enquêtes notamment pour veiller à la régularité des opérations effectuées sur des instruments financiers offerts au public[27].

---

[25] Loi n° 2010-476 du 12 mai 2010 relative à l'ouverture à la concurrence et à la régulation du secteur des jeux d'argent et de hasard en ligne, art. 34.

[26] Tel n'est pas le cas pour le CSA, dans la mesure où la loi de 1986 prévoit que Le Conseil supérieur de l'audiovisuel peut suspendre provisoirement la retransmission des services de médias audiovisuels notamment si le service porte atteinte ou présente un risque sérieux et grave de porter atteinte à l'ordre et à la sécurité publics ainsi qu'à la prévention ou à la poursuite des infractions pénales, notamment dans les domaines de la protection des mineurs, du respect de la dignité de la personne humaine ou de la lutte contre l'incitation à la haine ou à la violence fondée sur les origines, le sexe, la religion ou la nationalité, ainsi qu'à la protection de la santé publique, des consommateurs et de la défense nationale.

[27] C. mon. fin., art. L. 621-9 : « Elle veille à la régularité des opérations effectuées sur des instruments financiers lorsqu'ils sont offerts au public et sur des instruments financiers et actifs mentionnés au II de l'article L. 421-1 admis aux négociations sur un marché réglementé ou sur un système multilatéral de négociation qui se soumet aux dispositions législatives ou réglementaires visant à protéger les investisseurs contre les opérations d'initiés, les manipulations de cours et la diffusion de fausses informations. Elle veille à la régularité des offres ne donnant pas lieu à la publication du document d'information mentionné au premier alinéa du I de l'article L. 412-1 et réalisée par l'intermédiaire d'un prestataire de services d'investissement ou d'un conseiller en investissements participatifs au moyen de son site internet. Elle veille également à la régularité des opérations effectuées sur des contrats commerciaux relatifs à des marchandises liés à un ou plusieurs instruments financiers ».

Il convient aussi de souligner que l'importance de cet objectif a été traduite dans le cadre procédural de la régulation. En effet, même si ce n'est pas toujours le cas, les individus peuvent intervenir devant le régulateur pour faire valoir leur point de vue (en dehors des hypothèses où l'autorité de régulation lance une consultation publique sur un sujet les intéressant) et peuvent aussi participer aux procédures de sanction, par l'intermédiaire d'associations représentatives. Tel est le cas devant la CRE[28] ou devant le CSA[29] Il semble qu'une extension de cette possibilité pourrait présenter l'intérêt de mieux connaître le contexte et ainsi pouvoir engager de manière plus efficace des procédures en réparation (action de groupe ou action individuelle).

En dehors de l'objectif de protection des intérêts individuels, les autorités de régulation ont également un objectif de protection d'intérêts « collectifs ».

B. L'objectif de protection des intérêts « collectifs » : la supervision des secteurs dans leur ensemble

Les régulateurs ont pour objectif de protéger certains intérêts « collectifs » dans la mesure où ils interviennent pour assurer la supervision des secteurs dont ils ont la charge dans leur ensemble. Le législateur, comme évoqué dans l'introduction, en confiant au régulateur la supervision du secteur, lui a fixé comme objectif premier

---

[28] C. énergie, art. L. 134-25 : « Le comité de règlement des différends et des sanctions peut soit d'office, soit à la demande du ministre chargé de l'énergie, de l'environnement, d'une organisation professionnelle, d'une association agréée d'utilisateurs ou de toute autre personne concernée, sanctionner les manquements mentionnés aux titres Ier et II du présent livre et aux livres III et IV qu'il constate de la part des gestionnaires de réseaux publics de transport ou de distribution d'électricité, des opérateurs des ouvrages de transport ou de distribution de gaz naturel ou des exploitants des installations de stockage de gaz naturel ou des installations de gaz naturel liquéfié ou des exploitants de réseaux de transport et de stockage géologique de dioxyde de carbone ou des utilisateurs de ces réseaux, ouvrages et installations, y compris les fournisseurs d'électricité, dans les conditions fixées aux articles suivants. »

[29] Loi n° 86-1067 du 30 septembre 1986 relative à la liberté de communication, art. 48-1 : « Le Conseil supérieur de l'audiovisuel peut mettre en demeure les sociétés mentionnées à l'article 44 de respecter les obligations qui leur sont imposées par les textes législatifs et réglementaires, et par les principes définis aux articles 1er et 3-1.
Le Conseil supérieur de l'audiovisuel rend publiques ces mises en demeure.
Les organisations professionnelles et syndicales représentatives du secteur de la communication audiovisuelle ainsi que le Conseil national des langues et cultures régionales, les associations familiales reconnues par l'Union nationale des associations familiales et les associations de défense des droits des femmes peuvent saisir le Conseil supérieur de l'audiovisuel de demandes tendant à ce qu'il engage la procédure prévue au premier alinéa du présent article. »

d'assurer le développement optimal de la concurrence sur le marché qu'il régule. Néanmoins, il n'a pas entendu le cloisonner à ce seul aspect concurrentiel. La protection des intérêts collectifs recouvre deux autres aspects semble-t-il. Il s'agit, d'une part, de la protection du marché dans ses dimensions économiques, techniques ou sociales et, d'autre part, de la protection du marché dans ses dimensions territoriales et donc souvent environnementales.

Le rôle de la Commission de régulation de l'énergie illustre parfaitement cela.

La CRE a pour objectif d'assurer le développement économique du marché. Cela signifie qu'elle doit s'assurer que les réseaux fonctionnent de manière optimale et qu'ils permettent de satisfaire à tous les besoins. Dans ce cadre, elle dispose de diverses compétences à l'égard des programmes d'investissement des gestionnaires ou des opérateurs des réseaux de transport et de distribution que ce soit dans le domaine de l'électricité ou dans celui du gaz. Certaines compétences sont d'ailleurs loin d'être symboliques puisque le régulateur peut, par exemple, « mettre en demeure le gestionnaire du réseau de transport qui n'a pas réalisé un investissement prévu au plan ou au schéma décennal et, en cas de carence de celui-ci, procéder à un appel d'offres pour la réalisation de cet investissement »[30]. De même, « En cas d'atteinte grave et immédiate aux règles régissant l'accès aux réseaux, ouvrages et installations [...] ou à leur utilisation, [il] peut, après avoir entendu les parties en cause, ordonner les mesures conservatoires nécessaires en vue notamment d'assurer la continuité du fonctionnement des réseaux »[31].

La CRE doit par ailleurs veiller à la cohésion sociale des marchés de détail, ce qu'elle fait en particulier grâce à ses pouvoirs relatifs aux éléments tarifaires notamment dans le domaine de l'électricité. En vertu de l'article L. 134-5 du code de l'énergie, « La Commission de régulation de l'énergie propose les [...] tarifs réglementés de vente d'électricité prévus à l'article L. 337-4 ». Par ces pouvoirs, le régulateur a un véritable effet sur la cohésion sociale puisqu'il offre ainsi un cadre commun bénéfique, notamment pour la majorité des petits consommateurs[32], dans le cadre de la fourniture d'une prestation

---

[30] C. énergie, art. L134-8.
[31] C. énergie, art. L134-22.
[32] C. énergie, art. L337-7 : « Les tarifs réglementés de vente de l'électricité mentionnés à l'article L. 337-1 bénéficient, à leur demande, aux consommateurs finals domestiques et non

essentielle.

La CRE agit encore en matière de sécurité et de sûreté[33] à propos desquelles elle a notamment un pouvoir de proposition des mesures permettant de répondre à une situation de crise que pourrait traverser le secteur de l'électricité ou celui du gaz[34].

Enfin, la CRE peut intervenir en faveur de la protection de l'environnement. En effet, l'article L. 131-3 du code de l'énergie prévoit que « Dans le cadre de l'exercice de ses missions, la Commission de régulation de l'énergie surveille les transactions effectuées par les fournisseurs, négociants et producteurs d'électricité et de gaz naturel sur des quotas d'émission de gaz à effet de serre, tels que définis à l'article L. 229-15 du code de l'environnement ». De manière plus générale, la Commission de régulation de l'énergie doit assurer le bon fonctionnement des marchés énergétiques en cohérence avec les objectifs de la politique énergétique, laquelle doit promouvoir un développement durable[35]. Tout ceci doit permettre à la

---

domestiques pour leurs sites souscrivant une puissance inférieure ou égale à 36 kilovoltampères. »

[33] La sécurité consiste à prévenir contre tout ce qui concerne les accidents (donc par définition involontaire) La sureté consiste à prévenir tout ce qui est actes volontaires (cambriolage, dégradation, attentats etc...).

[34] C. énergie, art. L. 143-4 : « En cas de crise grave sur le marché de l'énergie, de menace pour la sécurité ou la sûreté des réseaux et installations électriques, ou de risque pour la sécurité des personnes, des mesures temporaires de sauvegarde peuvent être prises par le ministre chargé de l'énergie, notamment en matière d'octroi ou de suspension des autorisations d'exploiter des installations de production d'électricité, sans que ces mesures puissent faire l'objet d'une indemnisation. » ; C. énergie, art. L. 143-5 : « En cas d'atteinte grave et immédiate à la sécurité et à la sûreté des réseaux publics de transport et de distribution d'électricité ou à la qualité de leur fonctionnement, et sans préjudice des pouvoirs reconnus aux gestionnaires de réseaux et à la Commission de régulation de l'énergie, le ministre chargé de l'énergie peut d'office ou sur proposition de la Commission de régulation de l'énergie ordonner les mesures conservatoires nécessaires. » ; C. énergie, art. L. 143-6 : « En cas de menace pour la sécurité d'approvisionnement du pays en gaz naturel, le ministre chargé de l'énergie peut ordonner les mesures conservatoires strictement nécessaires, notamment en matière d'octroi ou de suspension des autorisations de fourniture ou de transport et des concessions de stockage souterrain de gaz naturel. »

[35] Loi n° 2009-967 du 3 août 2009 de programmation relative à la mise en œuvre du Grenelle de l'environnement, art. 1er : « La présente loi, avec la volonté et l'ambition de répondre au constat partagé et préoccupant d'une urgence écologique, fixe les objectifs et, à ce titre, définit le cadre d'action, organise la gouvernance à long terme et énonce les instruments de la politique mise en œuvre pour lutter contre le changement climatique et s'y adapter, préserver la biodiversité ainsi que les services qui y sont associés, contribuer à un environnement respectueux de la santé, préserver et mettre en valeur les paysages. Elle assure un nouveau modèle de développement durable qui respecte l'environnement et se combine avec une diminution des consommations en énergie, en eau et autres ressources naturelles. Elle assure une croissance durable sans compromettre les besoins des générations futures. Pour les

France de réduire d'au moins 20% des émissions de gaz à effet de serre, et de porter la part des énergies renouvelables à au moins 23 % de sa consommation d'énergie finale d'ici à 2020[36].

Les compétences ne sont pas aussi développées en ce qui concerne les autres régulateurs.

En effet, pour l'ARAFER, ces deux aspects de la protection du marché se retrouvent dans l'article L. 2131-1 du code des transports qui affirme clairement que « L' Autorité de régulation des activités ferroviaires et routières [...] exerce ses missions en veillant au respect de la loi n° 2010-788 du 12 juillet 2010 portant engagement national pour l'environnement, notamment des objectifs et dispositions visant à favoriser le développement des modes alternatifs à la route pour le transport de marchandises »[37]. Cependant, le législateur n'a prévu aucune compétence particulière en matière de sécurité. L'explication est somme toute logique dans la mesure où, dans le domaine des transports, notamment pour le transport ferroviaire, il existe d'autres organismes chargés spécifiquement de cette mission[38].

L'ARCEP a bien des compétences pour assurer la cohésion économique et sociale du secteur postal, notamment grâce à son pouvoir de décision portant sur les « caractéristiques d'encadrement pluriannuel des tarifs des prestations du service universel »[39] mais on

---

décisions publiques susceptibles d'avoir une incidence significative sur l'environnement, les procédures de décision seront révisées pour privilégier les solutions respectueuses de l'environnement, en apportant la preuve qu'une décision alternative plus favorable à l'environnement est impossible à un coût raisonnable. Les politiques publiques doivent promouvoir un développement durable. A cet effet, elles concilient la protection et la mise en valeur de l'environnement, le développement économique et le progrès social. »

[36] Loi n° 2015-992 du 17 août 2015 relative à la transition énergétique pour la croissance verte (JORF n° 0189 du 18 août 2015 page 14263), art. 1er.

[37] On soulignera que la loi n° 2015-992 du 17 août 2015 relative à la transition énergétique pour la croissance verte (JORF n° 0189 du 18 août 2015, p. 14263) n'a pas confié de compétence plus précise alors même qu'elle contient un volet très important sur la question des transports.

[38] Établissement public de sécurité ferroviaire et autorités en charge de la délivrance des licences d'opérateur ferroviaire.

[39] CPCE, art. L. 5-2 : « L'Autorité de régulation des communications électroniques et des postes : [...]

3° Décide, après examen de la proposition de La Poste ou, à défaut de proposition, d'office après l'en avoir informée, des caractéristiques d'encadrement pluriannuel des tarifs des prestations du service universel pouvant, le cas échéant, distinguer les envois en nombre des envois égrenés, et veille à leur respect. Elle est informée par La Poste, avant leur entrée en vigueur, des tarifs des prestations du service universel. Dans un délai d'un mois à compter de la transmission de ces tarifs, elle émet un avis public. Elle tient compte, dans ses décisions ou

ne trouve pas d'équivalent pour les services de téléphonie. En revanche, il est possible de lui reconnaître, sur ce secteur, une fonction de protection indirecte de l'environnement. D'ailleurs, un différend récent[40] a permis à l'ARCEP de considérer que SFR devait offrir un accès effectif et diligent à Free Mobile à ses pylônes conformément au cadre réglementaire qui privilégie le partage de sites passifs entre opérateurs mobiles, afin notamment de privilégier un investissement efficace et concourir à la préservation de l'environnement (par la protection des paysages grâce à un déploiement d'un nombre réduit d'antennes).

Le CSA a plusieurs compétences relatives au développement des offres audiovisuelles mais également en faveur du principe du pluralisme des médias. A l'égard de ce dernier aspect, l'article 28 de la loi de 1986 modifiée prévoit que les sociétés prétendant à l'obtention d'une autorisation d'usage d'une ressource radioélectrique doivent conclure une convention avec le régulateur « Dans le respect de l'honnêteté et du pluralisme de l'information et des programmes »[41].

Malgré l'importance de ces différents éléments, tout cela apparaît très sectorisé mais aussi bien limité.

Il convient alors de s'interroger sur la pertinence de l'extension des objectifs fixés au régulateur. Dans cette perspective, la prise en compte de leur environnement dans la mise en œuvre de leurs pouvoirs permet aux autorités de régulation d'adapter les objectifs à

---

avis, de la situation concurrentielle des marchés, en particulier pour l'examen des tarifs des envois en nombre, et veille dans ce cadre à assurer la pérennité du service universel tout en veillant à l'exercice d'une concurrence loyale. Elle modifie ou suspend les projets de tarifs de toute prestation relevant du service universel si les principes tarifaires s'appliquant au service universel ne sont manifestement pas respectés ».

[40] ARCEP, décision n° 2015-1265-RDPI du 3 novembre 2015 se prononçant sur une demande de règlement de différend opposant, d'une part, la société Free Mobile et, d'autre part, la société SFR.

[41] « La délivrance des autorisations d'usage de la ressource radioélectrique pour chaque nouveau service diffusé par voie hertzienne terrestre autre que ceux exploités par les sociétés nationales de programme, est subordonnée à la conclusion d'une convention passée entre le Conseil supérieur de l'audiovisuel au nom de l'État et la personne qui demande l'autorisation.
Dans le respect de l'honnêteté et du pluralisme de l'information et des programmes et des règles générales fixées en application de la présente loi et notamment de son article 27, cette convention fixe les règles particulières applicables au service, compte tenu de l'étendue de la zone desservie, de la part du service dans le marché publicitaire, du respect de l'égalité de traitement entre les différents services et des conditions de concurrence propres à chacun d'eux, ainsi que du développement de la radio et de la télévision numériques de terre ».

de nouveaux enjeux.

II. – Les nécessaires adaptations des objectifs lors de leur mise en œuvre par le régulateur

Si les régulateurs doivent agir pour la réalisation de ces différents objectifs généraux, ils se retrouvent souvent confrontés à un secteur très évolutif, ce qui les oblige donc à s'adapter pour concrétiser les objectifs qui leur sont fixés.

En effet, le législateur, quand bien même il assure régulièrement des mises à jour du cadre réglementaire applicable à la régulation d'un secteur, ne peut intervenir assez rapidement pour prendre compte chaque évolution.

Il serait bien difficile d'élaborer un panorama étendu des adaptations réalisées par les régulateurs. Néanmoins, il semble intéressant, tout d'abord, d'attirer l'attention sur l'adaptation que doit amorcer un régulateur lorsqu'il est confronté à une évolution majeure pour son secteur comme peut l'être aujourd'hui le développement des nouvelles technologies de l'information et de la communication (A).

Ensuite, sur un autre plan, le législateur a confié aux régulateurs divers pouvoirs afin de leur permettre de réaliser les objectifs fixés. Beaucoup de critiques se sont élevées à ce sujet dans la mesure où ils ne sont parfois pas adaptés et ne permettent pas au régulateur d'accomplir leur tâche. A cet égard, il convient donc de s'interroger sur l'influence que peuvent avoir de tels éléments sur les objectifs de la régulation et surtout comment les régulateurs répondent à une certaine inadaptation de leurs moyens (B).

A. L'adaptation des objectifs aux évolutions technologiques

Les régulateurs sont confrontés à des innovations qui peuvent bouleverser le secteur économique dont ils ont la charge. Cela les oblige, dans le cadre de leurs compétences, à adapter les objectifs de la régulation à ces innovations. Deux exemples montrent comment des régulateurs ont choisi de s'intéresser à des problématiques ne relevant pas directement de leur champ de compétence pour s'en faire de réels objectifs.

Le premier exemple concerne l'Autorité de régulation des communications électroniques et des postes qui a pris en charge la question de la neutralité du net, autrement dit la problématique du contrôle que les acteurs de l'internet peuvent exercer sur les échanges de données[42]. Comme le rappelle son rapport de septembre 2010 « Neutralité de l'internet et des réseaux – Propositions et recommandations »[43], l'ARCEP a décidé de se saisir de cette thématique en 2009 avant de se fixer un certain nombre d'objectifs. Pour l'Autorité, il faut « identifier les mesures nécessaires pour assurer un fonctionnement efficace des réseaux de communications électroniques en général et de l'internet en particulier (lui-même constitué de réseaux interconnectés), en prenant en compte à la fois le principe de neutralité mais aussi les différentes contraintes qui s'exercent sur les acteurs »[44]. Dès lors, « Un triple objectif doit être poursuivi : 1) garantir que les fournisseurs d'un accès à l'internet proposent à l'ensemble des utilisateurs, dans le respect des dispositions législatives en vigueur, un accès à tous les contenus, services et applications véhiculés sur les réseaux, de façon transparente et non discriminatoire ; 2) assurer le bon fonctionnement des réseaux de communications électroniques, c'est-à-dire garantir une qualité de service satisfaisante ; 3) permettre le développement à long terme des réseaux et des services, grâce à l'innovation et au développement des modèles techniques et économiques les plus efficaces »[45]. On pourrait considérer que les deuxième et troisième objectifs ne correspondent pas au principe de neutralité du net entendu strictement. Néanmoins, ces derniers objectifs apparaissent essentiels pour le régulateur car ils représentent le support technique indispensable à la réalisation du premier objectif et parce qu'ils justifient son intervention, lui-même étant compétent à l'égard des réseaux de communications électroniques.

A la suite de ce rapport, le législateur est intervenu. Dans le cadre de la loi n° 2011-302 du 22 mars 2011 portant diverses dispositions d'adaptation de la législation au droit de l'Union européenne en matière de santé, de travail et de communications électroniques[46], un article 21 confie à l'Autorité de régulation des communications

---

[42] http://www.arcep.fr/uploads/tx_gspublication/rapport-parlement-net-neutralite-sept2012.pdf

[43] http://www.arcep.fr/uploads/tx_gspublication/net-neutralite-orientations-sept2010.pdf

[44] *Ibid.*

[45] *Ibid.*

[46] Loi n° 2011-302 du 22 mars 2011 portant diverses dispositions d'adaptation de la législation au droit de l'Union européenne en matière de santé, de travail et de communications électroniques, JORF n°0069 du 23 mars 2011, p. 5186.

électroniques et des postes un certain pouvoir consultatif. En effet, il a été demandé à l'autorité de remettre un rapport, au Gouvernement et au Parlement, « portant sur les instruments et les procédures de suivi de la qualité de service de l'accès à l'internet ; la situation des marchés de l'interconnexion de données et leurs perspectives d'évolution ; les pratiques de gestion de trafic mises en œuvre par les opérateurs de communications électroniques »[47].

Le rapport remis en 2012[48] permet de voir clairement les enjeux que le régulateur a retenus pour atteindre l'objectif de la neutralité du net.

Ces enjeux sont, tout d'abord, la concurrence et la transparence. Il s'agit des « premiers leviers d'action du régulateur pour promouvoir le développement d'offres d'accès à l'internet de qualité et respectueuses du principe de neutralité ». La qualité de service est un autre enjeu avec l'idée de « conserver un niveau suffisant pour les utilisateurs finals ». Figure aussi la gestion de trafic ce qui « permet aux opérateurs de différencier l'acheminement du trafic sur leurs réseaux ». Enfin, le dernier enjeu est l'interconnexion, laquelle se rapporte aux différentes relations qu'entretiennent les acteurs au cœur du réseau internet.

L'intérêt est ici que certaines questions soulevées par la problématique de la neutralité de l'internet sont susceptibles de sortir du périmètre strict de la régulation s'appliquant aux réseaux de communications électroniques. L'intervention de l'ARCEP ne s'imposait donc pas. Elle a néanmoins justifié son implication par le fait que « les réseaux de communications électroniques occupent une place centrale et les opérateurs qui les exploitent ont une responsabilité toute particulière, du fait de leur fonction d'acheminement du trafic entre les utilisateurs. L'exigence de neutralité les concerne donc en premier chef »[49] et cette question concerne également l'autorité qui supervise ces acteurs.

Néanmoins, ce raisonnement n'a pas été sans limite puisque l'autorité ne s'est pas intéressée « au contrôle par la puissance

---

[47] Loi n° 2011-302 du 22 mars 2011 portant diverses dispositions d'adaptation de la législation au droit de l'Union européenne en matière de santé, de travail et de communications électroniques, préc., art. 21.

[48] http://www.arcep.fr/uploads/tx_gspublication/rapport-parlement-net-neutralite-sept2012.pdf.

[49] *Ibid.* p. 17.

publique de certains contenus émis, acheminés ou reçus via internet, question essentielle dans toute démocratie, parfois confondue avec celle de la neutralité de l'internet, mais qui ne relève en aucun cas des compétences d'un régulateur des communications électroniques »[50].

Le deuxième exemple concerne la Commission de régulation de l'énergie qui a choisi de s'intéresser à la problématique des réseaux intelligents. Comme le présentait, en 2011, la directrice générale de la Commission, « les réseaux électriques [étaient jusqu'alors] caractérisés par une gestion centralisée et unidirectionnelle allant de la production vers la consommation, la gestion des réseaux intelligents sera demain répartie et bidirectionelle grâce à l'intégration des NTIC »[51]. Pour justifier l'intervention du régulateur, elle précisait que « l'enjeu aujourd'hui n'est donc pas technique, mais économique. Il réside davantage dans le déploiement à grande échelle de ces technologies et dans la nécessaire définition d'un modèle économique au sein duquel des modèles d'affaires rentables pourront se développer »[52].

Bien que les smartgrids recouvrent d'autres aspects[53], il en est un où l'autorité de régulation s'est particulièrement illustrée alors même que ses compétences étaient limitées, c'est celui du compteur intelligent. En tant qu'autorité administrative indépendante compétente en matière de réseaux, si l'on s'arrête à une lecture stricte de la loi, la CRE doit veiller au développement et au bon fonctionnement des réseaux publics de transport et de distribution d'électricité et de gaz naturel. Toutefois, il n'est pas anormal qu'elle ait pu lancer plusieurs initiatives dans le domaine des réseaux intelligents car il s'agira bientôt d'un élément essentiel du réseau dont dépendra en grande partie le bon fonctionnement du transport et de la distribution d'énergie.

Dès 2001[54], la CRE a en effet pris en charge le dossier relatif au

---

[50] http://www.arcep.fr/uploads/tx_gspublication/rapport-parlement-net-neutralite-sept2012.pdf p.10

[51] http://www.smartgrids-cre.fr/media/documents/110329_SmartEnergySummitIntervention ChristineLeBihan-Graf.pdf

[52] *Ibid.*

[53] Il convient de souligner à cet égard que la CRE a récemment adopté des recommandations pour les réseaux électriques intelligents (cf. Délibération de la Commission de régulation de l'énergie du 12 juin 2014 portant recommandations sur le développement des réseaux électriques intelligents en basse tension).

[54] http://www.cre.fr/documents/deliberations/communication/resultats-de-l-experimentation-linky/dossier-sur-l-experiementation-linky-juin-2011

projet de système de comptage électrique évolué équipant les installations raccordées en basse tension, système développé depuis 2006 par Électricité Réseau Distribution France (désormais Énedis) et dénommé « Linky ». En particulier, dans une communication du 6 juin 2007, le régulateur a posé le principe de l'expérimentation ainsi que les orientations à suivre pour le déploiement[55]. Puis, après avoir évalué les résultats de l'expérimentation réalisée par ERDF[56], la Commission de régulation de l'énergie s'est déclarée favorable à la généralisation du compteur Linky[57].

On remarque ainsi que les régulateurs ont eu la possibilité d'agir alors même que leur capacité d'action était *a priori* réduite et, d'une certaine manière, ces derniers ont pu envisager de leur propre initiative de nouveaux objectifs à assurer. Dans un cas de figure inversé, il apparaît que les régulateurs ne disposent pas de moyens adaptés. Il convient donc de s'interroger sur l'influence que peut avoir de tels éléments sur les objectifs de la régulation.

B. L'inadéquation des moyens pour répondre aux objectifs

Pour débuter, on soulignera que les régulateurs se voient confier des moyens qui ne permettent pas toujours de répondre de façon adéquate à un objectif général fixé par le législateur. Il s'agit là d'un élément qui montre l'inadéquation des moyens confiés aux régulateurs mais qui les oblige aussi à s'organiser pour s'adapter. Une simple référence sera faite à l'octroi de prérogatives qui interrogent dans la mesure où elles ne permettent pas de répondre aux objectifs essentiels fixés par le législateur et où elles alourdissent l'activité du régulateur.

---

[55] On notera que cette demande d'expérimentation a été confirmée par le décret n° 2010-1022 du 31 août 2010 relatif aux dispositifs de comptage sur les réseaux publics d'électricité en application du IV de l'article 4 de la loi n° 2000-108 du 10 février 2000 relative à la modernisation et au développement du service public de l'électricité (JORF n° 0203 du 2 septembre 2010, p. 15993). En effet, l'article 3 précise que « La mise en œuvre des dispositifs de comptage fait l'objet d'une expérimentation confiée à la société issue de la séparation juridique imposée à Electricité de France par l'article 13 de la loi du 9 août 2004. L'expérimentation porte sur les points de raccordement des installations des utilisateurs des réseaux publics raccordées en basse tension (BT) pour des puissances inférieures ou égales à 36 kVA. Elle est prévue pour une durée limitée au 31 décembre 2010. Au cours de l'expérimentation, la société transmet à la Commission de régulation de l'énergie toutes les informations nécessaires à son évaluation ».

[56] CRE, délibération du 7 juillet 2011 portant communication sur les résultats de l'expérimentation d'Électricité Réseau Distribution France (ERDF) relative au dispositif de comptage évolué Linky.

[57] http://www.smartgrids-cre.fr/media/documents/110718_CP_experimentation_linky.pdf

À ce sujet, à titre d'exemple, il est possible de s'interroger sur la question de savoir s'il est réellement indispensable pour la CRE d'organiser les appels d'offres pour les marchés de l'éolien off-shore. En vertu du décret n° 2002-1434 du 4 décembre 2002 relatif à la procédure d'appel d'offres pour les installations de production d'électricité[58], c'est à la Commission qu'il revient de rédiger le cahier des charges de l'appel d'offres [59] avant de prendre en charge l'intégralité de la procédure, même si le pouvoir de désignation des candidats retenus appartient au ministre chargé de l'énergie après que le régulateur ait rendu un avis motivé[60]. La sélection de candidats pour qu'ils puissent accéder à des ressources rares n'est pas une mission exceptionnelle pour un régulateur. En effet, l'ARCEP est compétente pour attribuer un certain nombre de fréquences, notamment dans le secteur de la téléphonie mobile[61], tout comme le CSA dans le secteur audiovisuel[62]. Toutefois, les hypothèses sont totalement différentes. Dans les derniers cas, on se trouve dans une situation où il s'agit d'attribuer les ressources rares qui sont nécessaires à n'importe quel opérateur qui veut investir le secteur. Dans la configuration de l'appel d'offres pour les installations de production d'électricité, tout au contraire, même s'il s'agit d'accorder des autorisations d'occupation du domaine public, il n'est pas question de répartir les capacités du marché dans son ensemble (ou d'une partie substantielle). L'intervention du régulateur ne s'imposait donc pas, en dehors peut-être de la rédaction du cahier des charges de l'appel d'offres.

De manière plus générale, les régulateurs disposent de pouvoirs que l'on peut juger insuffisants, car trop limités par l'encadrement législatif, pour atteindre les objectifs fixés. A titre liminaire, il convient de rappeler que le Conseil constitutionnel a reconnu que le

[58] Décret n° 2002-1434 du 4 décembre 2002 relatif à la procédure d'appel d'offres pour les installations de production d'électricité, JORF n° 288 du 11 décembre 2002, p. 20413.
[59] Décret n° 2002-1434, préc., art. 2.
[60] Décret n° 2002-1434, préc., art. 10 et s.
[61] CPCE, art. L. 41 et s. : « Le Premier ministre définit, après avis du Conseil supérieur de l'audiovisuel et de l'Autorité de régulation des communications électroniques et des postes, les fréquences ou bandes de fréquences radioélectriques qui sont attribuées aux administrations de l'État et celles dont l'assignation est confiée au conseil ou à l'autorité ».
[62] Loi n° 86-1067 du 30 septembre 1986, préc., art. 21 et s.: « Ainsi qu'il est dit à l'article L. 41 du code des postes et des communications électroniques, le Premier ministre définit, après avis du Conseil supérieur de l'audiovisuel et de l'Autorité de régulation des communications électroniques et des postes, les fréquences ou bandes de fréquences radioélectriques qui sont attribuées aux administrations de l'État et celles dont l'assignation est confiée au conseil ou à l'autorité ».

transfert par le législateur des pouvoirs réglementaire ou de sanction à des autorités administratives indépendantes était conforme à la constitution[63]. Cependant, il est indispensable que chacun de ces pouvoirs soit strictement encadré par la loi[64]. Aussi c'est au législateur qu'il appartient d'être particulièrement attentif au moment de la définition des pouvoirs des régulateurs. Cette limitation est par ailleurs sous le contrôle des juges judiciaire et administratif qui

---

[63] Cons. const., décision n° 86-217 DC du 18 septembre 1986, *Loi relative à la liberté de communication*, cons. 58 : « Considérant que ces dispositions confèrent au Premier ministre, sous réserve des pouvoirs reconnus au Président de la République, l'exercice du pouvoir réglementaire à l'échelon national ; qu'elles ne font cependant pas obstacle à ce que le législateur confie à une autorité de l'État autre que le Premier ministre, le soin de fixer, dans un domaine déterminé et dans le cadre défini par les lois et règlements, des normes permettant de mettre en œuvre une loi » ; Cons. const., décision n° 88-248 DC du 17 janvier 1989, *Loi modifiant la loi n° 86-1067 du 30 septembre 1986 relative à la liberté de communication*, cons. 27 : « Considérant que, pour la réalisation de ces objectifs de valeur constitutionnelle, il est loisible au législateur de soumettre les différentes catégories de services de communication audiovisuelle à un régime d'autorisation administrative ; qu'il lui est loisible également de charger une autorité administrative indépendante de veiller au respect des principes constitutionnels en matière de communication audiovisuelle ; que la loi peut, de même, sans qu'il soit porté atteinte au principe de la séparation des pouvoirs, doter l'autorité indépendante chargée de garantir l'exercice de la liberté de communication audiovisuelle de pouvoirs de sanction dans la limite nécessaire à l'accomplissement de sa mission ».

[64] Cons. const., déc. n° 88-248 DC du 17 janvier 1989, *Loi modifiant la loi n° 86-1067 du 30 septembre 1986 relative à la liberté de communication*, cons. 16 : « Considérant que la loi habilite le Conseil supérieur de l'audiovisuel à fixer seul par voie réglementaire non seulement les règles déontologiques concernant la publicité mais également l'ensemble des règles relatives à la communication institutionnelle, au parrainage et aux pratiques analogues à celui-ci ; qu'en raison de sa portée trop étendue cette habilitation méconnaît les dispositions de l'article 21 de la Constitution ; qu'il suit de là que doivent être déclarées contraires à celle-ci les dispositions du troisième alinéa de l'article 27 de la loi du 30 septembre 1986, dans leur rédaction issue de l'article 11 de la loi déférée ; que sont inséparables du troisième alinéa de l'article 27 de la loi de 1986, les mots : "sous réserve des dispositions du dernier alinéa du présent article" qui figurent au 1° du premier alinéa dudit article ».

Pour le pouvoir de sanction du CSA, cons. 30 « Considérant que le pouvoir d'infliger les sanctions énumérées à l'article 42-1 est conféré au Conseil supérieur de l'audiovisuel qui constitue une instance indépendante ; qu'il résulte des termes de la loi qu'aucune sanction ne revêt un caractère automatique ; que, comme le prescrit l'article 42-6, toute décision prononçant une sanction doit être motivée ; que la diversité des mesures susceptibles d'être prises sur le fondement de l'article 42-1 correspond à la volonté du législateur de proportionner la répression à "la gravité du manquement" reproché au titulaire d'une autorisation ; que le principe de proportionnalité doit pareillement recevoir application pour l'une quelconque des sanctions énumérées à l'article 42-1 ; qu'il en va ainsi en particulier des sanctions pécuniaires prévues au 3° de cet article ; qu'à cet égard, l'article 42-2 précise que le montant de la sanction pécuniaire doit être fonction de la gravité des manquements commis et en relation avec les avantages tirés du manquement par le service autorisé ; qu'un même manquement ne peut donner lieu qu'à une seule sanction administrative, qu'elle soit légale ou contractuelle ; qu'il résulte du libellé de l'article 42-1 (3°) qu'une sanction pécuniaire ne peut se cumuler avec une sanction pénale ».

vérifient que l'acte réglementaire ou la sanction pris par le régulateur est dénué de toute illégalité.

Dans une affaire *Fédération française des installateurs électriciens*[65], le juge administratif a rappelé que les mesures réglementaires prises par un régulateur doivent respecter les prescriptions posées par la loi. En l'espèce, par une décision du 27 mars 2008 la Commission de régulation de l'énergie avait approuvé les barèmes de différents gestionnaires[66]. Toutefois, pour le juge, « la CRE n'a pu compétemment approuver les barèmes de facturation des opérations de raccordement par les gestionnaires de réseau utilisés pour le calcul de la contribution versée au gestionnaire du réseau public de distribution ». En effet, faute d'une rédaction claire de la loi, le régulateur ne disposait pas d'une compétence réglementaire suffisante. En particulier, l'article 37 de la loi du 10 février 2000[67] ne pouvait servir de fondement juridique à de telles dispositions « sans excéder les limites de la compétence réglementaire subsidiaire lui ayant été accordée par le législateur ».

Dans un cadre différent, celui du règlement des différends, l'affaire *Cerestar* montre aussi que la CRE ne peut pas user de son pouvoir

---

[65] CE, 23 décembre 2011, *Fédération française des installateurs électriciens*, n° 316596, 316597, 316598, 316599, 316600.

[66] Les barèmes élaborés par les gestionnaires de réseaux publics de distribution desservant, comprenant des prix unitaires tenant compte des différents paliers techniques qu'ils mettent en œuvre pour réaliser des travaux de raccordement, sont soumis à l'approbation de la Commission de régulation de l'énergie préalablement à leur entrée en vigueur. En l'occurrence, il s'agit des barèmes d'Électricité Réseau de Distribution France, de Sorégies Deux-Sèvres, d'Électricité de Strasbourg, d'URM et de Sorégies Réseaux de Distribution.

[67] Loi n°2000-108 du 10 février 2000, préc. art. 37 (dans sa version en vigueur au moment des faits). Autrement dit selon la version modifiée par la loi n°2003-8 du 3 janvier 2003, préc. : « Dans le respect des dispositions législatives et réglementaires, la Commission de régulation de l'énergie précise, en tant que de besoin, par décision publiée au Journal officiel de la République française, les règles concernant :

1° Les missions des gestionnaires de réseaux publics de transport et de distribution d'électricité en matière d'exploitation et de développement des réseaux, en application des articles 14 et 18 ;

2° Les conditions de raccordement aux réseaux publics de transport et de distribution d'électricité, en application des articles 14 et 18 ;

3° Les conditions d'accès aux réseaux et de leur utilisation, en application de l'article 23 ;

4° La mise en oeuvre et l'ajustement des programmes d'appel, d'approvisionnement et de consommation, et la compensation financière des écarts, en application des articles 15 et 19 ;

5° La conclusion de contrats d'achat et de protocoles par les gestionnaires de réseaux publics de transport ou de distribution, en application du III de l'article 15 ;

6° Les périmètres de chacune des activités comptablement séparées, les règles d'imputation comptable appliquées pour obtenir les comptes séparés et les principes déterminant les relations financières entre ces activités, conformément aux articles 25 et 26 ».

d'injonction comme elle l'entend. En l'espèce, le régulateur avait obligé Cerestar France, qui n'avait pas réglé la totalité des factures d'accès au réseau à EDF, à verser au gestionnaire du réseau le solde des factures non réglées mais également à enjoindre à conclure un contrat avec le gestionnaire du réseau de transport. La Cour d'appel de Paris, dans sa décision du 25 janvier 2005[68], a considéré que la CRE a violé l'article 38 de la loi du 10 février 2000[69] dans la mesure où le pouvoir d'injonction, qui n'était pas prévu par cette disposition, n'était pas nécessaire au régulateur pour mener à bien sa mission de règlement des différends.

Il apparaît clairement que les juridictions considèrent que les dispositions, en particulier celles relatives aux sanctions, ne visent qu'à rétablir la concurrence et ne doivent pas poursuivre d'autres objectifs[70].

Dès lors, lorsque les régulateurs entendent poursuivre d'autres objectifs, ils sont obligés d'adopter un certain nombre de dispositions à travers des instruments de *soft law*. Ainsi, par exemple, on peut se reporter au travail réalisé par l'ARCEP sur la thématique de la fibre. Sans être exhaustif, le régulateur a adopté un guide, en 2006, pour apporter des éléments de réponse aux difficultés rencontrées par un aménageur lorsqu'une collectivité lui demande, à l'occasion d'une opération d'urbanisme, de viabiliser une zone sur le plan télécom[71].

---

[68] CA Paris, 1er ch., sect. H, 25 janvier 2005, *Cerestar France*, n° 2004/12111 ; M.-A. FRISON-ROCHE, « La Cour d'appel de Paris sanctionne le régulateur pour excès de pouvoir », *RLC*, 2005, n° 3, p. 111 ; M.-A. FRISON-ROCHE, *Revue des contrats*, 2005, n° 4, p. 1048 ; M. SÉNAC DE MONSEMBERNARD, « L'intervention de la CRE au titre de sa mission de règlement des différends », *DA*, avril 2005, comm. 58.

[69] Cet article dispose que la décision d'un règlement de différend de la CRÉ « qui peut être assortie d'astreintes, est motivée et précise les conditions d'ordre technique et financier de règlement du différend dans lesquelles l'accès aux réseaux, ouvrages et installations mentionnés au premier alinéa ou leur utilisation sont, le cas échéant, assurés. Lorsque cela est nécessaire pour le règlement du différend, la commission peut fixer, de manière objective, transparente, non discriminatoire et proportionnée, les modalités de l'accès auxdits réseaux, ouvrages et installations ou les conditions de leur utilisation ».

[70] Dans le même sens, mais du point de vue d'une décision du juge administratif validant la position du régulateur, en l'occurrence de l'ARCEP, voir CE, 4 juillet 2012, *Association française des opérateurs de réseaux et services de télécommunications, AFORST*, n° 334062 et 347163 (H. DELZANGLES et S. MARTIN, « Le Conseil d'État valide la pratique de l'ARCEP dans le domaine des sanctions », revue Concurrences n° 4-2012, p. 158).

[71] Guide pour le pré-équipement en haut et très haut débit des zones d'activités publié le 7 décembre 2006. Ce guide a été élaboré par le Comité des Réseaux d'Initiative Publique, et s'adresse particulièrement aux aménageurs et aux collectivités. http://www.arcep.fr/fileadmin/reprise/dossiers/collectivites/pdf/crip-ptrep-011206.pdf

En 2010, l'Autorité a publié des orientations relatives à la montée en débit via l'accès à la sous-boucle locale[72] où elle préconisait, en particulier, de ne pas déployer de solutions intermédiaires de montée en débit dans les zones où le déploiement de la fibre était prévu à court ou moyen terme (3 à 5 ans), tout en recommandant aux acteurs de concentrer leurs efforts et leurs moyens sur ces déploiements de réseaux à très haut débit. Dès 2011, l'ARCEP a formulé de nouvelles recommandations en vue de faciliter la mutualisation des réseaux en fibre optique dans certaines zones très denses[73]. Enfin, en 2015, elle a élaboré un projet de recommandation sur la mise en œuvre de l'obligation de complétude des déploiements de fibre optique[74].

Il est aussi possible de revenir, sans insister, sur les objectifs nouveaux que se sont fixés certains régulateurs. Ici, en gardant l'exemple de l'ARCEP, il apparaît que le régulateur n'a pu intervenir qu'à travers la formulation d'un certain nombre de propositions pour « promouvoir un équilibre pérenne, neutre et de qualité, et ce même en l'absence de position dominante d'un FAI sur le marché de détail »[75].

Le problème que représentent les lignes directrices est qu'elles « n'ont pas de caractère réglementaire et n'introduisent pas de modification en l'état actuel du droit »[76]. Une telle précision est impérative car « un régulateur, s'il n'est pas suffisamment attentif à ce que la forme de sa communication conserve une apparence indicative et à ce que son contenu recueille une certaine adhésion, s'expose à quelques foudres contentieuses »[77]. Toutefois, on ne peut s'empêcher de considérer que certaines recommandations des autorités de régulation françaises sont impératives[78]. Pour une partie de la

---

[72] http://www.arcep.fr/uploads/tx_gspublication/med-orientations-250210.pdf

[73] http://www.arcep.fr/uploads/tx_gspublication/20110614-Recommandation-petits-immeubles-ZTD-post-consultation.pdf

[74] http://www.arcep.fr/uploads/tx_gspublication/consult-proj-recommandation-completude-juin2015.pdf

[75] http://www.arcep.fr/uploads/tx_gspublication/net-neutralite-orientations-sept2010.pdf

[76] Voir par exemple pour l'ARCEP les lignes directrices relatives au cadre juridique applicable entre le 25 juillet 2003 et l'adoption des textes de transposition des directives « communications électroniques », du 2 juillet 2003.

[77] P.-A. JEANNENEY, « Le régulateur producteur de droit », *in* M.-A. FRISON-ROCHE (dir.) : *Règles et pouvoirs dans les systèmes de régulation*, Droit et économie de la régulation, vol. 2, Presses de Sciences-Po et Dalloz, 2004, p. 49.

[78] Lorsqu'il cite une communication de la CRE sur l'ouverture du marché français de l'électricité qui « interprète d'une manière très constructive l'article 22 de la loi du 10 février 2000 (...) en affaiblissant la contrainte que fait porter cette disposition sur les nouveaux

doctrine, « venant combler les vides de la législation et répondre à un véritable besoin, ce procédé de droit mou est riche de potentialités si les régulateurs savent le manier avec prudence, finesse et habileté »[79]. L'inconvénient de tels procédés est leur absence de valeur contraignante[80]. Tout au plus, peut-on espérer que les opérateurs concernés veuillent bien se soumettre aux volontés du régulateur[81]. En effet, si l'un des acteurs décide de ne pas se conformer à la recommandation, celle-ci, n'ayant pas de caractère réglementaire et n'introduisant pas de modification à l'état du droit, ne pourra lui être opposée. Surtout, aucune sanction ne pourra lui être adressée sur le fondement de la méconnaissance de ses obligations dans la mesure où elle serait, *de facto*, entachée de manque de base légale.

*

En conclusion, les autorités de régulation en France ont connu beaucoup d'évolutions ce qui apparaît de manière flagrante au regard des objectifs qui leur sont conférés. On constate cependant que l'ensemble manque de cohérence, même s'il n'est pas nécessaire que les régulateurs disposent d'un statut uniforme. Par ailleurs, il est possible de s'interroger au regard de ces évolutions sur l'avenir de la

---

entrants » De même, une autre communication de la CRE « a pris parti sur la liberté du négoce d'électricité, sujet qui n'est pas traité dans les dispositions en vigueur ». *Ibid.*, p. 48

[79] *Ibid.*, p. 48.

[80] Le juge administratif admet tout de même les recours à l'encontre de certains actes de soft law des autorités de régulation. Pour lui, « les avis, recommandations, mises en garde et prises de position adoptés par les autorités de régulation dans l'exercice des missions dont elles sont investies, peuvent être déférés au juge de l'excès de pouvoir lorsqu'ils revêtent le caractère de dispositions générales et impératives ou lorsqu'ils énoncent des prescriptions individuelles dont ces autorités pourraient ultérieurement censurer la méconnaissance ; que ces actes peuvent également faire l'objet d'un tel recours, introduit par un requérant justifiant d'un intérêt direct et certain à leur annulation, lorsqu'ils sont de nature à produire des effets notables, notamment de nature économique, ou ont pour objet d'influer de manière significative sur les comportements des personnes auxquelles ils s'adressent ; que, dans ce dernier cas, il appartient au juge, saisi de moyens en ce sens, d'examiner les vices susceptibles d'affecter la légalité de ces actes en tenant compte de leur nature et de leurs caractéristiques, ainsi que du pouvoir d'appréciation dont dispose l'autorité de régulation ; qu'il lui appartient également, si des conclusions lui sont présentées à cette fin, de faire usage des pouvoirs d'injonction qu'il tient du titre Ier du livre IX du code de justice administrative » (Voir CE, 21 mars 2016, *Sté Fairvesta International GMBH et a.*, n° 368082, n° 368083 et n° 368084 et CE, 21 mars 2016, *Sté NC Numericable*, n° 390023).

[81] Il convient d'ailleurs de noter que l'ARCEP a lancé une consultation publique pour obtenir l'avis des acteurs des secteurs postal ou des communications électroniques sur différentes thématiques et, notamment, sur les nouvelles expertises qui devraient être développées par le régulateur, sur la place du dialogue au sein du secteur sur les sujets innovants, ou encore sur la place de l'expérimentation dans la régulation. http://www.arcep.fr/larceppivote/wp-content/uploads/2015/11/consultation-publique-revue-strategique-arcep-131115.pdf

régulation. Les éléments sur les impacts de l'innovation laissent à penser que les régulateurs y trouveront le futur de leur mission dans la mesure où ce sont sur les secteurs particulièrement innovants que les risques pour la concurrence se révèlent les plus prégnants.

L'évolution des objectifs de la régulation en Allemagne : bouleversements et continuité

Julien WALTHER[1]

La régulation est pour les auteurs allemands un terme tout aussi polysémique que pour leurs homologues français[2]. Le concept même est importé des États-Unis[3] et son application en Allemagne née d'impulsion européennes[4].

La régulation peut être entendue en conséquence selon la doctrine allemande de manière très large, à savoir comme la mise en place d'un ordre juridique, un processus de direction ou encore un mode d'exercice de pouvoirs régaliens[5]. Comment la distinguer alors de missions proches et plus classiques relevant de ce que l'on pourrait qualifier d'ordre public de direction – pour essayer de traduire ce qu'en Allemagne l'on appelle *Wirtschaftsüberwachung* – la « police

---

[1] *Dr. jur. Universität des Saarlandes*, Maître de conférences (HDR) de droit privé à l'Université de Lorraine.

[2] G. TIMSIT, « La régulation. La notion et le phénomène », *RFAP*, 2004/1, p. 5 et s. ; M.-A. FRISON-ROCHE, « Définition du droit de la régulation économique », *D.*, 2004, doctr. p. 126.

[3] G. AMBROSIUS, *Regulierung öffentlicher Dienstleistungen in historischer Perspektive, Zeitschrift für öffentliche und gemeinwirtschaftliche Unternehmen, ZögU/Journal for Public and Nonprofit Services,* 2008, p. 345 et s. ; O. LEPSIUS, § 1 *Regulierungsrecht in den USA : Vorläufer und Modell, in* M. FEHLING/M. RUFFERT (dir.), *Regulierungsrecht*, éd. Beck, 2010, p. 3 et s. ; J. MÜLLER/I. VOGELSANG, *Das amerikanische Konzept staatlicher Regulierung im Vergleich mit öffentlichen Unternehmen in der Bundesrepublik Deutschland, ZögU*, 1979, p. 115 et s.

[4] M. RUFFERT, § 3 *Völkerrechtliche Impulse und Rahmen des Europäischen Verfassungsrechts, in* M. FEHLING/M. RUFFERT (dir.), *Regulierungsrecht, op. cit.*, p. 107 et s.

[5] Voir M. RUFFERT, § 7 *Begriff, in* M. FEHLING/M. RUFFERT (dir.), *Regulierungsrecht, op. cit.*, p. et s. ; voir déjà J. KÜHLING, *Sektorspezifische Regulierung in den Netzwirtschaften*, éd. Beck, 2004, p. 11 et s. ; M. EIFERT, *Regulierungsstrategien, in* W. HOFFMANN-RHIEM/E. SCHMIDT-ASSMANN/A. VOẞKÜHLE (dir.), *Grundlagen des Verwaltungsrechts*, éd. Beck, 2012, vol. 1, § 19.

administrative de l'activité économique » ?[6] D'aucuns précisent alors en doctrine allemande que les lois de régulation s'en distinguent par leur orientation, leur finalité qui tend à un objectif : la régulation n'a pas le but négatif de la police classique allemande, à savoir la prévention d'une atteinte à l'ordre public, plus précisément d'un danger selon la définition allemande (*« negatives Ziel der Gefahrenabwehr »*) mais elle opère positivement, elle doit provoquer un état final (*« positiv einen finalen Zustand herstellen »*)[7]. La notion d'objectif(s) contribue en ce sens déjà à la définition de la régulation.

Et si le concept de régulation recouvre différentes réalités, il en va réciproquement de même pour ses objectifs. Ainsi, selon Michael Fehling, « la régulation [est] la promotion et l'organisation juridique de la concurrence par des corrections constantes des défauts des marchés ainsi que la prise en compte de l'intérêt général dans le processus des marchés – les objectifs de la régulation peuvent ainsi eux même entrer en concurrence… »[8]. Nous verrons que c'est en tout cas un processus de transformation. Cette matière que l'on a parfois décrit comme en « état d'entropie »[9], peut-elle alors arriver à un point d'équilibre véritable ?

La question centrale et soulevée à l'occasion de ces journées est ici de définir ces objectifs, ces buts visés par la régulation. Or, pour compléter cette analyse, il faut préciser que selon les termes même du *Wissenschaftlicher Arbeitskreis für Regulierungsfragen* (*WAR*), le cénacle scientifique qui encadre par ses consultations les activités de l'autorité de régulation multisectorielle allemande, la *Bundesnetzagentur (BNetzA)*[10], le champ étudié relève d'une véritable politique de la régulation (*Regulierungspolitik*) – c'est-à-dire d'une

---

[6] R. STOBER, *Allgemeines Wirtschaftsverwaltungsrecht, Grundlagen des deutschen, europäischen und internationalen öffentlichen Wirtschaftsrechts*, éd. Kohlhammer, 2014, p. 193 et s.

[7] F. SCHORKOPF, *Regulierung nach den Grundsätzen des Rechtsstaates*, *JZ* 1/2008, p. 20 et s.

[8] „*Regulierung bedeutet Förderung und rechtliche Gestaltung von Wettbewerb durch fortlaufende Korrektur partiellen Marktversagens und Implementierung von Gemeinwohlanforderungen in Marktprozesse – wobei Regulierungsziele auch konkurrieren können* (souligné par nous).“ , M. FEHLING, *Regulierung als Staatsaufgabe im Gewährleistungsstaat Deutschland - Zu den Konturen eines Regulierungsverwaltungsrechts*, *in* H. HILL (dir.), *Die Zukunft des öffentlichen Sektors*, éd. Nomos, 2006, p. 91 et s. (p. 97).

[9] M.-A. FRISON-ROCHE, « Les nouveaux champs de la régulation », *RFAP*, 2004/1, p. 53 et s.

[10] http://www.bundesnetzagentur.de/DE/Allgemeines/DieBundesnetzagentur/WAR/wissenschaftlicherarbeitskreisfuerregulierungsfragen-node.html (consulté le 10 janvier 2016).

politique législative globale[11]. Par cela même, la régulation interagit avec et emprunte certains traits à d'autres branches du droit – administratif, constitutionnel mais aussi civil et pénal – elle transcende comme le précisaient déjà bien des auteurs les distinctions droit privé/droit public.

Il est également important d'essayer de saisir dans ce contexte ce qui fait la cohérence de la régulation et fonde ses méthodes. L'étude des moyens et instruments de la régulation est donc le corollaire de celle des objectifs. Une des questions d'actualité à ce sujet en droit allemand est ainsi de savoir dans quelle mesure les moyens actuels au service de la régulation sont adaptés aux objectifs de cette dernière ou si le droit de la concurrence en particulier doit puiser plus largement dans l'arsenal du droit pénal ce qui serait en quelque sorte un retour aux sources. Cette discussion est ancienne aux États-Unis et gagne peu à peu le continent européen[12].

Le constat général est que la régulation dépasse sa finalité première, l'ouverture de marchés en réseaux anciennement organisés en monopoles pour assumer d'autres fonctions liées à l'intérêt général – on parle alors d'un pluralisme des objectifs (I). Malgré ces traits novateurs, l'esprit même de cette politique de régulation semble procéder d'une logique traditionnelle pour le droit allemand et renvoie à ses fondements ordolibéraux, celle de l'*Ordnungspolitik,* une politique dont les instruments classiques ne sont peut-être pas toujours adaptés (II).

---

[11] *„Leitlinien für die Regulierungspolitik" du Wissenschaftlichen Arbeitskreises für Regulierungsfragen bei der Regulierungsbehörde*, (http://www.bundesnetzagentur.de/DE/Allgemeines/DieBundesnetzagentur/WAR/LeitlinienRegulierungspolitik/LeitlinienRegulierungspolitik_node.html (consulté le 10 janvier 2016)

[12] Voir *Antitrust Modernization Commission Report and Recommendation* (avril 2007, sous la direction de D. A. GARZA), p. 293 (sous http://govinfo.library.unt.edu/amc/report_recommendation/amc_final_report.pdf); S. D. HAMMOND, *Recent Developments, Trends, and Milestones in the Antitrust Division's Criminal Enforcement Program*, discours du 26 mars 2008 (sous http://www.usdoj.gov/atr/public/speeches/232716.pdf) ; F. WAGNER-VON PAPP, *Kartellstrafrecht in den USA, den VK und Deutschland, WuW* 2009, p. 1236 et s.; C. BEATON-WELLS, *The Politics of Cartel Criminalization, ECLR*, 2008, p. 185 et s. ; voir S. D. HAMMOND, *Optimal Sanctions, Optimal Deterrence*, 6 juin 2005 à l'occasion de la 4e conférence annuelle du *International Competition Network* (ICN) à Bonn (http://www.internationalcompetitionnetwork.org/uploads/library/doc449.pdf).

I. – Le pluralisme des objectifs garantis – La régulation entre « *economic regulation* » et « *social regulation* »

La régulation « plurielle » est le résultat d'une transformation des missions portées par l'État, lequel d' « État-prestataire » est devenu « État-garant » (A). Certains objectifs de la régulation peuvent en conséquence être qualifiés de « primaires » ou « initiaux », d'autres de « secondaires » (B).

A. De l'« État-prestataire » à l'« État-garant »

« L'État-garant » est l'expression des transformations de la mission de la puissance publique, pour certains auteurs allemands du service public *more germanico* – la *Daseinsvorsorge*[13]–, elle-même sous l'influence du droit européen[14]. Le service public à la française est certes connu de la doctrine allemande mais n'a jamais été repris comme tel dans le système juridique allemand alors même que l'influence du droit administratif français a longtemps été considérable. Ernst Forsthoff s'inspira ainsi de Léon Duguit en 1938 pour forger son concept de *Daseinsvorsorge,* ceci en vue de faire la promotion de l'État social assumant des fonctions de prestations économiques (*Leistungsträger*) par rapport à l'État libéral[15]. Mais il s'agit là d'un État social corporatiste, soumis au *Führerprinzip* national-socialiste. La *Daseinsvorsorge* a certes perdu ce sens autoritaire après 1945 et est devenue porteuse d'une idée de coopération flexible entre l'État et l'économie privée. Précisons d'emblée que par État, il faut entendre le *Bund* ou le *Land.* Soulignons aussi que l'État et les collectivités locales ont souvent exercé cette fonction de prestataire dans le domaine économique par le truchement soit de régies (*Stadtwerke*) mais aussi de SA ou de Sarl dont ils détenaient – ou détiennent – la majorité du capital[16].

---

[13] M. BULLINGER, *Französischer service public und deutsche Daseinsvorsorge*, *JZ*, 2003, p. 597 et s.

[14] A.-R. BÖRNER, *Service public und öffentliche Dienstleistungen in Europa*, *ZögU*, 2002, p. 189 et s.

[15] M. BULLINGER, *Französischer service public und deutsche Daseinsvorsorge*, *op. cit.*, p. 598.

[16] Th. WURTENBERGER/S. NEIDHARDT, « L'État-actionnaire en Allemagne », *RFAP*, 2007, p. 585 et s.

Ce qui est fondamental pour le sujet qui nous intéresse, c'est que l'« État-prestataire » (*Leistungsträger*[17]) devient ou est devenu « État-garant » au sens d'une responsabilité assumée par lui, une *Gewährleistungsverantwortung*[18]. Ce serait même là la nouvelle forme de la *Daseinsvorsorge*[19]. Certains auteurs ont décrit ceci comme la conséquence de l'apparition d'une nouvelle catégorie particulière de la régulation administrative économique *(wirtschafstverwaltungsrechtliche Regulierung)* en charge de la gestion des conséquences de la privatisation d'anciennes fonctions liées à l'État-prestataire, ils parlent alors d'un *droit des conséquences de la privatisation, Privatisierungsfolgerecht*[20].

L'État-garant régulateur va en conséquence intervenir lorsque le marché dysfonctionne, non seulement pour rétablir le jeu de la concurrence mais aussi pour remplir des fonctions économiques extra-concurrentielles. Il s'agirait alors de garantir la continuité, la pérennité du service public *more germanico* (*Gewährleistung von Daseinsvorsorge*). Ce serait même là pour certains le seul véritable objectif et la signification juridique de la régulation, tous les autres objectifs étant en conséquence des « sous-objectifs » (ou objectifs partiels - « *Teilziele* »[21]) en découlant[22].

Cette fonction de l'État-garant relève expressément de la mission de la *Bundesnetzagentur* lorsque la dimension fédérale est engagée[23]; lorsqu'il s'agit du territoire d'un *Land,* c'est le régulateur local, une administration du *Land*, qui assume cette dernière. Au-delà de cette fonction de garantie, on trouve d'ailleurs une idée d'État-« émulation » : ainsi trouve-t-on par exemple dans la loi sur la protection du climat du Bade-Wurtemberg du 23 juillet 2013, un § 7

---

[17] Voir en ce sens déjà, E. FORSTHOFF, *Verwaltung als Leistungsträger*, Stuttgart, 1938.

[18] H. GERSDORF, *Privatisierung öffentlicher Aufgaben – Gestaltungsmöglichkeiten, Grenzen, Regelungsbedarf, JZ*, 2008, p. 831 et s. ; F. SCHOCH, *Gewährleistungsverwaltung: Stärkung der Privatrechtsgesellschaft?, NVwZ*, 2008, p. 241 et s.

[19] J. ZIEKOW, *Öffentliches Wirtschaftsrecht,* éd. Beck, 2013, § 13 *Grundgedanken und Strukturen eines Regulierungsrechts*, p. 280 et s.

[20] R. STOBER, *Allgemeines Wirtschaftsverwaltungsrecht, op. cit.*, p. 194.

[21] M. SCHULER-HARMS, *Regulierungsrecht I* – 1re partie (consulté sur le site web de l'université Helmut-Schmidt Hamburg, 10 janvier 2016, http://www.hsu-hh.de/verwaltungsrecht/index_qXGcXHZ0l1WfHbE9.html).

[22] J. ZIEKOW, *Öffentliches Wirtschaftsrecht, op. cit.*, p. 280 et s.

[23] Cf. J. WALTHER, « Un « modèle allemand » d'autorité de régulation pour l'Europe ? - Concentration et diversification des autorités de régulation sectorielle en Allemagne », *RJEP*, 1/2011, p. 20 et s.

qui pose le rôle exemplaire des personnes publiques dans ce domaine (*Vorbildsfunktion der öffentlichen Hand*)[24].

Ces fonctions de garant sont même parfois inscrites dans la constitution fédérale. Ceci est illustré par l'article 87e, al. 4 de la Loi fondamentale (GG) pour ce qui est du domaine ferroviaire : « La Fédération ***garantit*** que les intérêts de la collectivité, notamment les besoins de transport, sont pris en compte pour ce qui est de l'extension et de la conservation du réseau ferré des chemins de fer de la Fédération ainsi que de leurs offres de transport sur ce réseau, à l'exception de celles relatives au trafic voyageurs à courte distance par voie ferrée ». À l'identique, l'article 87f, al. 1er du GG prévoit que « la Fédération ***garantit*** sur l'ensemble du territoire dans le secteur des postes et télécommunications des prestations de service adéquates et suffisantes »[25].

Ceci s'accompagne de fonctions quasi-régaliennes (ex. attribution des fréquences) – toujours dans l'idée que la privatisation a dû être accompagnée d'une réorganisation des missions classiques de police administrative que l'État ne va bien sûr pas abandonner.

Cette transition est le résultat d'un choix axiologique délibéré en terme de politique de concurrence et de régulation (*gestalterisch-abwägende Marktstrukturierung*[26]) car l'idée d'un marché concurrentiel n'est pas une finalité obligatoire, tout comme la concurrence n'est pas une fin en soi. En d'autres termes, le marché n'est pas automatiquement la priorité[27]. Pour la doctrine allemande, le droit de la régulation repose sur la certitude que, d'une part, l'économie de marché est supérieure aux autres modes d'organisation de la production et des services mais aussi que, d'autre part, il importe de veiller à l'intérêt général au-delà de ce premier aspect. Ceci parce que les biens et services visés ici sont essentiels pour le fonctionnement de

---

[24] *Klimaschutzgesetz Baden-Württemberg (KSG BW) vom 23. Juli 2013, § 7 „(1) Der öffentlichen Hand kommt beim Klimaschutz in ihrem Organisationsbereich eine allgemeine Vorbildfunktion (souligné par nous) zu, insbesondere durch Energieeinsparung, effiziente Bereitstellung, Umwandlung, Nutzung und Speicherung von Energie sowie Nutzung erneuerbarer Energien. Dies gilt, sofern die Organisation der Aufgabenerledigung nicht abschließend durch Bundesrecht geregelt ist."*

[25] Traduction officielle de la Loi fondamentale, 2012 (CH. AUTEXIER/M. FROMONT/C. GREWE/O. JOUANJAN) ss. http://www.bundesregierung.de/Content/FR/_Anlagen/loi-fondamentale.pdf?__blob=publicationFile

[26] M. SCHULER-HARMS, *Regulierungsrecht I*, 2e partie, *loc. cit.*

[27] O. LEPSIUS, § 19 *Ziele der Regulierung*, *op. cit.*, n° 2 et s.

la société et le bien-être de ses citoyens. La garantie objective de fournir ces biens et services doit l'emporter sur les intérêts subjectifs des acteurs du marché[28].

La doctrine allemande évoque alors deux extrêmes possibles de la politique de régulation, le Royaume-Uni et la France[29] – le premier sacrifiant à la concurrence comme fin en soi et le second œuvrant comme une quasi-planification pour ne pas mettre en danger le *service public* (toujours en français dans le texte). On peut considérer qu'il y a là un exposé quelque peu simplificateur de la réalité française dans certains de ces développements. La régulation sectorielle allemande serait alors comprise selon les auteurs allemands entre ces deux conceptions : elle a certes pour *objectif immédiat* de mettre fin à des anciens monopoles et de garantir un accès équitable aux réseaux, mais aussi dès le départ d'assurer *des objectifs d'intérêt général.* Le droit de l'Union (art. 106 TFUE) comme le droit national allemand démontrent qu'il n'y a pas d'incompatibilité de principe entre cette *Daseinsvorsorge* et une activité concurrentielle. Quels sont alors ces objectifs précis que l'État-garant entend promouvoir dans le cadre de ses fonctions ? Il n'est pas évident de découvrir une hiérarchie des objectifs mais au contraire la question est plutôt celle d'un équilibre ou à l'inverse d'une tension entre ces derniers ; les frontières entre l'un et l'autre sont elles aussi souples. Ces objectifs ne sont pas toujours faciles à distinguer comme le démontre par exemple l'analyse faite par la Commission européenne[30].

B. Typologie et articulation des objectifs « primaires » et « secondaires »

Le champ initial de la régulation est bien entendu l'ouverture à la concurrence de marchés initialement marqués par un monopole étatique. Cette mission ou objectif « primaire »[31] ne s'achève pas par

---

[28] O. Lepsius, § 19 *Ziele der Regulierung, op. cit.*, n° 3.

[29] M. Schuler-Harms, *Regulierungsrecht I*, 2e partie, *loc. cit.*, renvoyant à M. Ruffert, § 2 *Europäisches Ausland, in* M. Fehling/M. Ruffert (dir.), *Regulierungsrecht, op. cit.*, p. 76 et s.

[30] Cf. D. Triantafyllou, *Von der Liberalisierung zur Regulierung der Netzindustrie*, F. Bien/M. Ludwigs (dir.), *Das europäische Kartell- und Regulierungsrecht der Netzindustrien*, éd. Nomos, 2015 p. 69 et s. ; J. Kühling, *Regulierungsrecht als Infrastrukturregulierungsrecht oder mehr?, in* F.-J. Säcker/M. Schmidt-Preuss (dir.), *Grundsatzfragen des Regulierungsrechts*, 2015, éd. Nomos, p. 47 et s.

[31] J.-Ch. Pielow, *Regulierungsrecht als Infrastrukturregulierungsrecht oder mehr?*, F.-J. Säcker/M. Schmidt-Preuss (dir.), *Grundsatzfragen des Regulierungsrechts, op cit.*, p. 29.

l'ouverture décidée par voie législative mais elle perdure en ce qu'il faut établir un cadre juridique pour une concurrence pérenne sur ces marchés et en faire assurer le respect. Cette régulation de l'accès au marché (*Marktzutrittsregulierung*) remplit aussi une fonction d'administration de ressources rares et est par là une régulation de la structure du marché (*Marktstrukturregulierung*)[32]. C'est là la fonction première du régulateur sectoriel, né de la mise en concurrence d'anciens monopoles locaux ou nationaux.

Mais le droit de la régulation remplit d'autres fonctions d'intérêt général qui vont bien plus loin que la simple ouverture d'économies et de marchés en réseaux[33]. C'est ce que la doctrine allemande appelle les « objectifs secondaires » de la régulation. Il y ici une fonction sociale au sens large, corrélée à l'idée de service public (les termes usités sont ici *Universaldienst* ou encore « *quality of service* »)[34].

Cette double catégorie d'objectifs « primaires » et d'objectifs « secondaires » apparaît clairement dans certaines lois sectorielles. Dans la loi sur l'énergie, *EnWG*[35] on peut lire au § 1er (intitulé *Zweck des Gesetzes* (« objectif/but de la loi ») que l'objectif de la loi est « d'assurer une fourniture de la collectivité en électricité et gaz sûre, au meilleur prix, soucieuse des intérêts du consommateur, efficace et compatible avec la protection de l'environnement et reposant progressivement sur les énergies renouvelables » (traduction de l'auteur). On y lit également des préoccupations infrastructurelles techniques : « la régulation des réseaux d'électricité et de gaz a pour objectifs l'assurance d'une concurrence effective et non faussée pour ce qui est de la fourniture d'électricité et de gaz ainsi que de l'exploitation pérenne, sûre et performante des réseaux. » (traduction de l'auteur). Ou encore à l'identique la loi sur les télécommunications,

---

[32] J.-P. SCHNEIDER, § 8 *Telekommunikation*, *in* M. FEHLING/M. RUFFERT (dir.), *Regulierungsrecht*, *op. cit.*, p. 365 et s., ns°. 14, 29.

[33] O. LEPSIUS, § 19 *Ziele der Regulierung*, *in* M. FEHLING/M. RUFFERT (dir.), *Regulierungsrecht*, *op. cit.*, p. 1055 et s.

[34] M. SCHMIDT-PREUSS, *Das Recht der Regulierung – Idee und Verwirklichung*, *in* F.-J. SÄCKER/M. SCHMIDT-PREUSS (dir.), *Grundsatzfragen des Regulierungsrechts*, *op. cit.*, p. 68 et s.

[35] § 1 EnWG : „ *(1) Zweck des Gesetzes ist eine möglichst sichere, preisgünstige, verbraucherfreundliche, effiziente und umweltverträgliche leitungsgebundene Versorgung der Allgemeinheit mit Elektrizität und Gas, die zunehmend auf erneuerbaren Energien beruht.*
(2) Die Regulierung der Elektrizitäts- und Gasversorgungsnetze dient den Zielen der Sicherstellung eines wirksamen und unverfälschten Wettbewerbs bei der Versorgung mit Elektrizität und Gas und der Sicherung eines langfristig angelegten leistungsfähigen und zuverlässigen Betriebs von Energieversorgungsnetzen. “

le *TKG,* dans son § 2 évoque à son tour toute une liste d'objectifs. Après avoir évoqué qu'il s'agit d'une mission relevant de la souveraineté du *Bund* (*« hoheitliche Aufgabe des Bundes »*) et souligné l'objectif primaire de mise en concurrence, sont ainsi précisés dans ce texte, par exemple, les objectifs (secondaires) de préservation des intérêts du consommateur, de couverture intégrale du territoire, de promotion des nouvelles technologies, de gestion efficace de l'attribution des fréquences mais également de contribution à la construction du marché unique européen[36].

Quels sont alors pour synthétiser les objectifs visés et leur cohérence d'ensemble dans les différents textes organisant les marchés régulés ? Ce sont des objectifs macro-économiques et sociaux qui vont souvent bien au-delà des missions de police administrative classique selon le droit allemand.

1. Dans les exemples topiques mentionnés, on distingue ici clairement que la protection du consommateur est toujours présente dans la régulation – et d'autres contributeurs à ces journées ont précisé que le rôle du consommateur doit encore être renforcé selon le droit de

---

[36] § 2 TKG : *„ (1) Die Regulierung der Telekommunikation ist eine hoheitliche Aufgabe des Bundes. (2) Ziele der Regulierung sind:*
1. die Wahrung der Nutzer-, insbesondere der Verbraucherinteressen auf dem Gebiet der Telekommunikation und die Wahrung des Fernmeldegeheimnisses. Die Bundesnetzagentur fördert die Möglichkeit der Endnutzer, Informationen abzurufen und zu verbreiten oder Anwendungen und Dienste ihrer Wahl zu nutzen. Die Bundesnetzagentur berücksichtigt die Bedürfnisse bestimmter gesellschaftlicher Gruppen, insbesondere von behinderten Nutzern, älteren Menschen und Personen mit besonderen sozialen Bedürfnissen,
2. die Sicherstellung eines chancengleichen Wettbewerbs und die Förderung nachhaltig wettbewerbsorientierter Märkte der Telekommunikation im Bereich der Telekommunikationsdienste und -netze sowie der zugehörigen Einrichtungen und Dienste, auch in der Fläche. Die Bundesnetzagentur stellt insoweit auch sicher, dass für die Nutzer, einschließlich behinderter Nutzer, älterer Menschen und Personen mit besonderen sozialen Bedürfnissen, der größtmögliche Nutzen in Bezug auf Auswahl, Preise und Qualität erbracht wird. Sie gewährleistet, dass es im Bereich der Telekommunikation, einschließlich der Bereitstellung von Inhalten, keine Wettbewerbsverzerrungen oder -beschränkungen gibt,
3. die Entwicklung des Binnenmarktes der Europäischen Union zu fördern,
4. die Sicherstellung einer flächendeckenden gleichartigen Grundversorgung in städtischen und ländlichen Räumen mit Telekommunikationsdiensten (Universaldienstleistungen) zu erschwinglichen Preisen,
5. die Beschleunigung des Ausbaus von hochleistungsfähigen öffentlichen Telekommunikationsnetzen der nächsten Generation,
6. die Förderung von Telekommunikationsdiensten bei öffentlichen Einrichtungen,
7. die Sicherstellung einer effizienten und störungsfreien Nutzung von Frequenzen, auch unter Berücksichtigung der Belange des Rundfunks,
8. eine effiziente Nutzung von Nummerierungsressourcen zu gewährleisten,
9. die Wahrung der Interessen der öffentlichen Sicherheit.“

l'Union européenne. Il s'agit d'une protection économique du consommateur qui relève encore de la dynamique initiale concurrentielle mais s'y ajoutent des paramètres incidents comme la protection des données informatiques ainsi récupérées dans les différents secteurs régulés[37]. Toujours dans cette idée d'un service universel (*Universaldienst*), pour les télécommunications par exemple, l'accent est même mis sur la protection des consommateurs les plus faibles, comme les personnes âgées ou handicapées (§ 2, al. 1er *TKG*). Ou encore sur un accès garanti pour l'ensemble du territoire – y compris pour l'avenir en très haut débit[38]. Pour l'énergie, il s'agit d'un droit au raccordement et à la fourniture (*Grundversorgung,* § 36 *EnWG*). Cette dimension peut relever à la fois de la compétence du régulateur fédéral comme de celle des régulateurs locaux, émanations des *Länder* ou relève parfois des communes (*Gemeinden*) comme pour les transports locaux[39].

2. D'autres objectifs sont plus éloignés de la dimension concurrentielle et renvoient aux missions de police administrative classique générale, ici la prévention des dangers ou des considérations de sécurité publique (*Gefahrenabwehr, Wahrung öffentlicher Sicherheitsinteressen*). La *Bundesnetzagentur* attribue les fréquences et les numéros pour les télécommunications (*Regelungen für Frequenzen und Rufnummern*). Elle assure le secret des télécommunications (§§ 2 al. 2, 1° (*Fernmeldegeheimnis*) et 9°, 88 et s. *TKG*) ou contribue à la sécurité des usagers – comme par exemple le contrôle du rayonnement électromagnétique. Elle partage cette compétence de sécurité pour les transports ferroviaires avec d'autres régulateurs techniques comme l'*Eisenbahn Bundesamt* (« exploitation sûre », « *sicherer Betrieb* », cf. § 1er, al. 1er, 1° *AEG*).

La *BNetzA* est en ce sens aussi chargé de la mise en place des procédés de signature électronique[40].

---

[37] J. KÜHLING, *Regulierungsrecht als Infrastrukturregulierungsrecht oder mehr?, in* F.-J. SÄCKER/M. SCHMIDT-PREUSS (dir.), *Grundsatzfragen des Regulierungsrechts, op. cit.*, p. 57, évoquant par exemple le *Smart metering* pour l'énergie (§ 21g *EnWG*).

[38] M. AHLERS, *Dynamisierung des zu gewährleistenden Universaldienstes im Zuge des technischen Fortschritts unter besonderer Berücksichtigung eines eventuellen „Rechts auf schnellen Internetzugang, Bucerius Law Journal* 2/2015, p. 51 et s.

[39] J. WALTHER, « Un « modèle allemand » d'autorité de régulation pour l'Europe ? », *op. cit.*, p. 20 et s.

[40] *Die qualifizierte elektronische Signatur ist die Entsprechung zur herkömmlichen Unterschrift in der elektronischen Welt. Sie ermöglicht die langfristige Überprüfbarkeit der*

3. On retrouve des objectifs liés à la fourniture d'énergie : Il en va ainsi de la sécurité/fiabilité des approvisionnements énergétiques (§ 1er, al. 1er, 2° *EnWG* (« *Zuverlässigkeit* ») mais conjuguée à la protection de l'environnement (« *flächendeckende, sichere, ökologisch schonende Energieversorgung* ») et à l'aménagement du territoire.

Pour certains auteurs, c'est ici que l'opposition (ou la cohérence) entre le but premier de la régulation des réseaux (*Primäranliegen der Netzregulierung*), à savoir une concurrence effective et la sécurité de l'accès au réseau (§ 1er, al. 2 *EnWG*) et l'objectif secondaire qu'est la protection du climat et d'autres obligations nées du droit de l'environnement (*Sekundäranliegen der Umweltverträglichkeit*) est la plus délicate[41]. Si le § 1er de l'*EnWG* postule effectivement que ces deux objectifs sont au cœur du dispositif de régulation, la politique actuelle de transition énergétique du gouvernement allemand fait passer le second avant l'objectif initial qu'est l'ouverture à la concurrence. Ceci suppose que le régulateur soit capable d'exercer ce recalibrage de ses fonctions. Les régulateurs énergétiques allemands sont ainsi explicitement chargés de certains pans de la mise en œuvre de la transition énergétique : par exemple, le réseau de transport actuel n'étant pas adapté pour faire parvenir toutes les quantités d'énergie renouvelables des lieux de production (comme des sites de parcs éoliens *off-shore*) aux lieux de consommation, il faut l'adapter et le moderniser. Une procédure de planification (*Planungsverfahren*) a été mise en place dans la loi sur l'énergie et dans une loi idoine (loi d'accélération de construction de réseaux)[42] afin d'accélérer la planification proprement dite et faciliter les autorisations nécessaires. Cette loi règle notamment les procédures de planification fédérale pour les tracés des lignes : Le gouvernement fédéral peut, après approbation du *Bundesrat,* représentant des *Länder,* autoriser la *Bundesnetzagentur* à mettre en œuvre la procédure de planification en

---

Urheberschaft einer Erklärung im elektronischen Datenverkehr. Die Bundesnetzagentur ist die zuständige Behörde nach dem Signaturgesetz (SigG) und als solche mit dem Aufbau und der Überwachung einer sicheren und zuverlässigen Infrastruktur für qualifizierte elektronische Signaturen betraut.

[41] J.-Ch. PIELOW, *Regulierungsrecht als Infrastrukturregulierungsrecht oder mehr?*, *in* F.-J. SÄCKER/M. SCHMIDT-PREUSS (dir.), *Grundsatzfragen des Regulierungsrechts*, *op. cit.*, p. 41.

[42] *Netzausbaubeschleunigungsgesetz Übertragungsnetz* du 28 juillet 2011 (BGBl. I, p. 1690 et s.), mod. par une loi du 21 déc. 2015 (BGBl. I, p. 2490 et s.). Voir aussi H.-J. SCHEID/U. SPURNY/M. OTREMBA, *Perspektiven der Entwicklung von Stromnetzen in Deutschland, in* J. BÖTTCHER (dir.), *Stromleitungsnetze: Rechtliche und wirtschaftliche Aspekte*, éd. Gruyter, 2014, p. 1 et s.

ses différentes phases comme les enquêtes publiques, les études d'impact écologique, etc. La *Bundesnetzagentur* s'est vu en conséquence attribuer de nouvelles compétences et missions dans le cadre de cette planification[43].

Et les coûts de cette réallocation des moyens pour atteindre cet objectif de transition énergétique semblent être supportés par les consommateurs. Une critique en règle se fait entendre de la part d'économistes sur ces aspects, en particulier au regard des coûts externes nés de la transition énergitique allemande en terme de *carbon-leakage*. La régulation allemande n'est en effet pas assujettie à des analyses de rapport coûts-bénéfices (*costs-benefits*) contrairement au droit américain[44]. Comme certains objectifs sont constitutionnalisés, d'aucuns se sont posés la question d'éventuels recours devant la Cour constitutionnelle fédérale si l'un de ces objectifs venait trop à prendre le pas au détriment d'un autre[45].

4. Un autre point fondamental est l'aménagement du territoire : ceci est vrai tant pour l'énergie que pour les télécommunications ou les transports ferroviaires, avec la mise en place de réseaux couvrant l'intégralité du territoire fédéral – tant urbains que ruraux précisent les textes – ou la promotion de réseaux internet de dernière génération. On notera comme détail amusant que la réorganisation de la régulation elle-même, plus précisément la mise en place de la *Bundesnetzagentur,* a pu contribuer au réaménagement de la ville de Bonn alors que cette ville était grandement touchée par la perte de son statut de capitale fédérale ; elle est devenue par mesure de compensation, capitale de la régulation.

Cette redéfinition des objectifs de la régulation est-elle véritablement annonciatrice de nouveautés au-delà de réajustements ou de déséquilibres intersectoriels ou s'inscrit-elle au contraire dans ce qui fait la continuité du droit de la concurrence *lato sensu* allemand ?

---

[43] § 31 NABEG *« Zuständige Behörde »*. Cf. M. ERMANN/P. KÖCHLIN, *Zulassungsverfahren für Stromleitungen*, *in* J. BÖTTCHER (dir.), *Stromleitungsnetze: Rechtliche und wirtschaftliche Aspekte, op. cit.*, p. 94 et s.

[44] Voir synthétiquement J.-Ch. PIELOW, *Regulierungsrecht als Infrastrukturregulierungsrecht oder mehr?*, *in* F.-J. SÄCKER/M. SCHMIDT-PREUSS (dir.), *Grundsatzfragen des Regulierungsrechts*, *op cit.*, p. 42.

[45] *Ibid.*

II. – La concurrence régulée : des moyens au service d'une politique économique refondée

Les objectifs évoqués, l'idée d'un État-garant s'inscrivent dans la plus pure tradition allemande de l'ordolibéralisme et dans le concept même de l'*Ordnungspolitik* (A) – un argument qui facilite sûrement la réception/transposition de normes de l'Union européenne lesquelles sont assez souvent dans le même esprit. Pour atteindre ces objectifs, divers moyens sont discutés (B).

A. L'ordolibéralisme et le contrôle de la puissance privée

Depuis les écrits fondamentaux de l'École de Freiburg, cette question des objectifs du droit de la concurrence – et la régulation vient s'y rajouter logiquement – occupe une place centrale dans les considérations juridico-économiques des auteurs ordolibéraux[46]. Selon ces derniers, les activités de production, d'investissements, de distribution et d'exploitation des ressources ne peuvent fonctionner dans une économie de marché qu'à partir du moment où le cadre juridique de cette activité juridique est clairement posé[47]. Dans les zones sous occupation américaine et britannique tout d'abord puis après 1949 en RFA par la suite, divers modèles économico-juridiques se sont affrontés pour finalement déboucher sur un modèle de compromis que l'on a pu qualifier en langage politique d'« économie sociale de marché ».

Si la Loi Fondamentale ne contient pas de dispositions explicites sur le modèle économique à suivre, certaines constitutions des *Länder* sont parfois plus dissertes à ce sujet[48]. La Cour fédérale constitutionnelle reste prudente à ce sujet[49]. Mais la législation fédérale comme fédérée montre que le système est bien cadencé sur l'économie sociale de marché. Celui-ci est assez largement d'inspiration ordolibérale. Les économistes parleront pour ce modèle d'*Ordnungspolitik* et les juristes, pour interpréter ce modèle

---

[46] Voir H. RABAULT (dir.), *L'ordolibéralisme. Aux origines de l'École de Fribourg en Brisgau*, éd. L'Harmattan, 2016.

[47] R. STOBER, *Allgemeines Wirtschaftsverwaltungsrecht*, *op. cit.*, p. 197 et s.

[48] Voir les arts. 42, al. 2 Cst. du Brandebourg, 51 Cst. de Rhénanie-Palatinat, 38 Cst. de Thuringe qui évoquent une « économie sociale de marché écologique »). La doctrine souligne cependant qu'au vu des délimitations de compétences entre *Bund* et *Länder* (cf. arts. 31 ainsi que 72 et s. *GG*) ces déclarations n'ont que peu de poids.

[49] R. STOBER, *Allgemeines Wirtschaftsverwaltungsrecht*, *op. cit.*, p. 36 et s.

d'économie de marché comme tenant d'un modèle normatif incluant la Loi Fondamentale comme constitution politique, renverront à la notion de « constitution économique »[50]. Celle-ci pour Walter Eucken est entendue comme étant « le fondement des décisions d'ensemble sur l'ordre de la vie économique »[51]. L'État se limiterait à poser le cadre légal de l'activité économique, celle-ci se déroulant ensuite librement selon les règles du marché[52]. La politique de concurrence n'est pas une fin en soi dans ce modèle, elle est un instrument contre l'abus de puissance privée. Le but de la régulation, c'est bien d'organiser les comportements privés sur les marchés afin de les obliger à respecter l'intérêt général[53]. C'est ainsi que les ordolibéraux mettent l'accent dès les années 1930 sur l'idée d'un régulateur, de « l'État-arbitre ».

L'économie sociale de marché qui était axée sur la protection purement économique des plus faibles (dans le sens d'une redistribution quantifiée) se voit à notre époque enrichie par des considérations autres, comme par exemple environnementales. La constitution économique était vue comme un complément à la constitution politique, devant contribuer à la liberté par la consolidation de la richesse générale. Car pour les ordolibéraux, les ruptures économiques sont un danger direct pour la liberté et la stabilité politique – la crise de l'entre-deux guerres la démontré avec la montée des extrêmes droites et extrêmes gauches. La constitution moderne, la Loi Fondamentale de 1949 prévoit maintenant d'autres objectifs (comme la protection de l'environnement à l'article 20a, juste après le principe de l'État de droit ainsi que les fonctions de l'État-garant aux articles 87 e et f évoqués *supra*). La constitution économique doit en conséquence être relue à l'aune de ces changements afin de rester le complément de la constitution politique.

---

50 Voir L.-J. CONSTANTINESCO, « La constitution économique de la République fédérale », *Rev. Economique*, Vol. 11, n° 2, 1960, p. 266 et s. ; K. W. NÖRR, *"Economic Constitution": On the Roots of a Legal Concept, Journal of Law and Religion*, vol. 11, n° 1 (1994 - 1995), p. 343 et s.

51 W. EUCKEN, *Grundlagen der Nationalökonomie*, 1965, p. 52. Voir H. RABAULT, « L'idée de „constitution économique" chez Walter Eucken », *in* H. RABAULT (dir.), *L'ordolibéralisme*, *op. cit.*, p. 51 et s.

52 Voir M. SPOERER/J. STREB, *Neue deutsche Wirtschaftsgeschichte des 20. Jahrhunderts*, éd. Oldenbourg, 2013, p. 102.

53 O. LEPSIUS, § 19 *Ziele der Regulierung*, *in* M. FEHLING/M. RUFFERT (dir.), *Regulierungsrecht*, *op. cit.*, n° 1.

Le risque est peut-être de dénaturer et de brouiller les compétences – et de créer une redondance des moyens employés.

B. L'adéquation des moyens ?

Pour Franz Böhm, un des pères de la loi sur la concurrence allemande actuelle[54], et l'école ordolibérale en général, la question des outils était dès le départ fondamentale. Comment remplir cette mission de régulateur ? Les outils de la régulation sectorielle sont d'abord nés du droit de la concurrence – c'est particulièrement évident dans le cas allemand dans lequel la *Bundesnatzagentur* a été calquée sur le *Bundeskartellamt*.

Pour Böhm qui en fait le constat dès les années 1920-30, les instruments classiques du code civil allemand *(BGB)* ne sont pas adéquats pour expliquer ou lutter contre les dérives anticoncurrentielles. Il en va ainsi des nullités pour des atteintes aux bonnes mœurs économiques (*Sittenwidrigkeit*) du § 138 *BGB*. L'application de ces textes par les juridictions s'est avérée être peu efficace pour endiguer les cartels. Il faut alors aborder les problèmes sous un angle radicalement neuf afin que le juriste privatiste puisse retrouver sa place dans un nouvel ordre des choses. Car pour le droit de la concurrence ou de la régulation allemand, l'environnement est d'abord contractuel, il relève des liens tissés entre les acteurs privés que sont les entreprises en situation de concurrence. Il est évident que les échanges, l'activité économique, existent par la volonté des personnes privées et par le truchement des mécanismes contractuels : la liberté contractuelle, l'autonomie de la volonté doivent être respectées ou aménagées. Mais les règles elles-mêmes qui gouvernent ces échanges ne sont pas à la libre disposition des parties privées, elles ne peuvent être modifiées par la volonté des cocontractants. Pour reprendre une image chère à Böhm et tirée des échecs, il s'agit de faire la différence entre le choix de la règle du jeu et des prochains coups à jouer – seuls ces derniers sont à la discrétion des joueurs[55]. Le standard pour savoir si les méthodes employées, les coups joués, sont encore admissibles est de faire *« als ob »* (« comme si » - *« as if »*) les

---

[54] Voir pour l'analyse de travaux de F. BÖHM, J. WALTHER, « Prométhée enchaîné ou la puissance maîtrisée – Le « lien génétique » entre droit privé et concurrence dans l'œuvre de Franz Böhm (1895-1977) », *in* H. RABAULT (dir.), *L'ordolibéralisme*, *op. cit.*, p. 95 et s.

[55] C. MONGOUACHON, « L'ordolibéralisme : Contexte historique et contenu dogmatique », *Concurrences*, 4/2011, p. 72, parle de « l'exercice du jeu ».

monopolistes étaient encore des concurrents normaux[56]. Si c'est le cas, s'ils utilisent les moyens concurrentiels qu'utiliserait un concurrent normal, la puissance privée peut s'exercer en dehors de toute intervention étatique, on reste dans un contexte de *Leistungswettbewerb,* de concurrence par les mérites. Sinon, l'entreprise ou le cartel agit en monopoliste contre la libre-concurrence et l'État doit alors corriger ce déséquilibre fondamental né la conjonction de la puissance privée[57].

L'outil central pour ce faire est la sanction pécuniaire prononcée par une autorité de concurrence, complétée par l'injonction comportementale comme structurelle[58]. Or, cette sanction est dans le modèle allemand déjà largement de nature répressive. Car si elle n'est pas une peine au sens propre, elle en est proche tant par ses fonctions que dans sa généalogie. La discussion actuelle sur le *Private enforcement* souligne de plus l'importance d'actions en responsabilité initiées par les victimes des comportements anticoncurrentiels[59].

Pour le régulateur sectoriel, s'ajoute le contrôle *stricto sensu* des prix d'accès au réseau (*Entgeltkonkrolle*)[60] ainsi que la politique de l'incitation par les prix ou les coûts. (*Anreizregulierung*)[61]. Ces

---

[56] F. BÖHM, *Kartellauflösung und Konzernentflechtung. Spezialistenaufgabe oder Schicksalsfrage?*, 1947, *in Franz Böhm, Entmachtung durch Wettbewerb*, T. ROSER/W. OSWALT (Dir.), éd. Lit, 2007, p. 81 et s.

[57] *Ibid.*

[58] § 30 EnWG : „ *(2) Die Regulierungsbehörde kann einen Betreiber von Energieversorgungsnetzen, der seine Stellung missbräuchlich ausnutzt, verpflichten, eine Zuwiderhandlung gegen Absatz 1 abzustellen. Sie kann den Unternehmen alle Maßnahmen aufgeben, die erforderlich sind, um die Zuwiderhandlung wirksam abzustellen. Sie kann insbesondere*

1. Änderungen verlangen, soweit die gebildeten Entgelte oder deren Anwendung sowie die Anwendung der Bedingungen für den Anschluss an das Netz und die Gewährung des Netzzugangs von der genehmigten oder festgelegten Methode oder den hierfür bestehenden gesetzlichen Vorgaben abweichen, oder

2. in Fällen rechtswidrig verweigerten Netzanschlusses oder Netzzugangs den Netzanschluss oder Netzzugang anordnen.“

[59] Ch. ALEXANDER, *Private Rechtsdurchsetzung im Regulierungsrecht, in* F.-J. SÄCKER/M. SCHMIDT-PREUSS (dir.), *Grundsatzfragen des Regulierungsrechts, op. cit.*, p. 119 et s.

[60] Pour l'énergie voir G. BRUCKER, *Rechtliche Rahmenbedingungen - Energiemarktregulierung und ihre Instrumente in* J. BÖTTCHER (dir.), *Stromleitungsnetze: Rechtliche und wirtschaftliche Aspekte, op. cit.*, p. 65 et s.

[61] Sur l'incitation par les prix ou les coûts : B. HESS, *Das volkswirtschaftliche Profil einer effizienten Anreizregulierung, in* F.-J. SÄCKER/W. BUSSE VON COLB (dir.), *Wettbewerbsfördernde Anreizregulierung – Zum Anreizregulierungsbericht der Bundesnetzagentur vom 30. Juni 2006.* Frankfurt/M., 2007, p. 1 et s. Voir aussi pour l'énergie, R. KREMP/M. SEIDEL/M. JÄSCHKE, *Netzentgelte und Anreizregulierung et D. Schober/S. Heim/G. Goetz, Ökonomische Aspekte von Stromleitungsnetzen in* J. BÖTTCHER

dernières mesures sont censées avoir des répercussions positives sur le prix pour le consommateur client résidentiel final et s'inscrivent dans cette fonction de protection du consommateur. Une des difficultés est toujours de savoir qui des autorités de la concurrence ou du régulateur sectoriel va être en charge dudit contrôle[62].

Le débat actuel allemand porte sur la nécessité ou non de repénaliser certains pans du contrôle de l'activité économique[63]. Le point central de cette discussion porte sur la mise en place d'une incrimination pénale visant les comportements de *hardcore cartels*, d'ententes particulièrement brutales. Rien n'empêcherait de réguler une politique concertée de barrage à des infrastructures essentielles que sont les réseaux par l'outil pénal. Cette discussion va de pair avec une éventuelle introduction de la responsabilité pénale des personnes morales, inconnue pour l'heure en droit allemand. On perçoit tout de suite que la sanction pénale n'est pas forcément adaptée aux diverses fonctions secondaires évoquées plus haut comme la protection de l'environnement ou du consommateur. Même si la question d'une réelle pénalisation ne se pose pas actuellement pour le droit de la régulation sectorielle proprement dit, il faut observer que celle-ci puise déjà dans le droit pénal et la procédure pénale certains de ses mécanismes coercitifs[64]. La *Bundesnetzagentur* a ainsi la possibilité

(dir.), *Stromleitungsnetze: Rechtliche und wirtschaftliche Aspekte*, *op. cit.*, respectivement p. 229 et s. ainsi que p. 285 et s.

[62] J. WALTHER, « L'interrégulation en Allemagne : entre partage et coopération », *in* G. ECKERT/J.-P. KOVAR (dir.), *L'interrégulation*, éd. L'Harmattan, 2015, p. 97 et s.

[63] Voir G. DANNECKER, *Der strafrechtliche Schutz des Wettbewerbs: Notwendigkeit und Grenzen einer Kriminalisierung von Kartellrechtsverstößen*, *in* U. SIEBER/G. DANNECKER/U. KINDHÄUSER/J. VOGEL/T. WALTER (dir.), *Festschrift (Mélanges) Tiedemann*, 2008, p. 789 et s. ainsi que le *XX. Hauptgutachten der Monopolkommission*; approuvant cette idée de pénalisation, F. WAGNER-VON PAPP, *Kriminalisierung von Kartellen*, *WuW*, 2010, p. 268 et s.; *idem*, *Privatrechtliche oder strafrechtliche Durchsetzung des Kartellrechts*? *in* W. MÖSCHEL/F. BIEN (dir.), *Kartellrechtsdurchsetzung durch private Schadenersatzklagen*?, 2010, Nomos, Baden-Baden, p. 267 et s.; J. BIERMANN, *Neubestimmung des deutschen und europäischen Kartellsanktionenrechts: Reformüberlegungen, Determinanten und Perspektiven einer Kriminalisierung von Verstößen gegen das Kartellrecht*, *ZWeR*, 2007, p. 1 et s.; voir aussi F.-J. SÄCKER, *Kronzeugenregelung – weiter so "pragmatisch" wie bisher? WuW*, 2009, p. 3 et s. *Contra*, M. DREHER, *Wider die Kriminalisierung des Kartellrechts*, *WuW*, 2011, p. 232 et s.; A. BRÄUNIG, *Wider die Strafbarkeit von „Hardcore-Kartellen" de lege ferenda*, *HRRS*, 10/2011, p. 425 et s.; comparer avec J.-B. BLAISE, « La sanction pénale », *JCP*, *éd. E* 2013, n° 1170 aussi sous *Concurrences*, 1/2013, p. 23 et s. ; G. PARLEANI, « La sanction pénale des pratiques anticoncurrentielles : Essai d'une problématique », *Concurrences*, 1/2008, p. 3 et s.

[64] J. WALTHER, « Les pouvoirs d'enquête de la police aux confins du droit pénal – entre polices administratives et administrations quasi-policières/*polizeiliche Maßnahmen und Grenzen des Strafrechts – zwischen Verwaltungspolizei und polizeilicher Verwaltung* », *in* J.

de prononcer des sanctions pécuniaires contre des entreprises qui abuseraient de leur position dominante. C'est une logique qui procède de celle du *Bundeskartellamt*. Pour l'autorité de la concurrence et l'autorité de régulation, deux corps de règles procéduraux sont en effet applicables, une de nature administrative pour ce qui est des injonctions aux entreprises (application des règles de la loi sur la concurrence - *GWB* et de la *VwGO* (ordonnance sur la procédure devant les juridictions administratives), une autre de nature « pénale » visant au prononcé de sanction à l'encontre de ces dernières. Pour ce qui est de cette procédure de sanction (*Bußgeldverfahren*), les textes renvoient expressément aux règles de la procédure pénale[65]. On y retrouve donc tous les traits marquants de la procédure pénale allemande avec toutefois des nuances significatives[66]. À l'identique, si la nature des peines et des sanctions diffère en principe, elles restent comparables par leurs fonctions répressives et préventives. Et comment pour le droit allemand distinguer alors certaines mesures de sûreté des injonctions des autorités ? On peut faire le parallèle avec le droit français et la difficulté d'y tracer la frontière entre des injonctions structurelles et comportementales et certaines peines complémentaires comme des interdictions professionnelles ou les fermetures d'établissement.

Pour conclure, si l'équilibre entre les différents objectifs semble difficilement réalisable, les moyens employés semblent aussi devoir varier en fonctions de ceux-ci. Si une réflexion sur une pénalisation de certains comportements massivement anti-concurrentiels *(« hardcore cartels »)* semble à la rigueur pouvoir faire sens, les objectifs sociaux, environnementaux ou d'aménagement du territoire échappent vraisemblablement pour une grande part à cette logique très coercitive. Mentionnons simplement ici ce que la professeure

---

LEBLOIS-HAPPE (dir.), *Les investigations policières/Die polizeilichen Ermittlungen*, éd. PUAM, 2012, p. 65 et s.

[65] Le paragraphe 82, al. 1er de la *GWB* renvoie en effet au paragraphe 46, al. 1er de l'*OWiG* lequel renvoie à son tour à la *StPO* : § 46 *OWiG* : *« Anwendung der Vorschriften über das Strafverfahren*

(1) Für das Bußgeldverfahren gelten, soweit dieses Gesetz nichts anderes bestimmt, sinngemäß die Vorschriften der allgemeinen Gesetze über das Strafverfahren, namentlich der Strafprozeßordnung, des Gerichtsverfassungsgesetzes und des Jugendgerichtsgesetzes.

(2) Die Verfolgungsbehörde hat, soweit dieses Gesetz nichts anderes bestimmt, im Bußgeldverfahren dieselben Rechte und Pflichten wie die Staatsanwaltschaft bei der Verfolgung von Straftaten. »

[66] Voir par ex. le § 70 *EnWG* sur les saisies et le renvoi aux règles de la procédure pénale (*StPO*).

Fréderique Berrod évoquait à l'occasion de ces journées – à savoir les notions « d'écosystème juridique » et « d'orientations », de labellisation, certification –, notions aux antipodes du droit pénal. À l'identique, les préoccupations relatives à la protection du consommateur ne nécessitent pas toujours l'application de normes pénales. Et lorsque le droit pénal est appelé au secours du droit de la consommation, on perçoit souvent les limites, voire l'inanité de ces mécanismes, avec par exemple l'incrimination de l'obsolescence programmée[67], très discutable sous l'angle du principe de la légalité criminelle et de la nécessaire précision de la loi pénale. Et les frontières entre les fonctions du juge et du régulateur n'en deviennent pas plus précises, loin s'en faut…

---

[67] Voir l'art. L 213-4-1 du code de la consommation créé par la loi n° 2015-992 du 17 août 2015 relative à la transition énergétique pour la croissance, JORF n° 189 du 18 août 2015, p. 14263 : « I. L'obsolescence programmée se définit par l'ensemble des techniques par lesquelles un metteur sur le marché vise à réduire délibérément la durée de vie d'un produit pour en augmenter le taux de remplacement.
II. L'obsolescence programmée est punie d'une peine de deux ans d'emprisonnement et de 300 000 € d'amende.
III. Le montant de l'amende peut être porté, de manière proportionnée aux avantages tirés du manquement, à 5 % du chiffre d'affaires moyen annuel, calculé sur les trois derniers chiffres d'affaires annuels connus à la date des faits. ». Voir déjà N. DUPONT, « Peut-on en finir avec l'obsolescence programmée ? », *CCC*, 10/2014, étude n°10.

Troisième partie :
L'articulation des objectifs

La régulation hybride des conditions d'accès aux terminaux méthaniers

Guillaume DEZOBRY[1]

Depuis l'adoption des deuxième et troisième paquets Énergie, les conditions d'accès à certaines infrastructures – et notamment aux terminaux méthaniers – sont déterminées soit par l'application des règles classiques de l'accès des tiers au réseau, soit par l'application de règles dérogatoires laissant plus de libertés au gestionnaire de l'infrastructure. Si la coexistence de deux modes de régulation distincts pour l'accès à des infrastructures similaires est justifiée par la poursuite d'objectifs différents[2], elle pose nécessairement question dès lors que les infrastructures en cause sont potentiellement en concurrence.

Rappelons de manière liminaire que le gaz naturel peut prendre la forme liquide lorsqu'il est refroidi à moins 160°C ; on parle alors de gaz naturel liquéfié (GNL). Pour une même quantité de gaz naturel, le volume du GNL est environ 600 fois inférieur à celui de son état gazeux. Il peut ainsi être chargé sur des bateaux et transporté en quantités importantes permettant aux États importateurs de diversifier leurs sources d'approvisionnement.

Afin de décharger leurs cargaisons de GNL, les méthaniers doivent accoster dans des ports disposant d'équipements spécifiques permettant de retransformer le GNL en gaz afin de l'injecter dans les réseaux de transport.

---

[1] Avocat *of counsel* au cabinet FIDAL, Maître de conférences en droit public à l'Université d'Amiens.

[2] Alors que les règles de l'accès des tiers au réseau ont pour objet de limiter l'exercice par le gestionnaire de l'infrastructure de son pouvoir de marché en favorisant ainsi un marché du service ou du produit plus compétitif, les règles dérogatoires ont pour but de favoriser les investissements dans ces infrastructures.

Ces équipements – les terminaux méthaniers – assurent classiquement quatre fonctions.

- En premier lieu, ces infrastructures permettent aux méthaniers (navires d'environ 200 à 300 mètres) d'accoster afin de réceptionner et décharger leur cargaison de gaz sous sa forme liquide.
- En deuxième lieu, les terminaux méthaniers permettent de stocker le GNL dans des réservoirs à -160°C.
- En troisième lieu, les infrastructures doivent permettre de regazéifier le GNL en fonction des besoins du réseau.
- En quatrième lieu, le GNL regazéifié est odorisé et injecté sur le réseau de transport.

Au niveau de l'Union européenne, le GNL est un maillon clé de la politique énergétique. En effet, il permet de diversifier les sources d'approvisionnement et de réduire la dépendance à certains pays producteurs.

Représentant aujourd'hui environ 10% des importations de gaz au niveau de l'Union européenne, les perspectives de croissance sont importantes et la part du GNL pourrait atteindre les 30% à l'horizon 2030[3]. Les importations de GNL en Europe devraient donc continuer à augmenter ; le marché bénéficiant des prix bas.

Dans ce contexte, le cadre régulatoire applicable à ces infrastructures joue un rôle déterminant dans le choix des investisseurs potentiellement intéressés par ces marchés.

Dans un premier temps, les terminaux méthaniers ont été assimilés à des infrastructures de réseau et étaient soumis à la même régulation.

Comme le soulignait le groupe de travail mis en place par le régulateur français en 2007, « [t]raditionnellement, les terminaux gaziers étaient considérés comme des infrastructures essentielles faisant partie des infrastructures gazières aval (come les gazoducs de transit et de transport) et, à ce titre, soumises à la régulation de l'accès des tiers »[4].

---

[3] Présentation de l'Association française du gaz, « L'industrie gazière, un atout pour la France », 2016.

[4] *La régulation des terminaux méthaniers en France*, Rapport de synthèse du groupe de travail, avril 2008, p. 14

Cela ressortait notamment de la définition du réseau à l'article 2 de la directive 98/30/CE du 22 juin 1998 concernant des règles communes pour le marché intérieur du gaz naturel qui précisait qu'il s'agit de « tout réseau de transport et/ou de distribution et/ou toute installation de GNL détenu et/ou exploité par une entreprise de gaz naturel, y compris ses installations fournissant des services auxiliaires et celles des entreprises liées nécessaires pour donner accès au transport et à la distribution »[5].

Dès lors, les conditions d'accès aux installations de GNL, c'est-à-dire à tout « terminal utilisé pour la liquéfaction du gaz naturel ou le déchargement, le stockage et la regazéification du GNL », étaient les mêmes que celles liées à l'accès aux autres composantes du réseau[6].

Avec l'adoption du deuxième paquet Énergie[7], les conditions d'accès aux terminaux méthaniers évoluent et, à côté du cadre régulatoire classique d'accès des tiers, un dispositif dérogatoire est mis en place.

Ce dispositif sera confirmé et renforcé avec l'adoption de la directive 2009/73/ CE du 13 juillet 2009[8].

Après avoir souligné que cette double régulation s'explique par la poursuite d'objectifs distincts (I), il conviendra de montrer qu'elle ne va pas sans poser certaines difficultés (II).

I. – La régulation de l'accès aux terminaux méthaniers en droit de l'Union européenne : une régulation hybride

Afin de favoriser les investissements dans les nouveaux terminaux méthaniers, une double régulation a été mise en place (A). Ainsi, à côté des conditions d'accès classiques des tiers au réseau, des

---

[5] Directive 98/30/CE du 22 juin 1998 concernant des règles communes pour le marché intérieur du gaz naturel, JOCE L 204 du 21 juillet 1998, p. 1.

[6] L'article 14 de la directive précitée précisait ainsi que : « Pour l'organisation de l'accès au réseau, les États membres peuvent opter pour l'une ou l'autre des formules visées aux articles 15 et 16 » (c'est-à-dire l'accès négocié au réseau ou l'accès réglementé).

[7] Directive 2003/55/CE du Parlement européen et du Conseil du 26 juin 2003 concernant des règles communes pour le marché intérieur du gaz naturel et abrogeant la directive 98/30/CE, JOUE L 176 du 15 juillet 2003, p. 57.

[8] Directive 2009/73/CE du Parlement européen et du Conseil du 13 juillet 2009 concernant des règles communes pour le marché intérieur du gaz naturel et abrogeant la directive 2003/55, JOUE L 211 du 14 août 2009, p. 94.

conditions dérogatoires peuvent être accordées pour certains projets (B).

A. La double régulation des terminaux méthaniers

De manière classique, la directive 2009/73/CE prévoit que l'accès aux terminaux méthaniers est, par principe, soumis à une régulation de l'accès des tiers au réseau. L'article 32§1 précise ainsi que :

> « Les États membres veillent à ce que soit mis en place, pour tous les clients éligibles, y compris les entreprises de fourniture, un système d'accès des tiers aux réseaux de transport et de distribution ainsi qu'aux installations de GNL. Ce système, fondé sur des tarifs publiés, doit être appliqué objectivement et sans discrimination entre les utilisateurs du réseau. Les États membres veillent à ce que ces tarifs, ou les méthodes de calcul de ceux-ci, soient approuvés avant leur entrée en vigueur conformément à l'article 41 par une autorité de régulation visée à l'article 39, paragraphe 1, et à ce que ces tarifs et les méthodes de calcul, lorsque seules les méthodes de calcul sont approuvées, soient publiés avant leur entrée en vigueur ».

Une lecture combinée de ces dispositions avec celles du règlement 715/2009/CE du 13 juillet 2009 concernant les conditions d'accès aux réseaux de transport de gaz naturel[9] permet de préciser les conditions d'accès, notamment du point de vue financier, dans la mesure où il convient d'orienter le tarif d'accès vers les coûts.

L'article 13 du règlement 715/2009/CE précise, en effet, que :

> « Les tarifs, ou leurs méthodologies de calcul, appliqués par les gestionnaires de réseau de transport et approuvés par les autorités de régulation conformément à l'article 41, paragraphe 6, de la directive 2009/73/CE, **ainsi que les tarifs publiés conformément à l'article 32, paragraphe 1, de ladite directive**, sont transparents, tiennent compte de la nécessaire intégrité du réseau et de la nécessité de l'améliorer, et **reflètent les coûts réels supportés, dans la mesure où ces coûts**

[9] Règlement 715/2009/CE du Parlement européen et du Conseil du 13 juillet 2009 concernant les conditions d'accès aux réseaux de transport de gaz naturel et abrogeant le règlement 1775/2005/CE, JOUE L 211 du 14 août 2009, p. 36.

correspondent à ceux d'un gestionnaire de réseau efficace et ayant une structure comparable et sont transparents, tout en comprenant un rendement approprié des investissements, et prennent en considération, le cas échéant, les analyses comparatives des tarifs réalisées par les autorités de régulation. Les tarifs, ou leurs méthodologies de calcul, sont appliqués de façon non discriminatoire ».

A côté de ces conditions d'accès classiques, la directive 2009/73/CE prévoit des conditions d'accès dérogatoires pour les nouvelles infrastructures[10].

L'article 36§1 précise ainsi que :

> « Les nouvelles grandes infrastructures gazières, à savoir les interconnexions, les installations de GNL ou de stockage peuvent, sur demande, bénéficier pendant une durée déterminée d'une dérogation aux dispositions figurant aux articles 9, 32, 33 et 34 et à l'article 41, paragraphes 6, 8 et 10 »

Cette dérogation offre au gestionnaire de l'infrastructure une plus grande marge de manœuvre dans la détermination des conditions d'accès dans la mesure où il n'est plus tenu de respecter les principes mentionnés à l'article 32 ni obtenir l'approbation ou l'accord de l'autorité de régulation sectorielle[11].

En d'autres termes, la régulation des conditions d'accès à ces infrastructures change de nature : d'une régulation *ex ante* exercée par l'autorité de régulation sectorielle, on passe à une régulation *ex post* exercée, notamment, par les autorités de concurrence et qui consiste à sanctionner les comportements anticoncurrentiels.

---

[10] Conformément à l'article 2 de la directive 2009/73/CE, une infrastructure nouvelle est « une infrastructure qui n'est pas achevée au plus tard le 4 août 2003 ».

[11] La dérogation porte également sur l'article 41§6 qui précise que « Les autorités de régulation se chargent de fixer ou d'approuver, suffisamment à l'avance avant leur entrée en vigueur, au moins les méthodes utilisées pour calculer ou établir les conditions de raccordement et d'accès aux réseaux nationaux, y compris les tarifs de transport et de distribution et les conditions et tarifs d'accès aux installations de GNL. Ces tarifs ou méthodes permettent de réaliser les investissements nécessaires à la viabilité des réseaux et des installations de GNL ».

B. Les conditions du bénéfice du régime dérogatoire

Pour pouvoir bénéficier de ce régime favorable, le gestionnaire du terminal méthanier doit obtenir de l'autorité de régulation sectorielle une dérogation qui ne lui sera accordée que si plusieurs conditions sont remplies.

En premier lieu, la dérogation n'est accordée qu'aux « nouvelles infrastructures ». Conformément aux dispositions de l'article 2§33 de la directive 2009/73CE, les nouvelles infrastructures sont celles qui ne sont pas achevées « au plus tard le 4 août 2003 ».

On notera, en outre, que la dérogation mentionnée à l'article 36§1 peut être accordée « aux augmentations significatives de la capacité des infrastructures existantes »[12].

En deuxième lieu, la dérogation ne peut être accordée que si l'infrastructure appartient « à une personne physique ou morale qui est distincte, au moins sur le plan de la forme juridique, des gestionnaires de réseau dans les réseaux desquels elle sera construite »[13].

En troisième lieu, la dérogation n'est accordée que si l'investissement envisagé est particulièrement risqué. En d'autres termes, les conditions plus favorables dans lesquelles le gestionnaire de l'infrastructure pourra exercer son activité sont une contrepartie du niveau élevé du risque qu'il prend en réalisant son investissement.

L'article 36§1 de la directive 2009/73/CE précise, en effet, que « le niveau de risque lié à l'investissement doit être tel que cet investissement ne serait pas réalisé si une dérogation n'était pas accordée ».

En quatrième lieu, la nouvelle infrastructure doit permettre de renforcer la concurrence dans la fourniture de gaz et améliorer la sécurité d'approvisionnement [14]. Corrélativement, l'autorité de régulation sectorielle doit veiller à ce que la dérogation ne porte pas atteinte à « la concurrence ou au bon fonctionnement du marché intérieur du gaz naturel ni à l'efficacité du fonctionnement du réseau réglementé auquel l'infrastructure est reliée »[15].

---

[12] Dir., 2009/73/CE, art. 36§2.
[13] Dir., 2009/73/CE, art. 36§1(c).
[14] Dir., 2009/73/CE, art. 36§1(a).
[15] Dir., 2009/73/CE, art. 36§1(e).

Au terme d'une appréciation menée au cas par cas, et après avoir vérifié que les conditions précédemment rappelées sont remplies, l'autorité de régulation sectorielle peut accorder la dérogation au gestionnaire du terminal méthanier. Cette dérogation est accordée pour une durée déterminée, elle peut couvrir tout ou partie de la capacité de la nouvelle infrastructure et peut prévoir ou non que les conditions de l'accès à l'infrastructure devront être non discriminatoires[16].

Enfin, il est important de souligner que la Commission européenne exerce un contrôle sur la décision rendue.

D'une part, elle est tenue informée par les autorités de régulation sectorielle des différentes demandes de dérogation dont elles sont saisies. L'article 36§8 de la directive 2009/73/CE précitée énonce, à cet égard, que :

> « L'autorité de régulation transmet sans délai à la Commission une copie de chaque demande de dérogation, dès sa réception. L'autorité compétente notifie sans délai à la Commission la décision ainsi que toutes les informations utiles s'y référant. [...]. Ces informations comprennent notamment :
>
> a) les raisons détaillées sur la base desquelles l'autorité de régulation ou l'État membre a octroyé ou refusé la dérogation ainsi qu'une référence au paragraphe 1 comprenant le ou les points pertinents dudit paragraphe sur lequel cette décision se base, y compris les données financières démontrant qu'elle était nécessaire ;
>
> b) l'analyse effectuée quant aux incidences de l'octroi de la dérogation sur la concurrence et le bon fonctionnement du marché intérieur du gaz naturel ;
>
> c) les raisons justifiant la durée et la part de la capacité totale de l'infrastructure gazière concernée pour laquelle la dérogation est octroyée ;
>
> [...]
>
> e) la contribution de l'infrastructure à la diversification de l'approvisionnement en gaz ».

[16] Dir., 2009/73/CE, art. 36§6.

D'autre part, la Commission peut exiger de l'autorité nationale qu'elle modifie ou retire sa décision. Ainsi, l'article 36 de la directive 2009/73/CE énonce que :

> « 9. Dans un délai de deux mois à compter du jour suivant la réception d'une notification, la Commission peut arrêter une décision exigeant que l'autorité de régulation modifie ou retire la décision d'accorder la dérogation. [...].
>
> L'autorité de régulation se conforme à la décision de la Commission demandant la modification ou le retrait de la décision de dérogation dans un délai d'un mois et en informe la Commission ».

Au final, deux éléments doivent être relevés.

Tout d'abord, d'un point de vue organique, le rôle important des autorités de régulation sectorielle doit être souligné.

Ensuite, d'un point de vue matériel, on peut relever que les conditions d'accès à un terminal méthanier peuvent être très différentes en fonction de l'obtention ou non d'une dérogation par son gestionnaire.

II. – Une double régulation justifiée mais compliquée en pratique

Les deux modes de régulation précédemment présentés poursuivent des objectifs très différents (A). La coexistence de ces deux régimes juridiques et leur application à des infrastructures potentiellement en concurrence posent certaines difficultés (B).

A. Une double régulation justifiée par la poursuite d'objectifs distincts

La double régulation mise en place pour l'accès aux terminaux méthaniers s'explique par la poursuite d'objectifs distincts : si la régulation classique précédemment présentée permet d'accompagner l'ouverture à la concurrence d'une industrie de réseau en garantissant un accès des tiers aux infrastructures à des conditions raisonnables et non discriminatoires, elle ne favorise pas l'investissement dans les nouvelles infrastructures, ce qui peut justifier la mise en place d'une régulation alternative plus souple.

Rappelons que, du point de vue économique, le principe d'orientation vers les coûts est généralement appliqué pour déterminer les conditions d'accès à une infrastructure qualifiée d'essentielle.

Ainsi, pour le Conseil de la concurrence, devenu depuis l'Autorité de la concurrence, le principe d'orientation vers les coûts fait partie des « grands principes tarifaires à appliquer aux redevances d'accès à une infrastructure essentielle »[17].

L'application de ce principe est perçue comme le moyen de « favoriser l'émergence de nouveaux marchés et d'accompagner utilement le processus de libéralisation de secteurs anciennement sous monopole »[18].

Le Conseil de la concurrence ajoute que « l'orientation vers les coûts permet, dans un contexte d'ouverture à la concurrence d'un secteur, d'atteindre des objectifs de régulation qui vont au-delà de la simple instauration de conditions de concurrence efficaces sur les marchés concernés »[19].

Toutefois, réguler l'accès à une infrastructure en appliquant de telles conditions peut décourager les investissements dans de nouvelles infrastructures similaires.

En effet, le mode de régulation influence les choix des investisseurs. Dès lors que le cadre juridique impose au gestionnaire d'une infrastructure – un terminal méthanier par exemple – d'accorder l'accès à des conditions non discriminatoires et à un prix orienté vers les coûts, l'investissement peut paraître moins intéressant et la décision d'investir peut être remise en cause.

Dans une telle hypothèse, si le cadre régulatoire favorise l'émergence de la concurrence sur le marché aval, c'est-à-dire sur le marché du gaz, il ne produit pas d'effets positifs sur l'efficacité dynamique du marché des infrastructures dans la mesure où il ne place pas les opérateurs dans les meilleures conditions pour rentabiliser leurs nouveaux investissements.

---

[17] Cons. conc., avis n° 00-A-21 du 6 septembre 2000 relatif aux tarifs d'utilisation des réseaux publics de transport et de distribution d'électricité.

[18] Conseil de la concurrence, XVIIe Rapport d'activité, 2003, Etudes thématiques, « L'orientation vers les coûts », préc., spéc. p. 67.

[19] *Ibid.*, spéc. p. 73.

C'est précisément pour encourager les investissements dans les nouvelles infrastructures qu'une régulation alternative et dérogatoire a été mise en place.

Rappelons qu'au début des années 2000, les perspectives de croissance du GNL au niveau mondial étaient importantes. En outre, le développement de cette filière – qui renforce la sécurité d'approvisionnement au niveau de l'Union européenne en faisant diminuer la dépendance au gaz importé par pipelines – devait être encouragé.

Or, pour les acteurs du GNL, l'un des enjeux principaux est de sécuriser la filière d'acheminement jusqu'à l'injection des molécules de gaz dans les réseaux de transport du pays de destination.

Dans cette perspective, le terminal méthanier apparaît davantage comme le dernier maillon de la chaîne de production de gaz que comme la première infrastructure du réseau. Ce changement de paradigme s'est traduit par une évolution des conditions d'accès et un assouplissement de la régulation.

Avant d'être adoptée en droit de l'Union européenne, la réforme des conditions d'accès aux nouveaux terminaux méthaniers a d'abord été mise en œuvre aux États-Unis.

Ainsi, dans sa décision *Hackberry*, la *Federal Energy Regulatory Commission* a décidé d'assouplir la régulation applicable aux conditions d'accès aux nouveaux terminaux méthaniers afin de favoriser l'investissement dans ces infrastructures[20].

Pour justifier sa décision et la nouvelle approche retenue en matière de conditions d'accès aux terminaux méthaniers, le régulateur américain s'est appuyé sur les travaux des représentants de l'industrie du GNL. La FERC note ainsi dans sa décision que « *LNG industry representatives argued that the Commission's open season and open access requirements potentially deter investment in new LNG facilities in the United States. The participants argued that investors need assured access to terminal capacity and that this could not occur under FERC's open season bidding requirements* »[21].

[20] FERC, 8 décembre 2002, n° 61-294.
[21] *Ibid.*

L'expérience américaine est intéressante car elle montre bien les limites du cadre régulatoire traditionnel et les risques qu'il peut faire peser sur les futurs investissements.

Le même constat a été fait en Europe. Ainsi, dans le rapport commandé par le régulateur français sur la régulation des terminaux méthaniers, le groupe d'experts notait notamment qu'« il est nécessaire par une régulation adaptée, d'encourager les investisseurs dans des terminaux méthaniers à prendre les risques liées à leurs projets »[22].

On perçoit, toutefois, que ce choix politique de dynamiser les investissements dans de telles infrastructures peut avoir pour conséquence d'en modifier la nature juridique et de leur faire perdre leur qualité de facilité essentielle.

Dans un rapport de l'UNECE, la question est posée en ces termes : « *The main question on the regulation of access conditions to LNG regasification terminals is whether these infrastructures are part of the downstream, and then more likely to be essential infrastructures which must be regulated just like the transmission business, or of the upstream, and therefore a light-handed approach to regulation would be more appropriate* »[23].

Le choix de maintenir une double régulation pour l'accès aux terminaux méthaniers empêche de répondre à cette interrogation et complique l'identification de la nature juridique des terminaux méthaniers. L'application des règles classiques de l'accès des tiers devrait conduire à les qualifier de facilités essentielles, alors que le recours aux règles dérogatoires devrait, au contraire, conduire à exclure cette qualification.

Si la mise en place du régime dérogatoire précédemment présenté se justifie au regard de la nécessité de favoriser les investissements dans de nouvelles infrastructures, le maintien du régime classique d'accès des tiers aux infrastructures et – conséquemment – la coexistence des deux régimes de régulation posent quelques interrogations.

---

[22] *La régulation des terminaux méthaniers en France*, Rapport de synthèse du groupe de travail, avril 2008, p. 20.

[23] UNECE, « Current Status and prospects for liquefied Natural gas in the UNECE region », juillet 2013.

B. Une double régulation compliquée en pratique

Un constat s'impose : les terminaux méthaniers européens sont en concurrence les uns avec les autres. Le rapport commandé par le régulateur français notait, à cet égard, que « [l]'Europe du Nord constitue, dans une certaine mesure, un marché liquide, où les terminaux méthaniers français de la zone nord (Montoir et les futurs terminaux de Dunkerque et du Havre), seront en concurrence avec d'autres terminaux européens (Zeebrugge notamment) »[24].

Il y a donc concurrence et, d'une certaine manière, « cohabitation entre terminaux régulés et terminaux exemptés »[25].

A ce jour, les interactions entre ces deux régimes juridiques distincts sur le jeu de la concurrence restent difficiles à mesurer.

Trois éléments devront être pris en compte.

En premier lieu, il faudra veiller à ce que la différence de régulation appliquée aux deux catégories d'infrastructures – les terminaux méthaniers régulés et les terminaux méthanisers non-régulés – ne crée pas de distorsions de concurrence sur le marché du gaz ni ne remette en cause la viabilité économique des projets établis sous l'un ou l'autre des cadres régulatoires précédemment présentés.

A cet égard, Francisco de la Flor, Luis I. Parada et Maria Angeles de Vicente notent que:

« *While exemptions have been beneficial to attract LNG investments and have generally had a positive impact on competition, the asymmetric situation of regulated and exempted terminals as regards the access services they are required to offer, the access services they are allowed to offer and the flexibility to implement them, the prices they can charge for those services or the costs they are required to cover, and the transparency requirements they are subject to, might place some terminals in a more advantageous situation than others. This could have a significant impact on competition between suppliers in the future, putting pressure on*

---

[24] *La régulation des terminaux méthaniers en France*, Rapport de synthèse du groupe de travail, avril 2008, p. 13. Le rapport ajoute que « [l]es terminaux européens seront d'ailleurs eux-mêmes en compétition avec les terminaux asiatiques et américains » (p. 14).

[25] *Ibid.*, p. 36.

national and European authorities to create a level-playing field for all users »[26].

En deuxième lieu, on relèvera que l'exemption ne confère aucune forme d'exclusivité territoriale à son bénéficiaire. En d'autres termes, rien ne semble s'opposer au développement postérieur d'autres projets entrant potentiellement en concurrence avec l'infrastructure exemptée et venant modifier la rentabilité du projet initial. Cette incertitude pourrait être préjudiciable au financement de telles infrastructures et finalement aux consommateurs finals.

En troisième lieu, l'autorité de régulation peut adapter l'exemption au projet qui lui est soumis. L'exemption peut être totale ou partielle, elle peut varier dans sa durée ainsi que dans ses conditions matérielles. La multiplication des infrastructures exemptées pourrait donc accroître les différences de traitement entre infrastructures et, finalement, poser la question de la compatibilité d'un tel dispositif au regard du principe général du droit de l'Union européenne d'égalité de traitement.

Rappelons que ce principe impose que des situations comparables ne soient pas traitées de manière différente et que des situations différentes ne soient pas traitées de manière égale à moins qu'un tel traitement ne soit objectivement justifié.

Or, dès lors que les situations sont comparables – ce qui est le cas pour des infrastructures en concurrence –, toute différence de traitement non justifiée créant un désavantage pour des opérateurs devrait s'analyser comme une violation de ce principe.

*

Au final, la régulation des terminaux méthaniers permet d'illustrer la difficulté d'adapter les conditions d'accès à certaines infrastructures en fonction des objectifs poursuivis.

---

[26] F. DE LA FLOR, L. I. PARADA et M. A. DE VICENTE, « *Regulatory constraints for the competitive operation of LNG terminals: the regulatory debate on coexistence of regulated and unregulated terminals* », voir sur le site : *www.gastechnology.org.*

Si la régulation classique fondée sur l'accès des tiers au réseau est adaptée aux infrastructures déjà existantes, elle n'incite pas au développement de nouvelles infrastructures pour lesquelles il est donc nécessaire de mettre en place un cadre dérogatoire.

Simple en apparence, une telle méthode devient complexe à mettre en œuvre dès lors que les deux catégories d'infrastructures – existantes et nouvelles – se trouvent en concurrence sur un même marché.

Concurrence et connectivité

Jean CATTAN[1]

Depuis trente ans, la concurrence est le fil directeur de la régulation des télécoms en Europe. Elle n'est pas une fin en soi et elle n'est pas la seule fin identifiée de la régulation des télécoms – deux autres objectifs l'épaulent : la satisfaction des besoins du consommateur et la réalisation du marché intérieur[2] – mais elle occupe assurément une place de première importance. Elle est l'objectif justifiant notamment la liberté d'exploitation des réseaux et de prestation des services ainsi que le régime de l'accès : c'est-à-dire ce qui permet, de manière très générale, d'imposer à l'opérateur détenteur d'une infrastructure essentielle d'offrir un accès à cette infrastructure (par exemple la boucle locale en cuivre détenue par Orange) à ses compétiteurs. C'est le dégroupage, l'accès aux infrastructures de génie civil d'Orange ou encore l'accès à des pylônes de radiodiffusion établis sur des sites réputés non-réplicables.

Désormais, un nouvel objectif pourrait être assigné à la régulation des communications électroniques. Il s'agit de la connectivité. Tel est le sens du paquet justement nommé « connectivité » présenté par la Commission européenne le 14 septembre 2016. Ce paquet est composé d'une proposition de code européen des communications électroniques refondant les directives du paquet télécom[3], d'un projet de règlement modifiant l'Organe des régulateurs européens des

---

[1] Docteur en droit, aucune institution ne saurait être engagée par ces propos qui n'engagent que leur auteur.

[2] Selon l'article 8 de la directive 2002/21/CE du Parlement européen et du Conseil du 7 mars 2002 relative à un cadre réglementaire commun pour les réseaux et services de communications électroniques (directive « cadre »), JOCE L 108 du 24 avril 2002, p. 33.

[3] Comm. UE, Proposition de directive du Parlement européen et du Conseil établissant le code des communications électroniques européens, COM (2016) 590 final, 14 septembre 2016.

communications électroniques (ORECE)[4], d'un règlement offrant un financement européen pour quelques milliers de hotspots Wi-Fi[5] et de deux communications, l'une sur la société du gigabit[6] et l'autre sur le développement de la 5G[7]. Au sein de la proposition de code figure un article 3, destiné à remplacer l'article 8 de la directive « cadre » sur les objectifs de la régulation, introduisant un nouvel objectif de connectivité : « Les autorités de régulation nationales et les autres autorités compétentes, ainsi que l'ORECE : a) promeuvent l'accès, pour l'ensemble des citoyens et des entreprises de l'Union, à une connectivité des données à très haute capacité, tant fixe que mobile, et son adoption. [...] »

Dire que la connectivité était jusque-là hors de la perspective de la régulation des communications électroniques serait une erreur. Il peut être défendu que la connectivité avait été prise en compte lors de la révision du paquet télécom 2009 lorsqu'il a été imposé aux autorités réglementaires nationales (ARN) et à l'ORECE de « promouvoir des investissements efficaces et des innovations dans des infrastructures nouvelles et améliorées »[8]. Cet objectif était aussi présent, hors du droit contraignant, dans l'agenda numérique pour l'Europe selon lequel l'ensemble de la population devrait avoir accès en 2020 à une connexion de 30 mbps (megabits par seconde) et la moitié d'entre elle devrait avoir souscrit à une connexion à 100 mbps.

D'une certaine manière, on retrouve aussi cet objectif de connectivité en droit français où l'article L. 32-1 du code des postes et des communications électroniques (CPCE) énonce parmi les objectifs de la régulation : « L'aménagement et l'intérêt des territoires et la diversité de la concurrence dans les territoires ». La « diversité de la concurrence dans les territoires » est d'ailleurs une expression assez éloquente. La concurrence n'est pas unique et la prise en compte de l'intérêt de l'aménagement des territoires est à mettre en lien avec

---

[4] Comm. UE, Proposition de règlement du Parlement européen et du Conseil établissant l'Organe des régulateurs européens des communications électroniques, COM (2016) 591 final, 14 septembre 2016.

[5] Comm. UE, Proposition de règlement du Parlement européen et du Conseil modifiant les règlements 1316/2016/UE et 283/2014/UE en ce qui concerne la promotion de la connectivité internet dans les communautés locales, COM (2016) 589 final, 14 septembre 2016.

[6] Comm. UE, Connectivité pour un marché unique numérique compétitif - Vers une société européenne du gigabit, COM (2016) 587 final, 14 septembre 2016.

[7] Comm. UE, Un plan d'action pour la 5G en Europe, COM (2016) 588 final du 14 septembre 1996.

[8] Article 8, paragraphe 5, d) de la directive « cadre » 2002/21/CE du 7 mars 2002, préc.

cette diversité. On devine que, selon les contraintes territoriales, différentes formes de concurrences peuvent apparaître.

Car si l'on ne régule certainement pas les communications électroniques pour que le moins de personnes possibles aient accès aux techniques de communications les plus avancées, servir à la fois l'objectif de connectivité et l'objectif de concurrence relève parfois de la gageure : c'est bien à une conciliation d'objectifs que la régulation des communications électroniques doit se livrer.

Alors que la Commission européenne propose d'introduire un objectif de connectivité explicite dans le cadre réglementaire, certains craignent que cette introduction se fasse au détriment de la concurrence et donc du régime d'accès. Un discours que justifient certains articles de la proposition de code, notamment ceux par lesquels la Commission propose de retirer partiellement des obligations d'accès aux opérateurs qui déploient des nouveaux éléments de réseaux à très haute capacité (article 74) ou qui ne séraient présents que sur le marché de gros (article 77).

En effet, en émettant ces projets d'articles, la Commission donne raison à ceux pour qui la connectivité, et donc l'investissement dans les réseaux les plus évolués, nécessite un cadre réglementaire allégé contredisant l'impératif de concurrence. En cela, les propositions d'allégement de la régulation faites par la Commission constituent un véritable revirement par rapport au cadre actuel et sont fortement discutables. Car, dans une large mesure, c'est la concurrence qui a alimenté les investissements, tant sur le fixe que sur le mobile. C'est d'ailleurs la raison pour laquelle, dans le cadre de cette table ronde, il n'a pas été choisi d'intervenir sur la conciliation des objectifs de concurrence et d'investissement, thème pour le moins éprouvé, mais qui présuppose que concurrence et investissement n'iraient pas de pair. Alors que l'histoire du secteur témoigne précisément de l'inverse.

Tandis qu'un régime de concurrence et donc d'accès proprement développé aura pour effet de nourrir l'investissement, il n'en va pas de même de la concurrence et de la connectivité qui, pour être conciliées requièrent une intervention réglementaire habile. Sur le ton de la provocation, on pourrait considérer que, sous monopole, la chose serait plus aisée : il serait du fait de la puissance publique que de décider par acte souveraine de couvrir tout le territoire. En environnement concurrentiel, des contraintes de rentabilité s'imposent aux opérateurs privés faisant que le marché ne peut pas répondre de lui-même à la demande d'une connectivité totale. Pour cela, il faut conduire initiatives privées et publiques vers un équilibre pour, à la fois, guider le jeu concurrentiel vers la couverture de l'ensemble de la population par les techniques les plus avancées et s'assurer que la puissance publique n'annihile pas le jeu concurrentiel.

Cette conciliation pourra alors varier selon les territoires, les populations concernées, mais aussi selon les évolutions technologiques. En France, la conciliation réglementaire à laquelle nous sommes parvenus jusqu'à présent a le plus souvent reposé sur des techniques de communications mobiles à bas débit et sur un accès à internet fixe à domicile par l'ADSL. Pour ce qui concerne l'accès fixe, ce modèle a ensuite évolué pour s'adapter à la fibre optique, avec la mutualisation et le co-investissement. En matière mobile, le partage des infrastructures et l'itinérance mobile font quant à eux l'objet d'un examen attentif des autorités. Mais comment se fera le déploiement intégral de la 5G par exemple ? Chaque technique amène à reposer la question de la conciliation entre concurrence et connectivité. C'est le sens des propositions faites le 14 septembre 2016 par la Commission et qui devront être négociées dans l'année à venir.

Toute la régulation pourrait être examinée au spectre de la conciliation entre connectivité et concurrence. C'est une tension qui anime l'office du régulateur au quotidien. Tous les outils réglementaires ne pourront être ici abordés. Parmi ceux choisis, pour des raisons liées à l'actualité essentiellement, une distinction peut être faite entre, d'une part, ceux destinés à préserver la concurrence des excès éventuels d'une puissance publique en quête de connectivité (I) et ceux qui, d'autre part, guideront la concurrence vers l'objectif de connectivité (II). A ce dernier titre, à défaut de pouvoir être exhaustif et pour des raisons liées à l'actualité, le choix a été fait de se focaliser sur le cas des communications mobiles. Ne seront donc pas présentés ici les outils relatifs au partage d'infrastructures en matière mobile et fixe, qui constituent un ensemble à part entière et témoignent de la manière par laquelle une dimension collaborative est introduite dans le jeu concurrentiel en vue de parvenir à une connectivité accrue.

Sans être exhaustif, il apparaîtra néanmoins que la conciliation entre le marché et des objectifs de politique publique peut prendre de multiples formes. Il apparaît aussi que cet équilibre se fait d'autant plus aisément en droit européen qu'il s'agit non seulement de contraindre les opérateurs à certaines obligations de connectivité, mais aussi de contraindre les autorités étatiques à respecter les dynamiques du jeu concurrentiel. Les opérateurs sont régulés et les États aussi. Enfin, il apparaît que cette conciliation traverse l'histoire puisqu'elle sollicite des outils aussi anciens que le service universel ou le droit des aides d'État que des mesures de régulation plus novatrices telles que la régulation par la « *data* ». Ce qui doit laisser penser que les autorités publiques sont en capacité de trouver des moyens vertueux permettant de préserver sur le long terme les objectifs de connectivité et de concurrence.

I. – La concurrence préservée d'une intervention excessive de la puissance publique en faveur de la connectivité

La concurrence doit être protégée d'une intervention publique qui aux fins d'une recherche de connectivité, pourrait nuire à l'animation du jeu concurrentiel. Néanmoins, l'intervention publique est jugée nécessaire pour pallier les défaillances de marché et apporter le soutien financier nécessaire. Tant le cadre réglementaire du service universel (A) que celui des aides d'État (B) poursuivent cette recherche d'équilibre.

A. Le service universel : un filet de connectivité minimale au secours de la concurrence

Le service universel a une histoire aussi longue que la libéralisation des télécommunications. Au moment où la libéralisation a commencé à être installée il est apparu nécessaire qu'elle ne se fasse pas au détriment des plus démuni, des personnes en situation de handicap ou des personnes habitant dans des zones reculées du territoire. Mais pour laisser au marché la pleine capacité de ses moyens, il a été décidé que le filet de sécurité que constitue le service universel soit contraint afin de ne pas empiéter sur le régime concurrentiel. Pour cela, un régime du service universel a été défini à travers : un champ limité d'obligations pouvant être imposées aux opérateurs, des modes de financement de ces obligations et un mode de désignation des opérateurs financés pour assurer les obligations qui leur sont imposées. L'ensemble de ce cadre figure au sein de la directive 2002/22/CE dite « service universel »[9].

Les obligations actuellement couvertes par le service universel consistent en termes généraux en la fourniture de cabines téléphoniques, d'annuaires, du « raccordement en position déterminée à un réseau de communications public », de l'accès à la téléphonie en point fixe ainsi que d'un accès aux communications de données à un débit suffisant pour permettre un accès fonctionnel à internet. Par ailleurs, les ARN doivent pouvoir imposer « à des entreprises la mise à disposition de postes téléphoniques payants publics ».

S'il s'avère qu'une de ces obligations doit être imposée parce que le marché n'y parvient pas de lui-même, l'État membre peut ou doit - selon les obligations concernées - désigner un ou des opérateurs pour les assumer et ce en respectant le processus établi par la directive. Ces opérateurs ne peuvent être alors être financés pour accomplir ces obligations que par des biais spécifiques : un fonds sectoriel auquel contribuent les opérateurs ou un mécanisme d'indemnisation publique. Ce n'est que si l'État décide de faire financer des obligations à des opérateurs par le biais d'un de ces mécanismes de financement qu'il est limité aux obligations dites de service universel et qu'il doit procéder par des modes définis dans la directive à la désignation de l'opérateur ou des opérateurs prestataires du service concerné. Ensuite, lorsque ces obligations sont fournies, une obligation de qualité de service et de tarification raisonnable au détail vient alors se surajouter. Des tarifs sociaux pouvant par ailleurs être imposés.

Un débat lancinant est de savoir si le cadre du service universel inclut l'accès au haut débit. Dans plusieurs États, c'est le cas et cela n'apparaît pas contraire au droit de l'Union. Cela signifie que la connectivité au haut débit peut être assurée par les États membres par le biais d'un mécanisme coercitif propre au service universel et donc empiéter sur le jeu concurrentiel. Actuellement une demi-douzaine d'États (la Belgique, la Suède, la Finlande, l'Espagne, la Croatie et Malte) incluent le haut débit dans le champ du service universel pour des débits le plus souvent à 1 mbps. Le Gouvernement britannique

---

[9] Directive 2002/22/CE du Parlement européen et du Conseil du 7 mars 2002 concernant le service universel et les droits des utilisateurs au regard des réseaux et services de communications électroniques (directive « service universel »), JOCE L 108 du 24 avril 2002, p. 51.

ayant quant à lui annoncé son ambition d'introduire un service universel du haut débit à hauteur de 10 mbps.

Ainsi, le service universel apparaît comme un instrument juridique, somme toute flexible, permettant d'assurer la coexistence entre connectivité et concurrence. Sans contrôle préalable de la part de la Commission, les États membres peuvent imposer des obligations et un mode de financement précis d'obligations assurant la connectivité. Mais il n'en va ainsi que si l'État membre reste dans les limites qui lui sont imposées par la directive « service universel ».

Car les États membres restent libres, dans le respect du droit des aides d'État dont il sera question ci-après, de soutenir le déploiement d'autres services tels que l'accès à internet à très haut débit.[10] Par exemple, un projet comme le projet londonien de convertir les cabines téléphoniques en hotspots wifi à 1 gbps (gigabit par seconde) pourrait tout à fait être initié par les États (avec un peu d'ambition) en parallèle du service universel. Le fait que la Commission propose de financer quelques milliers de hotspots Wi-Fi en Europe est d'ailleurs la preuve que des projets de connectivité peuvent être soutenus par les autorités publiques en dehors des limites du service universel.

Selon la proposition de révision du paquet télécom de la Commission, le service universel perdurerait mais sous une forme renouvelée (articles 79 et s. de la proposition de code). Tout d'abord, il serait axé sur le caractère abordable de l'accès fonctionnel à internet, au moins en position fixe, laissant la porte ouverte à un accès fonctionnel à internet en mobilité. L'accès fonctionnel à internet serait défini comme le service permettant d'accéder à une liste de onze services énumérés en annexe de la proposition de code allant de la messagerie électronique aux appels vidéo en passant par les services d'information, de recherche d'emploi ou de banque en ligne. Selon l'étude d'impact de la Commission, cela équivaudrait à un accès à internet à haut débit à 4 mbps. À côté du caractère abordable, le service universel comprendrait la disponibilité d'un accès à internet tel que prédéfini en point fixe.

[10] Étant précisé que, par delà le service universel, les obligations pouvant être imposées par les autorités nationales aux opérateurs ne peuvent excéder la liste limitative que l'on retrouve dans la directive « autorisation » 2002/20/CE du 7 mars 2002 (directive 2002/20/CE du Parlement européen et du Conseil du 7 mars 2002 relative à l'autorisation des réseaux et services de communications électroniques, JOCE L 108 du 24 avril 2002, p. 21).

À l'avenir, le service universel ne pourrait donc servir qu'à offrir un accès à internet à 4 mbps ; à l'exception des obligations actuellement imposées qui pourraient perdurer pendant une période transitoire si elles étaient notamment financées selon les nouveaux modes de financement imposés. Au-delà, le jeu concurrentiel, les aides d'État et les autorités d'utilisation des fréquences pourraient imposer d'autres types d'obligations ou offrir un accès à d'autres services, dont l'accès à internet à très haut débit par exemple. Mais il est bien clair que ce rôle n'est pas celui du service universel ; le service universel étant présenté par la Commission comme un mécanisme subsidiaire permettant d'assurer un niveau minimal de connectivité à internet dans le respect prioritairement de la concurrence.

Le mode de financement du service universel serait quant à lui considérablement simplifié et ne consisterait plus qu'en un financement à partir de ressources publiques. La justification avancée par la Commission est que le bénéfice de voir l'ensemble de la population bénéficier d'un accès à internet haut débit se répercute sur l'ensemble de la société et qu'il n'y a pas de raison de n'imposer ce financement qu'à une catégorie d'acteurs économiques. Plus encore qu'auparavant, le service universel se rapprocherait d'une forme d'aide d'État acceptée par principe.

Le service universel apparaît donc comme un socle minimal de connectivité, palliant les défaillances de la concurrence, mais devant être encadré pour ne pas lui nuire. A côté de ce cadre, le droit des aides d'État constitue un instrument juridique permettant d'encadrer des projets de financement public destinés notamment à fournir une connectivité à très haut débit à l'ensemble de la population.

B. Les aides d'État : la concurrence suppléée pour une connectivité maximale

Selon la Commission européenne, la réalisation de la société du Gigabit (débits à 100 mbps pour l'ensemble des foyers, à 1gbps pour les pôles principaux d'activité et généralisation de la 5G en 2025) requerra quelques 500 milliards d'euros[11]. Les chiffres varient considérablement selon les technologies considérées et les débits

[11] Comm. UE, Connectivité pour un marché unique numérique compétitif – Vers une société européenne du gigabit, COM(2016) 587 final, 14 septembre 2016, p. 8.

recherchés mais il est généralement admis que l'investissement requis nécessitera une coopération entre secteurs public et privé. Il faudra donc concilier une ambition de connectivité très élevée avec le maintien d'un jeu concurrentiel prompt à assurer l'investissement nécessaire. Le droit des aides d'État permet d'assurer cette conciliation.

Depuis 2003, la Commission compte quelques 150 cas d'aides d'État destinées à financer des projets de déploiements de réseaux à haut ou très haut débit.[12] Pour guider les États lorsqu'ils fournissent des aides en faveur de la connectivité sans porter atteinte à la concurrence, la Commission a codifié sa pratique décisionnelle dans des lignes directrices dédiées au aides d'État en vue du déploiement du haut et du très haut débit, publiées pour la première fois en 2009 et mises à jour en 2013[13]. De manière générale, « La Commission s'est montrée très favorable aux mesures d'aide publique en faveur de l'installation du haut débit dans les zones rurales et les zones insuffisamment desservies, mais a été plus critique en ce qui concerne les mesures d'aide dans les zones où les infrastructures à haut débit existent déjà et où la concurrence se fait sentir »[14].

Classiquement, pour être conformes au droit de l'Union, les projets d'intervention publique doivent soit ne pas pouvoir être qualifiés d'aide d'État, soit être considérés comme constituant des aides compatibles avec le droit de l'Union. En présence d'une mesure qualifiée d'aide d'État, pour que celle-ci soit jugée compatible il faudra qu'elle réponde à une défaillance de marché, c'est-à-dire que les investissements privés dans la zone concernée ne seraient pas rentabilisés et qu'aucun opérateur n'entend déployer d'ici trois ans (zones blanches) ou que les conditions d'accès existantes offertes par le seul opérateur ayant déployé un réseau ne sont pas optimales (zones grises). Dans ces hypothèses, l'État pourra alors intervenir. La mesure adoptée devra ensuite être proportionnée, ce qui exige dans le cas des aides soutenant des projets pour le déploiement de réseaux à haut et

---

[12] Tableau récapitulatif établi par la Commission européenne et mis à jour le 6 juillet 2016 : http://ec.europa.eu/competition/sectors/telecommunications/broadband_decisions.pdf.

[13] Comm. UE, Lignes directrices de l'Union européenne pour l'application des règles relatives aux aides d'État dans le cadre du déploiement rapide des réseaux de communication à haut débit, 26 janvier 2013, JOUE C 25 du 26 janvier 2013, p. 1.

[14] Comm. UE, Lignes directrices communautaires pour l'application des règles relatives aux aides d'État dans le cadre du déploiement rapide des réseaux de communication à haut débit, JOCE C 235 du 30 septembre 2009, p. 7, pt 9.

très haut débit que l'État ait, entre autres, conduit une cartographie de la couverture existante, qu'il ait appelé à l'intérêt des acteurs de déployer dans la zone concernée et qu'un accès de gros ouvert aux tiers soit offert par l'opérateur retenu.

En France, différents mécanismes d'intervention publique sont sollicités afin de déployer les réseaux de communications électroniques. Ainsi, les articles L. 1425-1 et s. du code général des collectivités territoriales prévoient un mécanisme d'intervention des collectivités territoriales leur permettant de déployer des réseaux. Ce mécanisme a été institué par la loi sur la confiance dans l'économie numérique du 21 juin 2004[15] en remplacement d'une première forme d'intervention des collectivités locales (ancien article L. 1511-6 du même code) et a ensuite été modifié et complété à plusieurs reprises, notamment par la loi contre la fracture numérique du 17 décembre 2009[16] et par la loi pour la croissance du 6 août 2015[17]. Lorsque le dispositif d'intervention publique institué par ces articles est mis en œuvre, les projets visés ne sont pas constitutifs d'une aide. De 2004 à 2015, 444 de ces projets ont été déclarés à l'ARCEP[18].

Connecter l'ensemble du territoire français et de la population au très haut débit (soit 30mbit/s) représente toutefois un coût considérable, estimé à hauteur d'une vingtaine de milliards d'euros[19]. Ce coût important ne peut être supporté entièrement par les collectivités ou le secteur privé et requiert donc un subventionnement public. Afin de mettre en cohérence investissement privé et investissement public, la France a mis sur pied le plan France Très haut débit, initié en 2013 et validé en novembre 2016 par la Commission européenne[20].

Pour répartir les actions des opérateurs privés et des collectivités, le territoire a été divisé en deux ensembles, les zones conventionnées où

---

[15] Loi n° 2004-575 du 21 juin 2004 pour la confiance dans l'économie numérique, JORF n°143 du 22 juin 2004, p. 11168.
[16] Loi n° 2009-1572 du 17 décembre 2009 relative à la lutte contre la fracture numérique, JORF n° 293 du 18 décembre 2009, p. 21825.
[17] Loi n° 2015-990 du 6 août 2015 pour la croissance, l'activité et l'égalité des chances économiques, JORF n° 181 du 7 août 2015, p. 13537.
[18] ARCEP, Compte-rendu des travaux du GRACO 2015, décembre 2015, p. 8.
[19] Autorité du numérique, Qu'est-ce que le Plan France Très Haut débit ?, Francethd.fr, non daté, consulté en novembre 2016.
[20] Comm. UE, Aides d'État: la Commission autorise le « Plan Très Haut Débit» français, Europa.eu, 7 novembre 2016.

les opérateurs privés s'engagent à déployer des réseaux en fibre optique jusqu'à l'abonné (FttH, pour Fiber to the Home), d'une part, et les zones d'initiatives publiques où se mêlent FttH et d'autres techniques de modernisation des réseaux telles que la montée en débit, d'autre part. Alors que les premières couvrent 57% de la population et 10% du territoire, les secondes couvrent respectivement les 43% de la population et 90% du territoire restants[21]. La Commission a considéré qu'un tel plan permettait de fournir un accès à très haut débit tout en respectant les règles de non-discrimination et d'ouverture requises.

Par ailleurs, le plan assure la coordination entre l'intervention des collectivités et les subventions de l'État en ce que les collectivités sont invitées à s'adresser au guichet unique de la mission très haut débit pour obtenir des subventions étatiques. A ce stade, 87 demandes sur 100 départements concernés ont été déposées, soit « 8,7 millions de prises publiques prévues dans les schémas directeurs territoriaux d'aménagement numérique (SDTAN) »[22].

On observe donc que divers pans du droit de l'Union, tel que le droit du service universel et le droit des aides d'État, permettent d'assurer la coexistence des deux objectifs de concurrence et de connectivité en ce qu'ils limitent l'intervention publique destinée à assurer la connectivité de la population afin de préserver une concurrence porteuse d'innovations et d'investissements. A côté de quoi, existent des modes d'intervention réglementaire permettant de guider la concurrence vers un objectif de connectivité. Le secteur du mobile en offre plusieurs illustrations.

II. – La concurrence guidée vers la connectivité, le cas du mobile

De nombreux pans de la régulation pourraient alimenter la thèse selon laquelle concurrence et connectivité sont deux objectifs qui s'imbriquent et se nourrissent l'un l'autre. On peut penser par exemple à la régulation symétrique du déploiement des réseaux en fibre optique et à la régulation du co-investissement dans ces mêmes réseaux. Avec cette régulation, le législateur et le régulateur cherchent à préserver l'acquis concurrentiel sur le marché de l'accès fixe alors que des investissements colossaux sont requis pour couvrir le territoire en

[21] Le rapport annuel de la mission France Très haut débit pour l'année 2014 présente de manière illustrée les diverses dimensions du plan. Cf. p. 19 notamment.
[22] ARCEP, Compte-rendu des travaux du GRACO 2015, décembre 2015, p. 18.

fibre optique et donc offrir une connectivité à très haut débit fixe à l'ensemble de la population. Mais, à choisir, l'actualité nous conduit à aborder deux autres formes d'imbrication des objectifs de concurrence et de connectivité présentes sur le marché du mobile, à savoir : les obligations de couverture mobile (A) et la régulation par la « *data* » (B).

A. Les obligations de couverture mobile : la concurrence conditionnée par la connectivité

Un premier moyen d'imposer des obligations de couverture sur les opérateurs mobiles est d'inclure ces obligations directement dans les autorisations d'utilisation des fréquences hertziennes (AUF) qui leur sont attribuées. De la sorte, l'entrée des opérateurs sur le marché concurrentiel des communications mobiles est conditionnée à la réalisation de l'objectif de connectivité, alors traduit par des obligations de couverture du territoire et de la population.

En effet, en matière de communications mobiles, les opérateurs titulaires d'AUF peuvent être contraints de respecter des obligations de déploiement et de couverture de la population conformément à la directive « autorisation » 2002/20/CE du 7 mars 2002[23]. Pour précision, si de telles obligations peuvent être imposées par le biais des autorisations mobiles, il n'en va pas de même en matière de déploiement filaire où prévaut le principe de l'autorisation générale sans qu'une obligation de couverture puisse être imposée à l'entrée du jeu concurrentiel. Par contre des obligations de mutualisation et de co-investissement s'y côtoient.

En France, lors de l'attribution des fréquences issues des deux dividendes numériques, sur les bandes des 800 MHz en 2012[24] et 700

---

[23] La première des « conditions dont peuvent être assortis les droits d'utilisation des radiofréquences » énoncées au B de l'annexe à la directive « autorisation » est la suivante : « Obligation de fournir un service ou d'utiliser un type de technologie pour lesquels les droits d'utilisation de la fréquence ont été accordés, y compris, le cas échéant, des exigences de couverture et de qualité ».

[24] ARCEP, décision n° 2012-0037 du 17 janvier 2012 autorisant la société Bouygues Télécom à utiliser des fréquences dans la bande 800 MHz en France métropolitaine pour établir et exploiter un réseau radioélectrique mobile ouvert au public ; ARCEP, décision n° 2012-0038 du 17 janvier 2012 autorisant la société Orange France à utiliser des fréquences dans la bande 800 MHz en France métropolitaine pour établir et exploiter un réseau radioélectrique mobile ouvert au public ; ARCEP, décision n° 2012-0039 du 17 janvier 2012 autorisant la société SFR à utiliser des fréquences dans la bande 800 MHz en France métropolitaine pour établir et exploiter un réseau radioélectrique mobile ouvert au public.

MHz en 2015, l'ARCEP a inclus des obligations de couverture en « zone de déploiement prioritaire » (ZDP)[25] dans ses décisions d'autorisations. Concrètement, dans le cas du premier dividende numérique, le paragraphe 2.2 de l'annexe 1 des décisions d'autorisations à exploiter la bande 800 MHz dispose que « Le titulaire est tenu d'assurer, par son réseau mobile à très haut débit, des taux de couverture de la population dans la zone de déploiement prioritaire » à 40% d'ici le 17 janvier 2017 et à 90% d'ici le 17 janvier 2022. Etant précisé que « Les dispositifs mis en œuvre avec d'autres opérateurs dans le cadre d'une mutualisation des réseaux ou de fréquences, au sens décrit dans la partie 4 du présent document, contribuent à satisfaire son obligation de couverture. » En effet, le partage des réseaux occupe une part importante de la conciliation entre concurrence et connectivité.

Compte tenu, d'une part, de l'importance que recèlent les communications mobiles et, d'autre part, de l'impératif d'optimisation de la ressource publique hertzienne, l'ARCEP se doit d'être vigilante quant au respect des obligations de couverture des opérateurs titulaires d'un droit exclusif d'utilisation du spectre hertzien. Dans le cas précis des obligations de couverture incluses dans les autorisations relatives à la bande 800 MHz, l'ARCEP a pu constater que, pour ce qui concerne Bouygues Telecom et de SFR, « Compte tenu de l'étendue limitée du déploiement effectué par [les sociétés Bouygues Telecom et SFR] et de l'ampleur du déploiement restant à accomplir, il existe un doute sérieux quant au fait que [les sociétés Bouygues Telecom et SFR se situent] à ce jour sur une trajectoire de déploiement compatible avec le respect de son obligation de couverture de 40% de la population en ZDP au 17 janvier 2017 »[26]. C'est eu égard notamment à cette « trajectoire » et au « doute sérieux » de la possibilité des deux opérateurs à respecter leur obligation de

[25] L' ARCEP définit cette zone par référence à une liste de communes correspondant « à 18% de la population métropolitaine et 63% de la surface du territoire dans les zones les moins denses ».

[26] ARCEP, décision n° 16-0243 RDPI du 18 février 2016 et 0244 RDPI du 18 février 2016 portant mise en demeure des sociétés Bouygues Telecom de se conformer aux prescriptions définies par la décision de l' ARCEP n° 2012-0037 du 17 janvier 2012 autorisant les sociétés Bouygues Telecom à utiliser des fréquences dans la bande 800 MHz en France métropolitaine pour établir et exploiter un réseau radioélectrique mobile ouvert au public ; ARCEP, décision n° 16-0244 RDPI du 18 février 2016 portant mise en demeure des sociétés SFR de se conformer aux prescriptions définies par la décision de l' ARCEP n° 2012-0039 du 17 janvier 2012 autorisant les sociétés SFR à utiliser des fréquences dans la bande 800 MHz en France métropolitaine pour établir et exploiter un réseau radioélectrique mobile ouvert au public.

couverture à échéance du 17 janvier 2017 que l'ARCEP a ouvert « sur le fondement des articles L. 36-11 et D. 594 du CPCE, une instruction relative [à leur] manquement éventuel »[27].

Quant au deuxième dividende numérique, les autorisations relatives à la bande des 700 MHz délivrées le 8 décembre 2015 par l'ARCEP aux quatre opérateurs incluent elles aussi des obligations de couverture en très haut débit[28] échelonnées sur trois périodes (2022-2027-2030) et visant, outre la couverture de population métropolitaine, celle des axes routiers prioritaires, des réseaux ferrés régionaux, des centres-bourgs du programme « zone blanche » ainsi qu'une zone dite de « déploiement prioritaire ». Ainsi, les assignataires des fréquences concernées se verront par exemple obligés de couvrir 80% du réseau ferré régional dans chaque région en 2030.

Au niveau européen, ces mesures trouvent un écho dans la proposition de décision de la Commission du 2 février 2016, actuellement en débat, sur l'utilisation de la bande de fréquences 470-790 MHz dans l'Union puisque celle-ci prévoit que les États membres peuvent prendre les mesures nécessaires pour que les opérateurs fournissent « des débits d'au moins 30 Mb/s, tant en intérieur qu'en extérieur, y compris dans les zones prioritaires nationales prédéterminées si nécessaire, et le long des grands axes de transport terrestre »[29]. A cette fin, des conditions particulières pourront être introduites dans les autorisations, comme c'est déjà le cas en France. Cette initiative mérite d'être mise en avant alors que la Commission européenne entend garantir la fourniture de services transfrontaliers nécessaires au développement de l'industrie des voitures connectées et de l'internet des objets[30].

---

[27] *Ibid.*

[28] Au sens des décisions d'autorisations n° 2015-1566 à 1569 du 8 décembre 2015, « Un accès mobile à très haut débit est défini comme un accès ouvert au public fourni par un équipement de réseau mobile permettant un débit maximal théorique pour un même utilisateur d'au moins 60 Mbit/s dans le sens descendant lorsque le titulaire dispose d'une quantité de fréquences supérieure ou égale à 10 MHz duplex, et d'au moins 30 Mbit/s dans le sens descendant lorsque celui - ci dispose d'une quantité de fréquences de 5 MHz duplex. »

[29] Comm. UE, Proposition de décision sur l'utilisation de la bande de fréquences 470-790 MHz dans l'Union, COM(2016) 43 final, 2 février 2016.

[30] Voir par exemple : G. OETTINGER, « *Speech at WMC Roundtable on Connected Cars* », Ec.europa.eu, 22 février 2016.

A côté des autorisations d'utilisation des fréquences, lesquelles transcrivent des impératifs législatifs, le programme zone blanche est une initiative conventionnelle impulsée en 2003 par le gouvernement et visant à combler les zones peu denses non couvertes du territoire. Afin de dynamiser ce programme, le 21 mai 2015, le ministre de l'économie, de l'industrie et du numérique annonçait un « accord entre les opérateurs de téléphonie mobile pour la couverture des zones rurales » depuis entériné par la loi dite « Macron » du 6 août 2015. « Les quatre opérateurs mobiles nationaux seront désormais tenus de couvrir l'ensemble des centres-bourgs des communes qui ne disposent, à ce jour, d'aucun service de téléphonie mobile (2G) d'ici la fin 2016 »[31]. Pour ce qui est de la 3G, l'obligation est faite d' « apporter un service d'accès mobile à internet (3G) aux 2200 communes aujourd'hui non couvertes avant la mi-2017 »[32]. En 2016, le « nombre de centres-bourgs à couvrir a [...] été porté à près de 3800 » Au dernier recensement, les résultats en sont les suivants : « Les centres-bourgs du programme sont couverts à 91% pour les services voix et SMS [et la] couverture en services haut débit 3G progresse : elle est passée de 38 à 54% des centres-bourgs du programme en 9 mois »[33].

De son côté, l'ARCEP a initié une procédure de sanction afin de faire assurer le respect par les opérateurs de leurs obligations dans le cadre du programme « zones blanches ». Suite à la mise en demeure d'Orange, SFR et Bouygues Telecom en juillet 2015, le 27 avril 2016 l'ARCEP a notifié des griefs à Orange et SFR pour avoir manqué à leur obligation de déploiement en 2G respectivement dans « 5 et 47 centres-bourgs à couvrir » au 1er janvier 2016[34].

Ainsi, sur le marché mobile, l'autorisation de prester un service sur un marché concurrentiel est conditionnée à l'obligation de connectivité. A côté, de ce mode « *command and control* » de combinaison des objectifs de concurrence et de connectivité, ces deux

---

[31] ARCEP, « L'ARCEP fait le point sur le respect des obligations de déploiement mobile en zones peu denses par les opérateurs », ARCEP.fr, 20 septembre 2016.
[32] Ministre de l'économie, de l'industrie et du numérique, Accord entre les opérateurs de téléphonie mobile pour la couverture des zones rurales, 21 mai 2015.
[33] ARCEP, « L'ARCEP fait le point sur le respect des obligations de déploiement mobile en zones peu denses par les opérateurs », ARCEP.fr, 20 septembre 2016.
[34] ARCEP, « L'ARCEP publie aujourd'hui la mise à jour de son observatoire des déploiements mobiles en zones peu denses », ARCEP.fr, 19 mai 2016.

objectifs se trouvent aussi combinés au travers d'un nouvel axe de développement de régulation, à savoir la régulation par la « *data* ».

B. La régulation par la « *data* » : la stimulation de la concurrence pour la connectivité

Afin de lutter contre l'asymétrie de l'information, il est fréquent que le régulateur recueille, produise et publie des quantités importantes de données sur les marchés qu'il régule. En ce qui concerne l'ARCEP, un des fruits historiques et notables de cette activité est la publication de nombreux observatoires sur le nombre d'abonnés, leurs usages, la qualité de service mais aussi pour ce qui nous intéresse ici, la couverture et les déploiements, aussi bien sur le fixe que sur le mobile. Dans le cadre de sa « revue stratégique », initiée en juin 2015, l'ARCEP a mis en avant un nouveau mode d'intervention : la régulation par la « *data* »[35].

La régulation par la « *data* » a notamment été théorisée par Nick Grossman. Comme le résume l'auteur : « En bref, nous entrons dans l'âge de l'information, et dès lors nos modèles fondamentaux pour accomplir nos objectifs changent aussi. Pour ce qui concerne la régulation, cela correspond au passage d'un modèle industriel fondé sur l'autorisation à un modèle essentiellement issu de l'internet de la reddition des comptes »[36]. Cette forme de régulation a notamment conduit à repenser l'exercice de publication d'informations sur la couverture et les déploiements. Dans les termes de l'ARCEP, l'objectif recherché est clair : « Il s'agit d'utiliser la puissance de l'information pour orienter le marché dans la bonne direction, en particulier pour alimenter le moteur vertueux investissement - qualité de service - monétisation »[37]. Dans ce sens, il s'agit de « donner du pouvoir aux utilisateurs par une information précise et personnalisée » provenant des utilisateurs, des opérateurs ou de l'ARCEP elle-même et « de mobiliser les utilisateurs pour faire remonter les problèmes

---

[35] ARCEP, *Rapport final de la revue stratégique*, ARCEP.fr, 19 janvier 2016, pp. 23 et s.

[36] N. GROSSMAN, *Regulating with data*, nickgrossman.is, 21 juin 2016. Traduction libre de « *In a nutshell: we are entering the information age, and as such our fundamental models for accomplishing our goals are changing. In the case of regulation, that means a shift from the industrial, permission-based model to the internet-native, accountability based model* ».

[37] ARCEP, *Rapport annuel 2015*, 2016, p. 6.

rencontrés (plateforme de signalement), en passant d'une logique de plainte consommateur à un acte citoyen »[38].

Désormais, il est question « d'utiliser les nouveaux outils numériques pour compléter l'approche centralisée actuelle dans la production d'information par une approche distribuée, au plus proche de l'expérience effective des utilisateurs ». C'est ce que l'ARCEP appelle le « dégroupage de données d'intérêt général », soit une démarche « permettant d'inciter voire de contraindre les opérateurs à publier les données dont ils disposent sur la qualité et la couverture de leurs réseaux »[39]. L'objectif concret est de parvenir à la publication d'informations plus riches, plus maniables, mieux vérifiables et plus contributives. Pour ce faire, l'ARCEP a lancé le 30 juin 2016 un appel à partenariat sur trois volets : la « production collaborative de mesures de la couverture et de la qualité de service, fixe et mobile (*crowdsourcing*) », les « signalements par les utilisateurs de dysfonctionnements du marché » et la « diffusion de l'information auprès des utilisateurs »[40]. S'inscrivant dans la démarche de l'*open data* dans l'administration, les informations diffusées dans les observatoires sont publiées et mises à disposition du public, lequel peut s'en saisir notamment pour publier ces informations sous de multiples formes.

Ce nouveau dispositif de régulation a bien entendu été sollicité en matière de couverture mobile. L'ARCEP a énoncé dans sa revue stratégique l'ambition d'améliorer ses cartes de couverture mobile et de les enrichir d'un volet sur la qualité de service. En se fondant notamment sur la modification de l'article L. 36-6 CPCE par la loi pour la croissance du 6 août 2015, l'ARCEP a publié en milieu d'année 2016 un projet de décision visant à enrichir les cartes de couverture mobile. En somme, il s'agit de donner une information plus précise aux utilisateurs quant à la qualité du signal reçu en un point donné du territoire. Par ailleurs, en application de l'article L. 36-7, point 11°, CPCE créé par la loi pour une République numérique du

[38] ARCEP, « L'ARCEP fait le point sur l'avancée de sa feuille de route, six mois après son lancement », ARCEP.fr, 30 juin 2016.
[39] ARCEP, *Appel à partenariats - Qualité et couverture des réseaux numériques*, juin 2016, p. 3.
[40] ARCEP, « Régulation par la data - L'ARCEP lance un appel à partenariats », ARCEP.fr, 30 juin 2016.

7 octobre 2016[41], il est prévu que les données issues de cet exercice soient mises à la disposition du public.

Il s'agit par là de faire remonter à l'utilisateur deux lots d'informations pertinentes en vue du choix de son opérateur. En effet, « Si [le prix et le contenu des offres] sont facilement observables, [la couverture et la qualité] sont moins aisément appréhendables par l'utilisateur »[42]. Associées à une fluidité de la demande, assurée notamment par le non-engagement des utilisateurs et une portabilité rapide, ces informations deviennent un vrai levier pour injecter la couverture comme donnée fondamentale de la concurrence et donc des investissements.

A côté de ce dispositif, l'ARCEP a mis en place d'autres outils afin d'assurer le déploiement des opérateurs. On compte par exemple les observatoires et le nouveau chantier de la régulation par la « *data* ». En février 2016, l'ARCEP a ainsi lancé un observatoire « de suivi des déploiements mobiles en zones peu denses » permettant de mettre en évidence l'état d'avancement des déploiements auxquels sont tenus les opérateurs de par la loi et les autorisations dont ils bénéficient[43]. Qui plus est, en juillet 2016, elle a aussi publié un observatoire sur la couverture et la qualité des services mobiles permettant à la fois d'améliorer l'information fournie aux utilisateurs et de faire un point sur la qualité du service fourni par les différents opérateurs.

Cette mise en avant des efforts fournis par les opérateurs et le rappel imbriqué de leurs obligations est dans le prolongement du rapport sur l'effort d'investissement des opérateurs, auquel l'ARCEP est tenue au titre de l'article L. 36-7, point 10°, CPCE introduit par la loi sur la croissance du 6 août 2015[44]. Le premier rapport sur les investissements en matière mobile publié le 3 décembre 2015 a ainsi mis en avant la dynamique d'investissement sur le très haut mobile

---

[41] Loi n° 2016-1321 du 7 octobre 2016 pour une République numérique, JORF n° 235 du 8 octobre 2016.

[42] ARCEP, « L'ARCEP met en consultation publique un projet de décision visant à enrichir les cartes de couverture mobile », ARCEP.fr, 28 juillet 2016.

[43] ARCEP, « L'ARCEP lance un observatoire des déploiements mobiles en zones peu denses », ARCEP.fr, 18 février 2016.

[44] Au titre de ces dispositions, l'ARCEP est tenue de publier un rapport « sur l'effort d'investissement des opérateurs de radiocommunications mobiles autorisés. Ce rapport évalue les investissements réalisés par chacun des opérateurs dans le déploiement d'infrastructures nouvelles et vérifie que les conventions de partage de réseaux radioélectriques ouverts au public mentionnés à l'article L. 34-8-1-1 n'entravent pas ce déploiement ».

nourrie par l'attribution des bandes de fréquences des bandes 800 MHz et 2,6 GHz. Outre la mise à jour des investissements des opérateurs, ce rapport était l'occasion pour l'ARCEP de rappeler les opérateurs à leurs obligations, notamment celles relatives aux zones blanches et celles issues de leur autorisation d'exploitation des fréquences de la bande des 800 MHz, de couvrir 40% de la population dans les zones moins denses du territoire d'ici le 17 janvier 2017 en services mobiles à très haut débit[45] et partant à maintenir l'effort de connectivité.

45 ARCEP, *Rapport sur l'effort d'investissement des opérateurs mobiles*, 3 décembre 2015, p. 3.

Conflits d'objectifs et régulation bancaire

Sébastien ADALID[1]

Alors que le décalage entre l'économie réelle et la sphère financière n'a jamais été aussi grand que depuis la crise de 2007, que les réformes en matière bancaire et financière se sont succédées à un rythme effréné et que leur sens reste à déterminer, la question des objectifs de la régulation bancaire pose, *in fine*, celle du rôle que le politique souhaite assigner aux banques. Dans le triptyque droit, économie et politique, le droit est le medium à travers lequel se concrétisent les décisions de politique économique. Ainsi, l'objectif assigné à la régulation bancaire devrait être déterminé par le politique en fonction des fins que celui-ci souhaite faire poursuivre aux acteurs de l'industrie financière.

Or, la sphère financière a pris son autonomie face à la sphère politique[2]. Un hiatus apparaît entre l'économie mondialisée et le pouvoir politique national, réduisant la portée de ce dernier au profit d'instances internationales techniques et dépolitisées. La régulation opérée par ces dernières n'a plus que pour objectif de garantir le bon fonctionnement des marchés financiers, sans jamais pouvoir intervenir sur le rôle social de ces derniers. Le droit ne serait alors qu'un outil au service des marchés financiers et la régulation bancaire et financière serait l'avatar ultime du droit néolibéral[3].

Dans cette approche, le droit ne sert plus à bâtir des systèmes juridiques mais à consolider des systèmes économiques, autour d'une

[1] Professeur de droit public à Université Le Havre.

[2] Sur ce phénomène, voir C. CROUCH, *L'étrange survie du néolibéralisme*, Diaphane, Bienne-Berlin, 2016 ; W. STREECK, *Du temps acheté – La crise sans cesse ajournée du capitalisme démocratique*, Paris, Gallimard, 2014, 378 p.

[3] Idée avancée par : H. DE VAUPLANE, « Changer les paradigmes de la régulation financière », *Rapport moral sur l'argent dans le monde*, 2014, pp. 25-35. F. MARTUCCI évoque : « L'expression normative du gouvernement néo-libéral », « L'interaction dans l'espace financier mondialisé », *in* L. BUGORGUE-LARSEN, E. DUBOUT, A. MAITROT DE LA MOTTE & S. TOUZÉ (dir.), *Les interaction normatives Droit de l'Union européenne et droit international*, Paris, Pedone, 2012, pp. 143-166.

règle simple de promotion de l'efficience des marchés[4]. En effet, la logique inhérente à la régulation bancaire repose sur des présupposés idéologiques : l'hypothèse d'efficience des marchés[5] exprimant une préférence marquée pour l'autonomie du marché, la confiance dans l'effectivité des choix individuels et l'autorégulation. Le politique est exclu d'un tel raisonnement, prié de s'effacer au profit du marché, seul à même de garantir son fonctionnement efficace.

La structure de la régulation bancaire ne fait que confirmer un tel diagnostic. En théorie, aux fondements de la régulation, il y a l'objectif assigné au régulateur. Celui-ci est l'expression de la chaine de légitimité qui l'unit aux choix politiques exprimé par les institutions représentatives.

Or, en matière bancaire, cette question du choix politique a depuis longtemps été prédéterminée par le niveau international, le Comité de Bâle. Organe technique représentant les banques centrales et les régulateurs nationaux, le Comité de Bâle s'est vu implicitement déléguer la fonction d'organe normatif principal. Le législateur européen et les législateurs nationaux sont alors relégués à une fonction de transposition des accords trouvés au niveau international. Cette délégation implicite signifie, *in fine*, un abandon par le pouvoir politique de sa fonction fondamentale d'expression des valeurs et des préférences du corps social au profit d'experts.

Cette logique est bien connue du droit de la régulation. Celui-ci exige la délégation du pouvoir aux experts et aux techniciens au nom de la neutralité de leurs choix mais aussi de leur plus grande connaissance du domaine, garante d'une efficacité accrue de leur action. Cependant, les instances représentatives restent toujours impliquées dans la régulation par le biais des objectifs qu'ils fixent aux régulateurs et qui constituent la ligne politique de leur action.

En matière bancaire, la logique s'est inversée. Les contraintes induites par l'ouverture des marchés, la dérégulation, la libre convertibilité des monnaies, en un mot la mondialisation des marchés bancaires et financiers exigent qu'un consensus soit trouvé au niveau

---

[4] Sur les traits caractéristiques du droit néo-libéral, voir D. SINGH GREWAL & J. PURDY, « Introduction : law and neoliberalism », *Law and Contemporary Problems*, 2014/4 n° 77, pp. 1-23.

[5] Voir A. PRÜM, « L'Union européenne en crise face au dogme de l'efficience des marchés financiers », *EUI Working Papers*, RSCAS, 2013/01, 29 p.

international sur la teneur de la réglementation. En principe limitée aux détails techniques de celle-ci, elle ne semble pas préempter la définition des objectifs. Cependant, les choix techniques sont censés être la traduction opératoire des objectifs. Ainsi, en définissant les règles techniques, les instances internationales traduisent l'objectif qu'elles ont elles-mêmes choisi. Le choix des objectifs est alors fait implicitement au niveau international.

Or, la crise financière de 2007 a amplement souligné les apories d'un tel système, et notamment les lacunes de la réglementation bancaire, telle que le Comité de Bâle la dessine. L'ampleur des réformes à mener a alors exigé l'intervention du politique qui, au sein du G20, a permis l'émergence d'un consensus sur les objectifs et les grandes lignes de ces évolutions. Il s'agit de palier l'ensemble des insuffisances constatées pendant la crise.

Le G20 de Pittsburg de 2009 a résumé cette approche. Selon les chefs d'État et de Gouvernement, il s'agit de : « réduire le risque que des excès financiers ne déstabilisent à nouveau l'économie mondiale », tout en déclarant que : « revenir à la prise de risque excessive qui prévalait dans certains pays avant la crise n'est pas envisageable ». Ces deux déclarations, simultanées, sont contradictoires : soit l'objectif est d'empêcher une prise de risque excessive, soit elle est de limiter les effets néfastes de celles-ci.

Cette contradiction n'est que l'expression d'un conflit plus profond, aux sources même de la régulation bancaire. Par définition, la régulation a pour objectif de corriger les déficiences du marché, afin de garantir son fonctionnement efficace. Or, en matière bancaire, le marché est réputé être efficient, la régulation n'aurait alors aucun rôle à jouer... Pourtant, la crise financière a démontré, quasiment à tous les niveaux, que les marchés bancaires et financiers ne sont en rien efficients, soulignant le besoin de régulation [6]. Cependant, le fondement théorique sur lequel elle repose n'a été ni amendé, ni réfléchi conduisant à une irrésoluble contradiction. L'objectif de la régulation bancaire est alors de gérer les effets néfastes des imperfections du marché, mais jamais d'y remédier, le marché étant parfait. Le régulateur limite la prise de risque *ex ante* ou il en gère les conséquences *ex post*.

---

[6] Voir, parmi une littérature assez fournie : R. POSNER, *A failure of capitalism*, Cambridge Massachussetts & London England, Harvard Université Press, 2009.

Le rôle du régulateur n'est alors pas d'éviter les crises, celles-ci étant inévitables[7], il faut les retarder et les rendre indolores. L'ensemble de la régulation se construit alors en réaction aux crises. Chaque crise démontre les failles de la réglementation et de la régulation. Celles-ci sont alors comblées par le législateur et le régulateur. La logique des réformes ne peut alors qu'être négative : identifier les lacunes mises en avant par la crise et les combler afin d'atténuer l'impact de la prochaine crise.

La crise de 2007 a permis la mise-à-jour de certains conflits d'objectifs – devenus évidents pour tout le monde – auxquels les institutions internationales, européennes et nationales ont tenté de répondre (I). Cependant, le système même étant bâti sur une contradiction, il recèle des conflits sous-jacents qu'il convient de mettre en avant (II).

I. – La résorption progressive des conflits évidents

La crise financière a permis d'identifier, ou de mettre en avant, certains conflits d'objectifs au sein de la régulation bancaire. Les réformes adoptées, au niveau national, européen ou international, ont permis la relative résorption de ceux-ci. Ils n'ont en aucun cas disparu, mais il existe dorénavant des outils permettant la conciliation d'objectifs divergents.

Il est possible de dresser une typologie sommaire de ces derniers. La première source de conflit était liée aux spécificités de chaque système juridique intervenant dans le processus de régulation, permettant à chacun d'imprimer des objectifs variables à la réglementation bancaire. Ils peuvent être qualifiés de verticaux (A). La seconde source était liée aux divergences d'objectifs et de réglementation dans les diverses branches de la régulation financière. Les réformes ont permis une relative disparition de ces conflits horizontaux (B).

A. Les conflits verticaux

Les conflits verticaux sont ceux qui concernent les rapports entre les diverses normes juridiques adoptées aux différents échelons

[7] Voir C. M. Reinhart & K.S. Rogoff, *This Time is Different – Eight Centuries of Financial Folly*, Princeton, Princeton University Press, 2010.

intervenant dans la régulation bancaire. La crise a permis une relative unification autour d'une volonté politique forte au niveau international, comme européen, évitant les conflits de transposition (1). La question des conflits entre les régulateurs se trouve aussi limitée du fait de leur plus grande intégration européenne, voire internationale (2).

1. Les conflits de transposition

Toute règle en matière bancaire est le produit d'un triple niveau normatif : l'élaboration de standards internationaux par le Comité de Bâle, la transposition de ceux-ci par l'Union européenne et enfin la transposition de la transposition par les États membres. Or, et de manière très schématique, chaque niveau a son propre objectif : le Comité de Bâle l'élaboration de standards uniformes, l'Union l'édification d'un marché intérieur et les États la protection de leurs spécificités nationales et de leurs places financières[8]. La confrontation de ces objectifs pouvait alors conduire à la dénaturation de certaines règles et surtout leur diversité à travers les différents systèmes juridiques permettant alors au marché d'exploiter les failles ainsi créées et incidemment augmenter le risque systémique.

La crise a conduit à une relative remise en ordre. Au niveau international, suite à la création du G20[9], une volonté politique commune forte a été formulée, notamment en 2008 et 2009 à Washington, Londres et Pittsburg[10]. Cette formulation commune de haut niveau du diagnostic et des objectifs des réformes est un indéniable facteur de cohérence de l'ensemble de l'édifice normatif et estompe les velléités régionales ou nationales de réintroduction d'objectifs propres. Ainsi, la Commission européenne a pu s'appuyer sur certains consensus issus du G20 pour faire avancer certaines de ses propositions.

---

[8] Sur les liens spécifiques entre les pays, européens notamment, et leurs systèmes financiers : voir E. MONNET, S. PAGGLIARI & S. VALLÉE, « *Europe between financial repression and regulatory capture* », *Bruegel Working Paper*, 2014/08, 17 p.

[9] Sur l'émergence du G20 comme instance de décision, voir L. DELABIE, « Gouvernance mondiale : G8 et G20 comme modes de coopération interétatique informels », *Annuaire français de droit international*, 2009, pp. 629-663.

[10] Pour une généalogie rapide des apports de ces différentes réunions, voir M. CASTEL, « Progrès et limites dans la gestion des risques financiers », *Rapport moral sur l'argent dans le monde*, 2014, pp. 181-195, notamment pp. 183-186.

Ces initiatives politiques ont ensuite été traduites en standards internationaux par des organismes techniques, comme le Comité de Bâle en matière bancaire [11], dont le poids des normes non-contraignantes s'en trouve renforcé. Il faut cependant se garder d'être naïfs. L'importance économique et stratégique du secteur financier incite toujours les États à adapter les exigences internationales afin de favoriser leurs banques et leurs places nationales[12].

Au niveau de l'Union européen, la question du conflit de transposition a quasiment disparu avec l'adoption du Paquet CRD 4 en 2014. Celui-ci vient transposer en droit de l'Union l'accord de Bâle 3, adopté par le Comité. Il se compose à la fois d'une directive[13], mais surtout d'un règlement[14]. Ce dernier est explicitement qualifié de « règlement uniforme »[15], soulignant ainsi son rôle : garantir une réglementation uniforme dans l'ensemble de l'Union.

Cependant, une règle ne prend tout son sens qu'une fois appliquée, la pratique des régulateurs peut alors conduire à la réintroduction de conflits horizontaux.

2. Les conflits de régulateurs

L'objectif même de la régulation est de confier à des experts indépendants l'application des normes décidées par le législateur.

---

[11] Pour un panorama rapide de ces organismes, voir B. BRÉHIER, « Les nouveaux législateurs : OICV, Comité de Bale, FSB, G20 », *Revue de Droit bancaire et financier*, 2015 n° 3, Étude 31.

[12] Voir, pour un rapide panorama des transpositions parfois « hétérogène », parfois « boiteuses » : B. BRÉHIER, « Les nouveaux législateurs : OICV, Comité de Bâle, FSB, G20 », préc., §§ 48-64 ; concernant la transpositions de Bâle III : R. BISMUTH, « Les réformes de l'encadrement prudentiel des banques par le comité de Bâle, reflet des tensions entre les différents espace de régulation financière », *in* A. DELION & L. VIDAL (dir.), *Les réformes des régulations financières – Annales de la régulation – Volume 3*, Paris, IRJS Éditions, 2013, pp. 173-195, notamment pp. 186-187. La mise en œuvre nationale des réformes décidées au niveau international démontre la persistance de certaines différences, voir FINANCIAL STABILITY BOARD, *Implementation and effects of the G20 financial regulatory reforms*, 9 November 2015, 30 p.

[13] Directive 2013/36/UE du Parlement européen et du Conseil du 26 juin 2013 concernant l'accès à l'activité des établissements de crédit et la surveillance prudentielle des établissements de crédit et des entreprises d'investissement, modifiant la directive 2002/87/CE et abrogeant les directives 2006/48/CE et 2006/49/CE, JOUE L 176 du 27 juin 2013, p. 338.

[14] Règlement (UE) n ° 575/2013 du Parlement européen et du Conseil du 26 juin 2013 concernant les exigences prudentielles applicables aux établissements de crédit et aux entreprises d'investissement et modifiant le règlement (UE) n ° 648/2012 JOUE L 176 du 27 juin 2013, p. 1.

[15] *Ibid.*, cons. 2.

Cependant, jusqu'à la crise, l'intégration supranationale de la régulation était limitée.

Au niveau international, les régulateurs sont depuis longtemps au cœur du système. En effet, le comité de Bâle est composé des régulateurs bancaires nationaux ainsi que des Banques centrales, lorsque les deux ne sont pas confondus. Cependant, les normes adoptées par le comité ne sont pas directement opératoires. Outre le filtre législatif national qui vient d'être évoqué, les régulateurs conservent une marge de manœuvre très large dans l'application concrète des normes pouvant alors occasionner des divergences dans l'exécution desdites normes.

Il n'est pour le moment pas prévu une plus grande concertation des régulateurs au stade de la mise en œuvre des normes. Cependant, pour éviter tout conflit dans leur application aux groupes transnationaux, la concertation entre les régulateurs a été accrue de manière à assurer une application uniforme des normes prudentielles au stade des groupes.

Au niveau européen, l'intégration des régulateurs a été profondément renforcée, en deux temps. Dans un premier temps, suite au rapport Larosière[16], l'Agence bancaire européenne a été créée afin de permettre une meilleure application des normes européennes[17]. Pour éviter tout conflit entre régulateurs, l'Agence peut faire pression sur une autorité nationale qui ne respecterait pas le droit de l'Union, mais aussi agir à la place des autorités nationales en situation d'urgence et enfin de permettre le règlement des différends entre autorités issues d'États membres différents[18]. Dans un second temps, an niveau de la zone euro, la mise en place du mécanisme de surveillance unique[19], dans le cadre de l'Union bancaire, garantit une unité dans la régulation des banques. La BCE se voit chargée de la supervision des établissements de crédit importants. Elle coordonne

---

[16] THE HIGH LEVEL GROUP OF FINANCIAL SUPERVISION IN THE EU, *Report*, 25 February 2009.

[17] Règlement 1093/2010/UE du Parlement européen et du Conseil du 24 novembre 2010 instituant une Autorité européenne de surveillance (Autorité bancaire européenne), modifiant la décision 716/2009/CE et abrogeant la décision 2009/78/CE de la Commission, JOUE L 331 du 15 décembre 2010, p. 12.

[18] *Ibid.*, respectivement art. 17, 18 et 19.

[19] Règlement (UE) n ° 1024/2013 du Conseil du 15 octobre 2013 confiant à la Banque centrale européenne des missions spécifiques ayant trait aux politiques en matière de surveillance prudentielle des établissements de crédit, JOUE L 287 du 29 octobre 2013, p. 63.

aussi la supervision des établissements moins importants, avec la rédaction de modèles intégrés de supervision[20].

Ainsi, la première source de conflit d'objectifs se trouve limitée par l'intégration internationale et supranationale. Cependant, au sein de l'Union, l'absence du Royaume-Uni de l'Union bancaire laisse subsister une différence fondamentale dans la supervision des banques européennes. Cependant, la régulation ne peut plus se contenter d'être uniquement bancaire. Les fonctions assurées par les établissements de crédit sont aujourd'hui trop vastes et s'étendent aux domaines assurantiels et financiers, exigeant la concertation globale des régulateurs dans l'ensemble des ces secteurs.

B. Les conflits horizontaux

Par « conflits horizontaux », nous entendons les conflits entre les diverses branches de la régulation : bancaire, assurantielle et financière. Cette séparation sectorielle correspond bien à une réalité juridique, mais contredit, dans les faits, l'interpénétration entre ces acteurs de la finance. Il n'est plus possible de faire une différence nette entre les différentes branches de la finance. La séparation juridique de la régulation pouvait alors induire des conflits dans les objectifs poursuivis par chaque régulateur et propres aux spécificités de chaque secteur en cause. Depuis la crise, un objectif commun et partagé a été dégagé : la stabilité financière, conduisant à la mise en place d'une « régulation financière » couvrant les trois secteurs[21], permettant alors de réduire les conflits[22].

1. La « régulation financière » : régime transversal

La notion de « régulation financière » a pour vocation à démontrer que la régulation n'est plus uniquement sectorielle mais bien globale à l'ensemble du système financier. D'un point de vue institutionnel, elle devient une réalité au niveau international, européen et national.

---

[20] Sur le rôle de la BCE au sein du MSU, voir S. ADALID, « Les transformations de la gouvernance de la BCE », *in* F. MARTUCCI (dir.), *L'Union bancaire*, Bruxelles, Bruylant, 2016, pp. 161-188.

[21] Sur ce mouvement, voir P.-H. CASSOU, « Objectifs et principes de la réglementation financière européenne », *Rapport moral sur l'argent dans le monde*, 2014, pp. 75-86.

[22] Même si ceux-ci persistent, notamment entre Bâle III et Solvabilité II, voir R. BISMUTH, « Les réformes de l'encadrement prudentiel des banques par le comité de Bâle, reflet des tensions entre les différents espaces de régulation financière », préc., pp. 190-195.

La crise a poussé le G20 à créer une instance commune chargée de coordonner l'ensemble des travaux en matière financière : le Conseil de la stabilité financière. Le conseil se compose de représentants nationaux chargés de la stabilité financière : les ministres des finances, les gouverneurs des banques centrales, les autorités de supervision et de régulation ainsi que des représentants des institutions financières internationales et des organes internationaux chargés d'établir des standards dans les différents domaines de la régulation financière (tel le Comité de Bâle)[23]. Il est chargé de coordonner leurs différents travaux afin de permettre la mise en œuvre de pratiques communes dans les différents secteurs[24].

La création de l'Autorité bancaire européenne s'est faite en même temps que la création d'une autorité similaire dans le domaine des assurances[25] et des marchés financiers[26]. Bien que séparées, ces trois autorités se retrouvent au sein du Conseil européen du risque systémique[27]. Au surplus, le droit dérivé prévoit la création d'un « comité mixte » afin de permettre le règlement des différends entre elles[28].

Au niveau national, dans la majorité des États de l'Union, un modèle commun de régulation a émergé. Ainsi, en France, l'Autorité de contrôle prudentiel et de résolution a remplacé les quatre autorités chargées de la supervision des établissements bancaire, assurantiels et financiers[29].

---

[23] Voir *Charter of the Financial Stability Board*, 25 September 2009 amended on 19 june 2012, art. 5.

[24] *Ibid.*, art. 1.

[25] Règlement 1094/2010/UE du Parlement européen et du Conseil du 24 novembre 2010 instituant une Autorité européenne de surveillance (Autorité européenne des assurances et des pensions professionnelles), modifiant la décision 716/2009/CE et abrogeant la décision 2009/79/CE de la Commission, JOUE L 331 du 15 décembre 2010, p. 48.

[26] Règlement 1095/2010/UE du Parlement européen et du Conseil du 24 novembre 2010 instituant une Autorité européenne de surveillance (Autorité européenne des marchés financiers), modifiant la décision 716/2009/CE et abrogeant la décision 2009/77/CE de la Commission, JOUE L 331 du 15 décembre 2010, p. 84.

[27] Règlement 1092/2010/UE du Parlement européen et du Conseil du 24 novembre 2010 relatif à la surveillance macroprudentielle du système financier dans l'Union européenne et instituant un Comité européen du risque systémique, JOUE L 331 du 15 décembre 2010, p. 1.

[28] Voir règlement 1093/2010/UE du Parlement européen et du Conseil du 24 novembre 2010 instituant une Autorité européenne de surveillance (Autorité bancaire européenne), préc., art. 20.

[29] Ordonnance n° 2010-76 du 21 janvier 2010 portant fusion des autorités d'agrément et de contrôle de la banque et de l'assurance, JORF n°0018 du 22 janvier 2010, p. 1392.

Ces réformes institutionnelles garantissent la disparition des conflits potentiels entre les différentes pratiques dans les secteurs composant, dans sa globalité, le « marché financier ». La création d'autorités communes ou leur participation à des organes de coordination concrétise l'hypothèse de l'interrégulation[30] et permet ainsi une plus grande unité. Celle-ci se construit sur le fondement d'objectifs communs.

2. L'émergence d'objectifs communs

La stabilité financière est devenue l'objectif commun prioritaire de l'ensemble de la régulation financière. Cependant, cet objectif ne porte que sur le fonctionnement du système financier, en aucun cas sur son rôle social. À ce propos, un second objectif émerge : la protection de la clientèle, rappelant ainsi à la finance qu'elle n'est pas seulement un système clos.

D'après le comité de Bâle, la réforme Bâle 3 : « accroîtra la capacité du secteur bancaire à absorber les chocs générés par des tensions financières et économiques, quelle qu'en soit la source, ce qui réduira le risque de répercussions de tensions financières sur l'économie réelle »[31]. Au niveau européen, l'objectif de la réglementation n'est plus la création ou l'approfondissement du marché intérieur, mais : « le fonctionnement harmonieux du marché intérieur »[32], sous-entendu la stabilité du marché. Sans multiplier les exemples, il ressort de nombreux textes européens adoptés, ou en cours d'adoption, en matière financière et assurantielle que leur objectif final est la stabilité financière (MIFID II[33], EMIR[34], etc.)

---

[30] Sur ces pratiques, voir G. ECKERT & J.-P. KOVAR (dir.), *L'interrégulation*, Paris, L'Harmattan, 2015.

[31] Comité de Bâle sur le contrôle bancaire, *Bâle III : ratio de liquidité à court terme et outil de suivi du risque de liquidité*, janvier 2013, 75 p., ici p. 1.

[32] Règlement (UE) n° 575/2013 du Parlement européen et du Conseil du 26 juin 2013 concernant les exigences prudentielles applicables aux établissements de crédit et aux entreprises d'investissement et modifiant le règlement, cons. 7.

[33] La directive n'est pas très claire sur ses objectifs, mais précise tout de même à son considérant 37 : « Les personnes qui fournissent des services d'investissement et/ou exercent des activités d'investissement couverts par la présente directive devraient être soumises à un agrément délivré par leur État membre d'origine aux fins d'assurer la protection des investisseurs et la stabilité du système financier » (Directive 2014/65/UE du Parlement européen et du Conseil du 15 mai 2014 concernant les marchés d'instruments financiers et modifiant la directive 2002/92/CE et la directive 2011/61/UE, JOUE L 173 du 12 juin 2014, p. 349).

Enfin, au niveau national, l'ACPR : « veille à la préservation de la stabilité du système financier et à la protection des clients, assurés, adhérents et bénéficiaires des personnes soumises au contrôle »[35].

Ce dernier exemple montre que la protection de la clientèle émerge comme le second objectif au cœur de la régulation financière[36]. Il se retrouve aussi au niveau européen. Ainsi, la directive MIFID II se donne aussi comme objectif d' « offrir aux investisseurs un niveau élevé de protection »[37]. Au surplus, nombre de ses dispositions visent à exiger des établissements financiers qu'ils fournissent aux clients des produits dont ces derniers ont réellement besoin et qui correspondent à ceux-ci[38].

Deux ombres à ce tableau méritent d'être soulignées. En premier lieu, seule la supervision microprudentielle a été évoquée alors que la crise a souligné l'importance de la supervision macroprudentielle. Dans ce domaine, la compétence reste nationale, la concertation internationale limitée et l'intégration européenne circonscrite à la création du Comité européen du risque systémique dont la composition pléthorique et les faibles pouvoirs ne garantissent pas une action déterminante. Ainsi, alors que l'objectif des supervisions micro et macro prudentielle est le même (la stabilité financière), l'absence de coordination de leurs outils peut faire courir *in fine* un risque de conflit dans la concrétisation de l'objectif commun de stabilité.

---

[34] Règlement (UE) n ° 648/2012 du Parlement européen et du Conseil du 4 juillet 2012 sur les produits dérivés de gré à gré, les contreparties centrales et les référentiels centraux (JOUE L 201 du 27 juillet 2012), notamment les considérants 4, 14 et 23. Les considérants précisent même que le choix d'un règlement se justifie car : « Les États membres sont susceptibles d'adopter des mesures nationales divergentes qui pourraient entraver le bon fonctionnement du marché intérieur au détriment des participants au marché et de la stabilité financière » (cons. 23).

[35] C. mon. fin., art. L 621-1.

[36] Sur l'émergence et la prise en compte progressive de cet objectif, voir B. ZABALA, « La protection de la clientèle par les organismes de régulation financière », *in* A. DELION & L. VIDAL (dir.), *Les réformes des régulations financières – Annales de la régulation – Volume 3*, Paris, IRJS Éditions, 2013, pp. 103-122.

[37] Directive 2014/65/UE du Parlement européen et du Conseil du 15 mai 2014 concernant les marchés d'instruments financiers, préc., consid. 3.

[38] *Ibid.*, art. 24.

En second lieu, un secteur déterminant a été exclu de l'intégration financière : les normes comptables. Au niveau international, l'IASB – malgré les réformes de sa gouvernance – reste exclu des forums de concertation[39]. Le modèle comptable – et dogmatique – qu'il promeut et accepté de manière inconséquente par l'Union en 2002 continue de faire courir des risques pour la stabilité financière[40]. En réalité, la question des normes comptables souligne que derrière une concertation technique se cache toujours un paradigme théorique. Or, celui de la régulation bancaire et financière, de même que celui des normes comptables, peut entrer en conflit avec les objectifs sociaux fondamentaux des sociétés et de la culture européenne.

II. – L'apparition progressive des conflits sous-jacents

La cohérence interne des réformes récentes de la régulation bancaire et financière ne saurait cacher leurs dérives et leurs apories. Du point de vue des dérives, on constate une multiplication des règlementations, la complexification de celles-ci sans même que leur mode de production ne soit interrogé. Ces évolutions peuvent conduire à des conflits avec les objectifs et la nature même du système juridique (A). Du point de vue des apories, l'absence de remise en cause du modèle de régulation financière conduit aujourd'hui à une nouvelle situation d'instabilité, qui souligne les conflits économiques inhérents à la régulation (B).

A. Les conflits juridiques

D'un point de vue juridique, la régulation a toujours posé la question de sa légitimité, notamment du fait de la proximité entre régulateurs et régulés. Avant d'aborder ce problème, il faut souligner les problèmes posés par les réformes qui font apparaître des dérives inquiétantes par rapport aux canons de la juridicité.

---

[39] Sur l'IASB, voir M. PRADA, « Les normes comptables internationales : gouvernance et déploiement », *Rapport moral sur l'argent dans le monde*, 2014, pp. 197-207.

[40] Sur les problèmes posés par ces normes comptables et la nécessité de l'émergence d'un modèle européen, voir J. HAAS & D. NECHELIS, « Les nouveaux enjeux de la comptabilité : du droit comptable à la régulation économique et financière. Réflexions atour du rôle de l'autorité des normes comptables », *in* A. DELION & L. VIDAL (dir.), *Les réformes des régulations financières – Annales de la régulation – Volume 3*, Paris, IRJS Éditions, 2013, pp. 381-397 ; pour un approche plus critique voy. M. TELLER, « Le régulateur comptable », *Revue de Droit bancaire et financier*, 2015 n° 3, Étude 33.

1. Régulation et (in)sécurité juridique

Il faut rappeler que la directive 2013/36 concernant l'accès à l'activité d'établissement de crédit et la surveillance prudentielle contient 165 articles[41] et le règlement 575/2013 sur les exigences prudentielles applicables aux établissements de crédit comporte 521 articles[42]. Il faut évidemment rajouter les normes déléguées et le normes d'exécution adoptées par la Commission, ainsi que l'ensemble de la *soft law* adoptée par l'ABE et les autorités nationales. Cet environnement sur-juridicisé peut conduire – en réalité – à deux dérives : l'ineffectivité des normes et l'arbitraire dans leur application.

En premier lieu, la multiplication des normes et leur complexité[43] peut avoir l'effet inverse de celui initialement attendu, sans compter l'effet déstabilisant sur les acteurs d'une production normative incessante[44], pour trois raisons. Tout d'abord, il devient de plus en plus difficile pour les établissements de crédit de suivre l'évolution de la réglementation, posant alors la question de savoir si « une bonne régulation n'est-elle pas d'abord une régulation stable et assimilée par les acteurs ? »[45]. Ensuite, et surtout, la volonté de prévoir l'ensemble de situations, le souci du détail peut – en réalité – laisser aux destinataires d'amples marges de manœuvre, voire de fraude, pour les situations qui ne sont pas prévues[46]. En effet, il est impossible de tout prévoir. Enfin, les normes prudentielles ont un effet déresponsabilisant. Elles conduisent à une obsession de la conformité

---

[41] Directive 2013/36/UE du Parlement européen et du Conseil du 26 juin 2013 concernant l'accès à l'activité des établissements de crédit et la surveillance prudentielle des établissements de crédit et des entreprises d'investissement, préc.

[42] Règlement (UE) n ° 575/2013 du Parlement européen et du Conseil du 26 juin 2013 concernant les exigences prudentielles applicables aux établissements de crédit et aux entreprises d'investissement, préc.

[43] Sur la complexité inhérente à la norme prudentielle, voir T. BONNEAU, « La norme prudentielle », *Revue de Droit bancaire et financier*, 2015, n° 3, Étude 36.

[44] Voir J. FONTAINE, « Comment construire un plan stratégique à moyen terme dans le nouvel environnement bancaire », *Revue d'économie financière*, 2015/2 n° 118, pp. 37-51, notamment pp. 39-41.

[45] F. CHAMPARNAUD, « Introduction. Régulation et gouvernance internationales par temps de crise : maîtriser la complexité », *Rapport moral sur l'argent dans le monde*, 2014, pp. 9-16, p. 14.

[46] Un auteur propose alors de « simplifier les règles prudentielles afin de les rendre plus difficiles à contourner » ! Voir G. PLANTIN, « Régulation ou supervision : Quels nouveaux risques ? », *Revue d'économie financière*, 2015/2 n° 118, pp. 67-75, p. 74.

par les acteurs du marché, sans jamais faire appel à leur bon sens, voire à leur éthique[47].

En second lieu, le rôle normatif des autorités de régulation conduit à un risque d'arbitraire. La *soft law* qu'elles publient peut, parfois, devenir des normes (au niveau national ou au niveau européen). Mais elles peuvent aussi l'abandonner. La prévisibilité de la règle juridique se trouve alors grandement amoindrie et l'autorité de régulation peut discrétionnairement choisir la règle qu'elle entend appliquer[48].

Ainsi, les objectifs de sécurité juridique, de prévisibilité voire d'accessibilité et d'intelligibilité de la loi risquent d'entrer en conflit de plus en plus frontalement avec les normes et les autorités prudentielles, reposant alors la question de la légitimité de la régulation.

2. Régulation et intérêts représentés

La question de la légitimité des autorités de régulation n'est pas nouvelle, elle est née avec elles. Cependant, la crise a fait ressurgir la question, qui n'a toujours pas été réglée. Du point de vue des objectifs, ceux qui sont assignés au régulateur peuvent entrer en conflit avec les objectifs propres au régulateur, qui peuvent être différents et inspirés de leur proximité avec les régulés.

Avant même l'intervention du régulateur, le législateur – à tous les échelons – est constamment soumis à un intense travail de lobbying de la part de l'industrie financière. Ainsi, les négociations de Bâle II comme de Bâle III ont subi l'influence, et les menaces, de l'Institute of International Finance[49]. Au niveau européen, l'adoption de la directive sur les gestionnaires de fonds d'investissement alternatifs[50] a été l'objet d'un intense lobbying privé, mais aussi public notamment

---

[47] Voir A.-J. FULGÉRAS, « La conformité : alibi ou contre-pouvoir ? », *Rapport moral sur l'argent dans le monde*, 2014, pp. 87-93.

[48] Voir M.-A. FRISON-ROCHE, « La nature prométhéenne du droit en construction pour réguler la banque et la finance », *Rapport moral sur l'argent dans le monde*, 2014, pp. 37-48, notamment p.45.

[49] Voir R. BISMUTH, « Les réformes de l'encadrement prudentiel des banques par le comité de Bâle, reflet des tensions entre les différents espaces de régulation financière », préc., notamment p. 180 et pp. 183-184.

[50] Directive 2011/61/UE, du Parlement européen et du Conseil du 8 juin 2011 sur les gestionnaires de fonds d'investissement alternatifs et modifiant les directives 2003/41/CE et 2009/65/CE ainsi que les règlements (CE) n ° 1060/2009 et (UE) n ° 1095/2010, JOUE L 174 du 1er janvier 2011, pp. 1-73.

de la part des États-Unis, conduisant à limiter grandement sa portée[51]. Ainsi, l'objectif même de la réglementation est souvent dévoyé, amoindri au profit d'une plus grande liberté pour les acteurs du système financier.

Pour certains, au-delà des causes concrètes, la crise était imputable à une capture du régulateur par les intérêts des régulés[52]. D'un point de vue factuel, la porosité entre le personnel de l'industrie financière et les régulateurs n'est plus à démontrer[53]. Elle a longtemps été justifiée au nom de l'expertise acquise dans le secteur privé qui pourrait alors être mise à profit par les régulateurs. Or, la crise a démontré l'échec de la régulation, sans que ce phénomène de « *revolving doors* » ne soit remis en cause.

Plus théoriquement, il faut se demander si cette proximité n'entretient pas une « communauté épistémique »[54] entre régulateurs et régulés où le mode de pensée entre eux se confond conduisant alors à l'identité de l'objectif du régulateur et de l'intérêt de ses sujets.

In fine, cette question pose celle du paradigme idéologique sur lequel repose la régulation et qui consiste en la confiance renouvelée et permanente dans l'hypothèse de l'efficience des marchés financiers. Ceci explique la perméabilité du législateur et du régulateur aux intérêts exprimés par les lobbyistes. Le partage par l'ensemble des acteurs d'une conception commune, orientée vers les exigences du marché plus que celle de l'intérêt général, explique l'ensemble des conflits juridiques ainsi soulignés. Dans le domaine de la régulation financière, le droit est privé de son rôle de garant de l'intérêt général au profit de celui de l'efficacité économique des règles appliquées aux marchés financiers. Or, il ressort que cette efficacité économique n'est pas garantie.

---

[51] Voir J. BUCKLEY & D. HOWARTH, « Internal Market: Regulating the So-Called 'Vultures of Capitalism' », *Journal of Common Market Studies*, 2011 Vol. 49 Annual Review, pp. 123-143.

[52] Voir B. du MARAIS, « Crise de la régulation ou "capture du régulateur" », *in* A. MÉRIEUX (dir.), *Rapport moral sur l'agent dans le monde 2009*, Association d'économie financière, 2009.

[53] Voir, aux États-Unis, D. LUCCA, A. SERU & F. TREBBI, « *The revolving door and worker flows in banking regulation* », *Journal of Monetary Economics*, 65 (2014), pp. 17-32.

[54] Sur cette notion, voir T. BOSSY & A. EVRARD, « Communauté épistémique », *in* L. BOUSSAGUET, S. JACQUOT, P. RAVINET (dir.), *Dictionnaire des politiques publiques*, 4ème éd., Paris, Presses de Science-Po, 2014, pp. 140-147.

B. Les conflits économiques

Les conflits économiques dans le domaine de la régulation sont multiples et, comme toute appréhension économique, sujets à débats ; l'économie étant tout sauf une science exacte. Le premier d'entre eux, qui pose aussi des questions juridiques, est celui de la coordination entre la politique monétaire et la surveillance prudentielle. Au-delà, le paradigme de la régulation pose la question du défi du financement de l'économie réelle.

1. Politique prudentielle et politique monétaire

Avec le MSU, le conflit est devenu patent entre la politique prudentielle et la politique monétaire, les deux étant confiés à la même institution : la BCE. Au surplus, la politique monétaire apparaît aussi comme une menace pour la stabilité financière.

Le MSU confie à la même institution deux responsabilités envisagées comme contradictoires. En effet, la confusion des fonctions monétaire et prudentielle peut induire des risques pour la crédibilité de l'institution[55]. Pour y remédier, le MSU a établi une stricte séparation entre les deux fonctions, qui ne relèvent pas des mêmes organes au sein de la BCE. Schématiquement, la politique monétaire reste l'apanage du conseil des gouverneurs, composé du directoire de la BCE et des gouverneurs des banque centrales nationales[56]. Inversement, la politique prudentielle relève du conseil de surveillance, composé de six membres issus de la BCE et d'un représentant de chaque autorité compétente nationale[57]. Cependant, la séparation entre les deux n'est pas étanche[58], et quand bien même elle le serait, les fonctions monétaires mettent aujourd'hui gravement en danger la stabilité financière.

D'un point de vue économique, la politique monétaire non-conventionnelle menée depuis le début de la crise conduit à une

[55] Voir CONSEIL D'ANALYSE ÉCONOMIQUE, *Banques centrales et stabilité financière*, Paris, La documentation française, 2011.
[56] Voir art. 10 et 12 du Protocole n° 4 annexé au Traité de Lisbonne sur les statuts du Système européen de Banques centrales et de la Banque centrale européenne.
[57] Art. 26 du Règlement (UE) n ° 1024/2013 du Conseil du 15 octobre 2013 confiant à la Banque centrale européenne des missions spécifiques ayant trait aux politiques en matière de surveillance prudentielle des établissements de crédit, préc..
[58] Voir nos développements : S. ADALID, « Les transformations de la gouvernance de la BCE », préc.

abondance de liquidités dans le système financier. De prime abord, cette politique accommodante permet aisément aux banques de se plier aux nouvelles exigences prudentielles. Au niveau global, l'excès de liquidité dans le système financier fait courir le risque d'une nouvelle crise systémique[59]. En effet, elle a permis le retour à une spéculation et à une dissémination du risque dans l'ensemble du système, la faiblesse des taux d'intérêt induit la recherche grandissante de placements rentables mettant alors en danger l'ensemble du système. Au surplus, face au manque d'efficacité de leur politique, les banques centrales commencent à se servir de la bourse comme : « un instrument de la politique monétaire »[60]. De telles pratiques mettent en danger la stabilité du système financier dans son ensemble.

Il est alors extrêmement inquiétant qu'une seule et même institution, la BCE, bien que scindée en deux entités pseudo-distinctes, soit responsable de formuler deux politiques aux objectifs apparemment compatibles : stabilité monétaire et stabilité financière, mais dont la pratique se révèle conflictuelle[61]. En réalité, la Banque centrale cherche désespérément les outils afin de relancer l'économie réelle, ce qui devrait être l'objectif premier de la régulation bancaire et financière.

2. Paradigme prudentiel et économie réelle

Jamais le paradigme de la régulation n'a été questionné. Au fondement de celui-ci, le dogme de l'efficience des marchés reste profondément ancré, alors que la crise a amplement démontré ses échecs. La crise est celle d'une finance mondialisée et déconnectée de l'économie réelle, ce que la dérèglementation des années quatre-vingt a favorisé et la régulation des années deux mille n'a pas réussi, sans réellement chercher, à y mettre un terme.

Ainsi, les réformes n'ont pour seul objectif que d'atténuer les effets de la prochaine crise, sans réellement en combattre les causes. Un grand nombre de réformes ont été trop limitées et les facteurs de

---

[59] Voir P. ARTUS & M.-P. VIRARD, *La folie des banque centrales (pourquoi la prochaine crise sera pire)*, Paris, Fayard, 2016.

[60] *Ibid.*, pp. 53-57.

[61] Ce n'est pas la première fois que la pratique de la BCE en matière monétaire met en danger la stabilité financière, voir à propos de la création de « *repo market* », D. Gabor & C. Ban, « *Banking on Bonds: The New Links Between States and Markets* », *Journal of Common Market Studies*, 2016/3 Vol. 54, pp. 617-635.

risques restent nombreux, quelques exemples suffiront à s'en convaincre[62]. La transparence et la régulation des produits dérivés en reste à ses balbutiements alors même que leur utilisation n'a pas diminué. La spéculation sur les matières premières, dont les effets néfastes sont évidents, n'a pas été encadrée. Au surplus, depuis la crise, le *trading* à haute fréquence s'est développé, sans réaction substantielle des régulateurs. Là où de nouvelles régulations ont été introduites, les mécanismes de marché restent au centre des pratiques, timidement limitées par les pouvoirs reconnus aux régulateurs[63].

Au final, la finance reste au service d'elle-même et non de l'économie réelle. C'est un paradigme total où l'investisseur est dépourvu d'*affectio societatis* qui est porté par l'ensemble des normes prudentielles et comptables. Les règles et les régulateurs favorisent l'investissement de court terme aux dépens de l'investissement de long terme[64]. En matière bancaire, les réformes n'ont pas abordé la question centrale de la pondération des risques, pourtant déterminante pour les politiques d'investissement des banques. Le récent projet d'union des marchés de capitaux, porté par la Commission européenne [65], entérine cette « révolution silencieuse » et ce « changement de paradigme »[66] consistant à confier le financement de l'économie uniquement aux marchés[67]. Or, ce sont ces mécanismes de marché qui démontrent, années après années depuis 2007, leur incapacité à fonctionner au service de l'économie réelle.

*

La stabilité financière ne peut pas être assurée tant que le paradigme néolibéral ne sera pas remis en cause dans ses fondements.

---

[62] Voir J.-M. NAULOT, « Insuffisance des régulations financières et recul de la gouvernance », *Rapport moral sur l'argent dans le monde*, 2014, pp. 49-74.

[63] Voir S. PAGLIARI, « *Who Governs Finance ? The Shifting Public-Private Divide in Regulation of Derivatives, Rating Agencies and Hedge Funds* », *European Law Journal*, 2012/1, pp. 44-61.

[64] Voir O. RENAUD-BASSO, « Régulation et investissement de long terme », *Rapport moral sur l'argent dans le monde*, 2014, pp. 103-108.

[65] Commission européenne, Livre vert Construire l'Union des marchés de capitaux, COM(2015) 63 final, 18 février 2015.

[66] Selon l'expression utilisée par T. BONNEAU, « L'Union des marches de capitaux, un nouveau "château de cartes" ? », *Revue de Droit bancaire et financier*, 2015 n° 4, Repère 4.

[67] Le financement par le marché n'est pas un problème en soi, mais le choix uniquement de ce biais favorise une concentration des risques, voir M. CASTEL, « Progrès et limites dans la gestion des risques financiers », préc., pp. 192-193.

Le conflit est alors inhérent à la régulation bancaire, qui ne pourra éviter la prochaine crise[68]. Evidemment, la régulation ne peut éviter les crises, mais elle peut chercher à ne plus déresponsabiliser les acteurs de la finance, protégés derrière leur conformité aux standards prudentiels, et faire appel à leur bon sens et surtout à leur éthique[69]. Il s'agirait alors de donner une véritable définition à la stabilité financière, à savoir sa capacité à financer correctement l'économie réelle et ensuite doter les régulateurs des outils aptes à remplir cet objectif.

[68] G. GIRAUD rappelle que : « avec un *krach*, en moyenne, tous les quatre ans, la dérégulation financière entamée dans les années 1980 ne peut guère se prévaloir d'un *track record* susceptible d'inspirer une confiance aveugle », G. GIRAUD, « Régulation financière : l'essentiel reste à faire », *Rapport moral sur l'argent dans le monde*, 2014, pp. 117-127, p. 120.

[69] Voir R. DUSKA, « *Law and Ethics in the Financial Services Markets: More Law Less Justice ?* », *Jouranl of Financial Service Professionals*, September 2015, pp. 22-26.

Quatrième partie :
La réalisation des objectifs

Les moyens de la réalisation des objectifs de la régulation: l'exemple de l'Autorité des marchés financiers

Guillaume ELIET[1] et Jennifer D'HOIR[2]

Dans un contexte où le temps de la régulation apparait s'être resserré (on produit de plus en plus de règles, de plus en plus vite avec une « espérance de vie » de plus en plus courte), il est en effet important de se (re)poser la question de nos missions et de nos objectifs en tant que régulateurs.

D'autant que, s'agissant du régulateur de marché, la matière qui nous occupe est une matière évolutive et protéiforme, qui implique que nous soyons capables (c'est-à-dire que nous ayons les moyens) de nous adapter rapidement au changement :

- au changement de contexte, avec une règlementation de plus en plus européenne et internationale ; et
- au changement lié aux pratiques de marché comme, par exemple, la digitalisation de la finance et le recours aux nouvelles technologies (*Fintech*).

Se poser la question des objectifs de la régulation financière, c'est en réalité s'interroger sur l'identité du régulateur pour se rendre compte que cette identité est en pleine mutation en particulier dans un contexte d'européanisation de nos règles et de nos pratiques de supervision.

Pour ce faire, nous pouvons articuler le propos autour des trois axes suivants. Dans un premier temps, il convient de rappeler les objectifs et missions de l'Autorité des marchés financiers (AMF) en tant

[1] Secrétaire général adjoint de l'Autorité des marchés financiers (AMF).

[2] Direction de la régulation des affaires internationales de l'Autorité des marchés financiers (AMF).

qu'autorité publique indépendante, dotée de la personnalité morale et de l'autonomie financière (I). Dans un second temps, revenir sur les spécificités de l'AMF : le caractère supranational de son action et sa capacité d'adaptation (II). Enfin, dans un troisième et dernier temps, montrer que le métier du régulateur de marché est actuellement en train de se transformer avec des missions nouvelles axées sur l'influence, la pédagogie et les liens avec les acteurs de la Place (III).

I. – Présentation générale du mandat de l'AMF et des objectifs qui lui sont assignés

Instituée en 2003[3], l'AMF est née de la fusion de la Commission des opérations de bourse (COB), du Conseil des marchés financiers (CMF) et du Conseil de discipline de la gestion financière (CDGF).

A. Les missions confiées à l'AMF par le législateur national

Les missions constitutives de l'AMF, assignées par le législateur national, sont les suivantes[4] :

1. Veiller à la protection de l'épargne investie dans les produits financiers.
2. Veiller à la bonne information des investisseurs.
3. Veiller au bon fonctionnement des marchés d'instruments financiers.
4. Concourir à la régulation de ces marchés aux échelons européen et international.

En 2010, dans le sillage de la crise financière de 2007/2008, le législateur précise que dans l'accomplissement de ses missions, l'AMF « prend en compte les objectifs de stabilité financière dans l'ensemble de l'Union européenne »[5]. Si elle ne devient pas directement responsable du maintien de la stabilité financière (prérogative réservée à la Banque de France et au Haut Conseil de Stabilité Financière – autorité macroprudentielle instaurée en 2013),

---

[3] Loi n° 2003-706 de sécurité financière du 1er août 2003, JORF n° 177 du 2 août 2003, p. 13220.
[4] C. mon. fin., art. L. 621-1.
[5] Art. 3 de la loi n° 2010-1249 du 22 octobre 2010 de régulation bancaire et financière modifiant l'article L.621-1 du C. mon. fin.

l'AMF a vu le champ de ses missions élargies, notamment en contribuant à l'analyse et au suivi des risques de type systémique pouvant peser sur le système financier.

B. Règlementer, autoriser, surveiller, sanctionner

En pratique, comment l'AMF accomplit-elle les missions qui lui sont assignées par le législateur national : quels sont ses pouvoirs ?

Tout d'abord, elle dispose d'un pouvoir normatif : elle *règlemente* et édicte des règles dans son règlement général.

Ensuite, elle *autorise* les opérations portant sur des instruments financiers[6] (ex. offre publique de titres financiers ; admission de titres financiers aux négociations sur un marché règlementé), la création et la commercialisation de placements collectifs et *agrée* les sociétés de gestion.

Elle s'assure également que les prestataires de services d'investissement (essentiellement des établissements de crédit agréés par l'ACPR) respectent les règles d'organisation et de bonne conduite auxquelles ils sont soumis en vertu de la réglementation applicable.

Par ailleurs, elle *supervise* le fonctionnement des entreprises de marché (approbation des règles de marché par l'AMF), les systèmes de règlement-livraison, des dépositaires centraux de titres (agrément et approbation des règles de fonctionnement par l'AMF) et des chambres de compensation (agrément ACPR et approbation des règles de fonctionnement par l'AMF).

Elle dispose également de prérogatives en matière de *surveillance* des marchés. Les équipes de la surveillance contrôlent quotidiennement des milliers de transactions afin de déceler des comportements anormaux.

L'AMF effectue enfin des *contrôles* (régularité des opérations ; respect, par les acteurs qu'elle supervise, de leurs obligations professionnelles) et des *enquêtes* (abus de marché - opérations d'initié, manipulations de cours ou diffusion de fausse information). Sur décision du collège (qui est l'organe de poursuite de l'AMF), les enquêtes peuvent notamment conduire à la proposition d'une

[6] C. mon. fin., art. L. 621-8 et s.

transaction (composition administrative) ou à l'ouverture d'une procédure de sanctions, placée sous la responsabilité de la Commission des sanctions, organe indépendant.

C. Plan stratégique 2013-2016 : redonner du sens à la finance

L'action du régulateur est également portée par des objectifs stratégiques qu'il se fixe lui-même, intégrant l'évolution et une priorisation de ses missions, mais également les mutations des acteurs et des pratiques de la Place. Ces axes stratégiques permettent aussi d'arbitrer l'allocation des ressources et des moyens dont dispose l'autorité. Ainsi, pour la période 2013-2016, l'AMF a établi un plan stratégique intitulé « *Redonner du sens à la finance* ». Ce plan est articulé autour de trois principaux axes : (i) s'investir pour des marchés européens sûrs et transparents ; (ii) rétablir la confiance des épargnants ; et (iii) agir pour le financement de l'économie.

Ce plan consacre notamment la prégnance de l'influence européenne sur les missions, le rôle et l'action de l'AMF qui en font un régulateur *singulier* dans l'environnement des autorités publiques indépendantes françaises.

II. – Les spécificités de l'AMF : le caractère européen et international de son action et sa capacité d'adaptation

A. Le caractère supranational de la régulation financière

La crise financière de 2007/2008 a accéléré l'internationalisation et l'européanisation de la régulation financière qui relève de moins en moins de la seule prérogative du législateur et/ou du régulateur national. Bien au contraire.

La crise (outre l'urgence de mieux encadrer certains acteurs et activités afin d'assurer la stabilité du système financier dans son ensemble) a fait transparaitre le caractère transfrontière de certaines activités financières, les risques de contagion et les interconnections profondes entre les différents acteurs du système financier, mais aussi la nécessité, pour la régulation financière, d'être élaborée de manière concertée au niveau supranational et, pour les régulateurs, de mieux coopérer entre eux.

L'environnement post-crise a ainsi consacré la montée en puissance d'organisations internationales (tel que le Conseil de Stabilité Financière ou *Financial Stability Board*, FSB) et des normalisateurs internationaux (tel que le Comité de Bâle et l'Organisation internationale des commissions de valeurs, OICV). C'est au sein de ces instances de concertation qu'est aujourd'hui forgée la régulation financière afin de répondre au double besoin d'harmonisation et de convergence des règles. La coordination des politiques de régulation au niveau mondial doit en effet permettre de limiter les écarts entre les règlementations nationales et les possibilités d'arbitrage règlementaire qui en découlent.

B. La contribution de l'AMF à l'élaboration de standards et principes internationaux

L'AMF ne peut donc pas (plus) penser son action de manière isolée. L'engagement international et européen façonne l'identité du régulateur et c'est d'ailleurs inscrit comme tel dans le code monétaire et financier qui précise explicitement que l'AMF « apporte son concours à la régulation [des] marchés aux échelons européen et international » et qu' « elle coopère avec les autorités compétentes des autres États »[7]. La portée de l'action du régulateur n'est ainsi plus circonscrite au seul cadre national. Au titre de ses missions, l'AMF participe au dialogue international entre régulateurs et contribue à l'élaboration de standards et principes internationaux. Ces principes ne sont pas contraignants (*i.e.* il n'existe pas de mécanisme de contrôle dédié sanctionnant l'absence de mise en œuvre) mais constituent une ligne directrice que chacun est invité à suivre.

L'AMF est très investie dans les travaux internationaux et y dédie des moyens spécifiques : le président de l'AMF est membre de l'assemblée plénière du FSB (où siègent également le gouverneur de la Banque de France et le directeur général du trésor) et du *Board* de l'OICV. Les services de l'AMF sont très mobilisés au sein des comités techniques et groupes de travail de ces deux institutions. Au total, l'AMF participe à plus de 30 groupes de travail[8] au niveau international, ce qui mobilise près de 45 collaborateurs. Cet

---

[7] C. mon. fin., art. L. 621-1.

[8] 24 groupes du côté de l'OICV et du CPMI (*Committee on Payments and Market Infrastructures*) et 7 côté FSB au second semestre 2015.

investissement à l'échelon international a nécessité le recrutement de profils spécifiques, qui disposent non seulement d'une expertise technique, mais qui ont également la capacité d'évoluer en milieu international ; ce qui suppose bien évidemment la maitrise indispensable de l'anglais, mais également des codes et pratiques de négociation internationale. A cette fin, par exemple, l'AMF a, depuis l'année passée, mis en place une formation en partenariat avec l'ENA sur les techniques d'influence et les pratiques de négociation qui allient témoignages d'experts et exercices pratiques (simulation de négociation par exemple).

C. L'européanisation de l'action des régulateurs nationaux

Si l'environnement post-crise a consacré le rôle de normalisateurs internationaux, au sein de l'Union européenne, il a donné naissance à un système intégré (ou unique) de supervision du secteur financier : le SESF (Système Européen de Surveillance Financière), mis en place en 2011 sur les recommandations du rapport de Larosière[9].

Les principales composantes du SESF, que sont le Comité européen du risque systémique et les trois autorités de surveillance européennes (ou ESA, *European Supervisory Authorities*) que sont l'ESMA (pour les marchés financiers), l'EBA (pour le secteur bancaire) et l'EIOPA (pour le secteur des assurances), ont bouleversé l'écosystème dans lequel évoluaient auparavant les régulateurs et superviseurs nationaux. Car si des comités[10], chargés de veiller à l'harmonisation des pratiques de supervision européennes, préexistaient aux autorités de surveillance européennes, ceux-ci ne disposaient ni de la personnalité morale, ni de pouvoirs normatifs contraignants.

L'AMF a été un promoteur de la constitution, au niveau européen, d'une autorité supranationale, en charge d'harmoniser les règles applicables (du temps du CESR, l'AMF avait déjà défendu l'idée d'une homologation des standards techniques par la Commission européenne). La création de l'ESMA au 1er janvier 2011 a ainsi constitué une étape déterminante dans la vie de l'AMF, notamment

---

[9] Rapport du groupe d'experts de haut niveau sur la surveillance financière dans l'Union européenne, présidé par Jacques de Larosière, Bruxelles, 25 février 2009.

[10] *Committee of European Banking Supervisors* (CEBS), *Committee of European Insurance and Occupational Pensions Supervisors* (CEIOPS), *Committee of European Securities Regulators* (CESR).

parce qu'elle a conduit à mutualiser la production normative au niveau communautaire. L'ESMA a en effet une mission triple à laquelle concourent les autorités compétentes nationales, représentées au sein de son organe décisionnel (le *Board of Supervisors*) et au sein de ces comités techniques permanents :

(i) Elle élabore des normes techniques (*Regulatory and Implementing Technical Standards* – RTS et ITS) et des avis à destination de la Commission européenne en accord avec les textes de niveau 1 (directive ou règlement). Une fois adoptés par la Commission européenne, ces textes sont d'application directe et écrasent le droit national. L'ensemble de ces règles constituent le *Single Rulebook*, c'est-à-dire un ensemble unique et harmonisé de règles pour le secteur financier en Europe.

(ii) Elle travaille à la convergence des pratiques de supervision en :

- veillant à l'application cohérente du droit européen (*via* la publication de guidelines, de recommandations et la conduite de revue par les pairs) ; et
- en réglant des différends entre autorités nationales de supervision (pouvoir de médiation ; violation du droit de l'Union ou « *Breach of Law* »).

(iii) Elle assure la supervision directe des agences de notation et des référentiels centraux de données.

Cette évolution a été fondamentale pour les régulateurs nationaux à plusieurs titres :

- S'agissant de leur pouvoir normatif, celui-ci s'exerce aujourd'hui essentiellement au travers de l'ESMA. L'AMF a conservé son règlement général, mais les modifications de celui-ci consistent essentiellement aujourd'hui à transposer en droit français les textes communautaires.

- S'agissant de leur pouvoir de supervision, à l'exception des agences de notation et des référentiels centraux de données, celui-ci relève toujours de leur compétence. Toutefois, la tendance est à la mutualisation des moyens et à la coopération renforcée entre régulateurs.

En matière de surveillance des marchés par exemple, l'ESMA travaille à la mise en place de plusieurs projets informatiques permettant de mutualiser le coût de la surveillance entre régulateurs. Un projet prévoit par exemple un accès unique et centralisé aux données collectées sur les produits dérivés par les référentiels centraux de données en Europe (projet TRACE – *Trade Repositories Access*)[11]. Un autre outil consisterait à permettre le référencement centralisé auprès de l'ESMA des instruments financiers négociés en Europe (projet FIRDS - *Financial Instruments Reference Data System*)[12].

En matière de supervision, la coopération entre régulateurs nationaux s'est renforcée en raison de l'activité transfrontière de certains acteurs de marché, mais également de l'importance systémique potentielle de certains d'entre eux, nécessitant une concertation entre les autorités compétentes des différents États membres. C'est par exemple le cas des chambres de compensation dont le dispositif de supervision a été complété avec la création de collèges de superviseurs (en vertu du règlement européen sur les produits dérivés de gré à gré[13]). Ces collèges disposent de pouvoirs en matière d'octroi et de retrait d'agrément et d'extension de services. Ils rassemblent des représentants de(s) autorité(s) nationale(s) compétente(s) de la chambre, mais aussi des représentants des superviseurs nationaux des principaux adhérents compensateurs, des plateformes de négociation auxquelles la chambre fournit ses services, des dépositaires centraux de titres et de l'ESMA.

- En termes de moyens, plus de 40 % du budget de l'ESMA (environ 17 millions selon le budget 2016) est à la charge des régulateurs nationaux[14]. De la même manière qu'à l'échelon international, l'AMF investit également des moyens humains considérables au niveau communautaire. Le président de l'AMF siège au sein du *Board of Supervisors* et au sein du *Management Board* de

[11] En 2015, la contribution de l'AMF au projet TRACE s'est élevée à 61k€.
[12] En 2015, la contribution de l'AMF au projet FIRDS s'est élevée à 398k€.
[13] Règlement (UE) n° 648/2012 du Parlement européen et du Conseil du 4 juillet 2012 sur les produits dérivés de gré à gré, les contreparties centrales et les référentiels centraux, JOUE L 201 du 27 juillet 2012, p. 1.
[14] En 2015, la contribution de l'AMF au budget de l'ESMA (hors projets informatiques) s'est élevée à 973k€.

l'ESMA. Il préside également un comité permanent, le *Corporate Finance Standing Committee*. Plus d'une centaine de collaborateurs[15] de l'AMF participent au travail quotidien de l'ESMA.

D. La capacité d'adaptation de l'AMF

Une des autres spécificités de l'AMF est sa capacité d'adaptation. L'autonomie organisationnelle dont elle dispose est en effet la garantie de son « agilité ». Elle lui a permis de répondre à l'internationalisation de ces missions et aux évolutions de marché.

Par exemple, lors de sa création, l'AMF décide de se doter d'une Direction de la régulation et des affaires internationales (DRAI). En rapprochant les métiers de la *régulation* (au sens « *policy making* », c'est-à-dire ceux qui sont en charge d'élaborer les règles) et ceux de l'international (ceux qui sont en charge d'établir des liens avec nos homologues étrangers et de coordonner nos actions d'influence), elle anticipe le bouleversement des années à venir où les deux métiers se sont parfaitement confondus. Ce choix a permis au régulateur de se positionner comme un *contributeur actif* au débat réglementaire, en forgeant des positions techniques et stratégiques et en étant capable de les porter dans les différentes instances européennes et internationales.

Son agilité, l'AMF la puise aussi dans sa singularité sociologique : 90 % des collaborateurs de l'AMF proviennent en effet du secteur privé ; avec près de 25 % des salariés provenant du secteur de la finance, mais aussi d'autres profils variés (cabinets d'avocats, cabinets d'audit, grands groupes, magistrats). Cette diversité, c'est un atout ; en particulier pour comprendre et répondre aux évolutions rapides des pratiques de marché. En matière de surveillance par exemple, il nous a fallu déployer de nouveaux outils pour suivre les opérations de marché, ce qui a impliqué de lourds travaux de maîtrise d'ouvrage informatique, mais aussi, ensuite, le recrutement d'experts, capables de traiter, de réconcilier et finalement d'*utiliser* les données collectées par le régulateur.

En matière de protection des épargnants, en 2010, l'AMF s'est dotée d'une Direction des relations avec les épargnants afin de répondre au mieux aux préoccupations des épargnants particuliers *via*

---

[15] 106 collaborateurs de l'AMF participent aux travaux de l'ESMA au 1er semestre 2015 (tous les comités permanents et groupes de travail confondus).

la diffusion de contenus pédagogiques ciblés, la mise en place d'une ligne téléphonique « épargne info service », puis d'un Observatoire de l'épargne pour déceler et suivre les grandes tendances.

S'agissant de l'accès au financement des petites et moyennes entreprises, en 2014, l'AMF a créé un responsable des PME-ETI dont le rôle est de mettre en œuvre un plan d'actions visant à prendre en compte les spécificités des PME-ETI dans leur relation avec l'AMF, que ce soit à l'occasion d'opérations financières ou du contrôle et du suivi de l'information financière.

Enfin, plus récemment, afin de répondre aux défis posés par la digitalisation de la finance et le développement de nouvelles technologies (telles que les monnaies virtuelles ou les *blockchains*), l'AMF a décidé de mettre en place une filière Fintech, rassemblant au sein de l'Autorité des experts aux profils variés (informaticiens, juristes, financiers).

Au long de sa courte histoire, l'AMF a démontré sa capacité à s'adapter aux évolutions de structure (organisation de la régulation) et conjoncturelles (évolution de marché) et à réinventer son *positionnement*.

La question du positionnement du régulateur est en effet centrale :

- positionnement vis-à-vis du pouvoir politique (la question de l'indépendance) ;
- positionnement vis-à-vis des régulés (la question de la légitimé) ;
- positionnement vis-à-vis des autorités homologues étrangères (la question de la coopération et de l'influence) ; et
- positionnement vis-à-vis des instances supranationales (la question de la délégation de compétence).

III. – La transformation du métier de régulateur : efforts d'influence et lien privilégié avec les acteurs de la Place

L'évolution des missions de l'AMF depuis sa création et le caractère de plus en plus supranational de son action ont finalement conduit à transformer le métier du régulateur. Les missions par lesquelles l'AMF se distinguait à l'origine (ses pouvoirs normatifs et de sanction) sont en effet devenues des marqueurs moins caractéristiques de son identité. Elle puise aujourd'hui davantage sa légitimité, vis-à-vis des régulés et de ses interlocuteurs publics (gouvernement, homologues étrangers, instances européennes et internationales), dans son expertise, qui est un atout indispensable dans un environnement financier en proie à une complexification et à une compétitivité croissantes.

A. L'évolution de missions « traditionnelles » de l'AMF

L'autorité publique indépendante telle qu'établie par le COMOFI subit aujourd'hui des évolutions dans ses missions dites « traditionnelles ».

Sur le terrain des sanctions (marqueur très fort de l'identité du « gendarme de la Bourse »), l'articulation traditionnelle entre l'AMF et le pouvoir judiciaire est aujourd'hui rediscutée. C'est notamment ce que démontre le débat actuel sur le « *non bis in idem* », qui conduira demain à répartir la répression des abus de marché entre la commission des sanctions de l'AMF et le juge judiciaire.

L'arrêt *Grande Stevens c/ Italie* prononcé par la Cour européenne des droits de l'Homme le 4 mars 2014[16] a remis en cause le double système de répression existant en droit boursier italien, très proche du système français. La Cour a jugé qu'une sanction devenue définitive au plan pénal comme au plan administratif entraine l'interruption automatique des poursuites dans l'autre voie répressive pour les mêmes faits. Le système français prévoit en effet un mécanisme de double répression administrative et pénale des abus de marché. Le droit français admet qu'une personne poursuivie pour un délit d'initié ou une manipulation de marché puisse être poursuivie à la fois *administrativement* devant la Commission des sanctions de l'AMF et (qu'elle ait été condamnée ou non) poursuivie *au pénal* devant le juge correctionnel. Suite à l'arrêt de la Cour européenne des droits de l'Homme, les dispositions du code monétaire et financier ont été jugées inconstitutionnelles par le Conseil constitutionnel dans une décision du 18 mars 2015[17]. En pratique donc, depuis lors, les doubles poursuites sont interdites. Dans l'attente d'une réforme législative définissant des critères de répartition, l'AMF et le Parquet national

[16] Cour EDH, 4 mars 2014, *Grande Stevens et a. c/ Italie*, n° 18640/18.

[17] Cons. const., déc. n° 2014-453/454 QPC et 2015-462 du 18 mars 2015, *M. John L. e a.*, JORF n° 67 du 20 mars 2015, p. 5183.

financier ont mis en place une procédure de coopération renforcée visant à ne pas empêcher l'une ou l'autre des voies répressives.

Sur le terrain de sa compétence normative. Conformément à l'article L. 621-6 du code monétaire et financier, l'exercice de la compétence normative de l'AMF s'illustre, au premier chef, par l'édiction de son règlement général. Or, comme expliqué précédemment, aujourd'hui, l'AMF exerce essentiellement cette compétence de manière indirecte *via* sa contribution à l'élaboration des règles de niveau 2 produites par l'ESMA. L'européanisation du droit financier a limité la capacité du régulateur à agir au niveau national. Il est aujourd'hui contraint par le droit de l'Union européenne et l'exercice de son pouvoir normatif est partiel.

B. Une « autorité » tirée de l'expertise

L'AMF puise aujourd'hui davantage son « autorité » dans son expertise qui est reconnue à la fois par la Place, mais aussi par ses partenaires, qu'il s'agisse des instances nationales, européennes et internationales.

Une expertise au service de l'influence. C'est peut-être l'une des transformations les plus caractéristiques du métier du régulateur, car assez éloignée (en principe) de ses compétences classiques. L'influence est cependant au centre des préoccupations de l'AMF, consciente du rôle que la régulation joue dans les facteurs d'attractivité d'une place financière avec l'ouverture des marchés en Europe et, plus largement, la globalisation des services financiers. Elle doit donc s'exercer à tous les échelons (national, européen et international) et avec des moyens efficaces : rédaction d'argumentaires techniques ; diffusion de papiers de position stratégique (ex. plaquette Europe) ; mis au point d'un réseau d'alliances avec nos homologues étrangers ; développement d'une véritable stratégie de lobbying (ex. rencontre avec des parlementaires européens ; des représentants de la Commission européenne ; etc.) ; dispositif d'experts nationaux détachés (à l'ESMA, à la Commission européenne) ; etc.

Une expertise nourrie et au service de la Place. L'AMF a réussi à nouer des liens de confiance avec la Place grâce à un dialogue régulier (ex. dispositif des commissions consultatives, consultations publiques, etc.). Elle réalise également un effort de pédagogie important à l'égard des populations régulées avec la production de questions/réponses, de guides pratiques et l'organisation de formations. De ce fait, l'AMF s'est positionnée comme un partenaire indispensable au développement et à la promotion de la Place (ex. travaux de Paris Europlace ; dialogue économique et financier entre la France et la Chine ; etc.).

Inversement, du fait de l'intimité qu'elle entretient avec les professionnels, l'AMF a pu développer une connaissance fine du terrain et des réalités économiques et financières. Connaissance dont elle peut ensuite se prévaloir auprès de ses partenaires de négociation (la DGT, la Banque de France) et auprès des instances européennes et internationales. Enfin, connaissance qui lui permet de jouer un rôle prononcé en matière de pédagogie financière et de protection des épargnants, missions qui sont au cœur de son ADN.

Le métier de l'AMF évolue. Son identité, sa place dans l'écosystème de la régulation de la finance aussi. Mais cette transformation ne fragilise pas l'institution. Pourquoi ?

Parce que l'expérience a montré que l'indépendance (du fait de son statut juridique) accordée au régulateur boursier était non seulement nécessaire afin qu'il puisse accomplir ses missions, mais également une condition de sa réussite et de sa longévité. Malgré l'européanisation du droit financier et la mutualisation de la production normative au sein de l'ESMA, l'AMF est plus que jamais nécessaire pour assurer une mission de proximité avec les épargnants et la Place *via* des actions de pédagogie, de protection et de promotion. Parce que même si l'empreinte de l'Union européenne est de plus en plus forte et que la tendance est à la mutualisation des moyens et des compétences, la réalité des marchés financiers nationaux reste très disparate. C'est d'ailleurs bien ce que révèle le projet d'Union des marchés de capitaux porté par la Commission européenne. Ce projet ne propose pas d'unifier les 28 marchés européens, mais plutôt de faciliter et de fluidifier la circulation des capitaux en Europe en tenant compte des spécificités de marché nationales. Ainsi, les régulateurs de marchés nationaux ont de l'avenir devant eux, parce qu'eux seuls sont capables d'avoir une lecture et une compréhension fines des comportements de marché nationaux et une connaissance de leurs acteurs.

Les moyens de la réalisation des objectifs de la régulation : l'exemple du Conseil supérieur de l'audiovisuel

Michel COMBOT[1]

I. – Régulation de l'audiovisuel : enjeux et objectifs

Il est fréquent de lire que la régulation de l'audiovisuel est une « régulation des contenus », à la différence de la « régulation des tuyaux » du droit des communications électroniques. Néanmoins, cette distinction, très expressive, ne peut être accueillie qu'à la condition de préciser que les « contenus », c'est-à-dire les programmes, ne sont pas tant l'objet que le but de la régulation de l'audiovisuel. L'intervention directe sur les contenus, en effet, n'a lieu qu'à la marge, mais elle bénéficie d'une forte résonance auprès du public car elle porte sur des éléments de déontologie des médias, étroitement liés au respect de la dignité de la personne humaine et à la garantie des droits. En réalité, la régulation de l'audiovisuel est beaucoup plus complète et complexe. Elle vise à créer et à développer l'environnement économique et technologique qui sera le plus propice à l'offre de médias indépendante et pluraliste que la Constitution appelle de ses vœux, dans un environnement extérieur en pleine mutation.

Le numérique est à l'origine d'un grand décloisonnement spatial et temporel de la communication audiovisuelle, en particulier de la vidéo. La délinéarisation des médias audiovisuels, c'est-à-dire le visionnage et l'écoute de programmes en ligne à la demande de l'utilisateur, a permis l'émergence de services nouveaux, proposant de la télévision de rattrapage ou de la vidéo à la demande à l'acte ou à l'abonnement (SMAD). Néanmoins, la pertinence des objectifs de la régulation du secteur de la communication audiovisuelle, même

[1] Directeur général adjoint du Conseil supérieur de l'audiovisuel (CSA) à la date du colloque.

modifiés en 2009 avec l'inclusion des SMAD dans le champ de la loi du 30 septembre 1986 relative à la liberté de communication[2], se pose avec force – dès lors que ses objectifs reposent avant tout sur la localisation physique des services sur le territoire national et sur leur caractère naturel.

En 2009, le Conseil constitutionnel a ainsi relevé, à juste titre, que la liberté de communication, eu égard au « développement généralisé des services de communication au public en ligne ainsi qu'à l'importance prise par ces services pour la participation à la vie démocratique et l'expression des idées et des opinions »[3], implique la liberté d'accès à ces services. Aujourd'hui il convient de réfléchir aux voies possibles d'enrichissement des droits du public vis-à-vis des services de communication au public en ligne. Cet enjeu devient de plus en plus prégnant, dès lors que certains de ces services tendent à acquérir les caractères de *mass media*, ceux-là mêmes qui continuent de justifier une régulation spécifique de l'audiovisuel. C'est tout particulièrement le cas des grandes plates-formes commerciales utilisant des outils algorithmiques de recommandation très puissants.

S'il reviendra, d'une part, au Parlement et au pouvoir réglementaire de définir l'évolution de ces différents objectifs – pluralisme, économique, technologiques – et, d'autre part, au Conseil supérieur de l'audiovisuel de concilier leur mise en œuvre, il est intéressant de regarder les moyens mis à disposition du CSA pour mettre en œuvre la régulation du secteur de l'audiovisuel au regard de ses objectifs.

Cette question est d'autant plus importante que l'environnement des acteurs audiovisuels évolue très rapidement.

II. – Les moyens de l'information

La loi relative à l'indépendance de l'audiovisuel public du 15 novembre 2013[4] a renforcé la transition de la régulation du secteur audiovisuel vers une régulation économique. En effet, la régulation économique est particulièrement nécessaire dans le secteur

---

[2] Loi n° 86-1067 du 30 septembre 1986 relative à la liberté de communication, JORF du 1er octobre 1986, p. 11755.
[3] Cons. const., déc. n° 2009-580 DC du 10 juin 2009, *Loi favorisation la diffusion et la protection de la création sur Internet*, JORF du 13 juin 2009, p. 9675, cons. 12.
[4] Loi n° 2013-1028 du 15 novembre 2013 relative à l'indépendance de l'audiovisuel public, JORF n° 266 du 16 novembre 2013, p. 18616.

audiovisuel, secteur concurrentiel traversé par d'importants enjeux d'intérêt général, que ni la régulation « socio-culturelle » des contenus ni le droit commun de la concurrence ne sauraient suffire à garantir. Elle bénéficie à la fois au citoyen – usager – et aux acteurs du secteur, qui sont nombreux à demander une meilleure prise en compte des enjeux économiques dans les interventions du régulateur. Elle est rendue d'autant plus nécessaire par la convergence numérique, qui démultiplie les modes d'accès et de consommation des contenus audiovisuels. D'autres pays, anglo-saxons notamment, l'ont bien compris et ont confié à leur autorité compétente en matière audiovisuelle un rôle de régulation économique

Pour autant, une telle ambition reste inachevée à ce stade. En effet, le CSA ne dispose pas pour l'instant d'une compétence suffisamment étendue pour garantir le développement de la concurrence sur ces marchés. A ce jour, les instruments de régulation économique du secteur de la télévision sont essentiellement le contrôle des concentrations et la répression des pratiques anticoncurrentielles par l'Autorité de la concurrence, et le règlement des différends par le régulateur entre les éditeurs et les distributeurs de services de télévision, de radio et de SMAD.

Il est devenu temps de repenser les moyens mis à disposition du régulateur en matière d'information, première étape d'une régulation économique.

En effet, les acteurs sur un marché économique donné ont tendance à développer les asymétries d'information pour augmenter leurs parts de marché mais ceci peut aboutir, *in fine*, à faire disparaître ces marchés par l'absence de confiance des acheteurs et le développement de l'anti-sélection.

Dès lors, il est crucial pour un régulateur de disposer d'une information la plus complète sur le marché qu'il régule, non pas pour tenter de développer une concurrence pure et parfaite, mais avant tout pour éviter que les asymétries d'information ne viennent fausser le marché, voire le fassent disparaître à terme.

Si la loi du 15 novembre 2013[5] a imposé au CSA de développer les études d'impact préalables à ses décisions, permettant d'ajouter un

[5] Loi n° 2013-1028 du 15 novembre 2013 relative à l'indépendance de l'audiovisuel public, préc.

objectif économique à sa régulation, pour autant elle n'a pas développé ses outils, que d'autres régulateurs – par exemple l'Autorité de régulation des communications électroniques et des postes, ont à leur disposition.

En premier lieu, la situation concurrentielle actuelle ainsi que les caractéristiques du marché des services audiovisuels pourraient justifier de confier au régulateur une compétence d'analyse de marché. L'enjeu est que le CSA puisse procéder régulièrement à l'analyse de la situation concurrentielle du secteur des services audiovisuels, sans être dépendant de l'examen des opérations de concentration.

En deuxième lieu, le CSA devrait pouvoir disposer de pouvoirs de recueil d'informations adéquats à l'exercice de ses missions. Celles-ci ont en effet beaucoup évolué au cours des dernières années. En particulier, depuis le 30 août 2006, le Conseil est doté d'un pouvoir de règlement des différends qui a déjà donné lieu à de nombreuses demandes et qui marque une évolution vers une régulation incluant le champ économique. Or, les pouvoirs d'investigation du CSA sont demeurés pratiquement identiques depuis 1989, alors même que l'instance de régulation a désormais besoin, notamment pour régler efficacement les différends dont elle est saisie, d'avoir accès à certaines données économiques.

Il pourrait s'agir d'élargir le champ des personnes auxquelles le Conseil peut demander des informations, de ne plus limiter la nature des informations que le régulateur peut solliciter à ce qui lui est nécessaire pour s'assurer du respect des obligations qui sont imposées aux éditeurs et distributeurs de services, et, plus largement, de doter le CSA d'un réel pouvoir propre d'enquête afin qu'il puisse notamment demander aux sociétés assurant l'édition, la distribution et la diffusion de services de communication audiovisuelle la production de tous documents professionnels nécessaires.

III. – Les moyens de la concertation

Jean-Ludovic Silicani, ancien Président de l'Autorité de régulation des communications électroniques et des postes indiquait que « la régulation des communications électroniques et des postes […] passe par un travail systématique de concertation avec les acteurs publics et privés concernés et par la recherche d'une très grande transparence. Ces deux dimensions, concertation et transparence, sont […] le corollaire de deux autres caractéristiques de la régulation : la prévisibilité et la stabilité »[6].

Si l'ARCEP a depuis, son origine, inscrit la concertation dans ses méthodes de travail, cet impératif s'est imposé plus récemment au CSA.

Il s'agit en effet, en amont, dans la conception des décisions, avis ou recommandations de consulter systématiquement les opérateurs, par exemple au travers d'auditions ou de consultations publiques, afin de sonder le secteur à chaque étape de l'élaboration de textes structurants.

Dans certains cas, l'intensité de la concertation peut ainsi conduire à une forme de co-régulation (voir *supra*).

La concertation nécessite du temps et mobilise des ressources, pour les opérateurs comme pour le régulateur, mais elle est indispensable à la production de décisions adaptées à la situation du marché et aux besoins des acteurs. Mais le travail ainsi effectué en amont de la prise de décision doit se poursuivre en aval, au travers d'une information claire et compréhensible.

Le législateur a, de son côté, inscrit dans la loi ce principe même de concertation dans le secteur de l'audiovisuel. La loi du 15 novembre 2013 relative à l'indépendance de l'audiovisuel public a imposé la réalisation d'études d'impact préalables aux décisions structurantes du régulateur – évolution des conventions et des autorisations des acteurs nationaux, lancement d'appels à candidatures,...

Le juge a, par ailleurs, précisé la mise en œuvre de ces études d'impact et définitivement consacré l'obligation de concertation préalable et de procédures contradictoires dans l'office du CSA.

En effet, au titre des nouvelles dispositions introduites dans l'article 42-3 de la loi du 30 septembre 1986 relative à la liberté de communication, le CSA avait décidé, en juillet 2014, de s'opposer à l'arrivée sur la télévision numérique terrestre (TNT) gratuite des chaînes LCI, Paris Première et Planète+[7]. Cette première application

---

[6] J.-L. SILICANI, « Régulation : concertation et transparence, prévisibilité et stabilité sont dans les gènes de l'ARCEP », Lettre hebdomadaire de l'ARCEP, n° 134, 10 janvier 2014.

[7] CSA, déc. n° 2014 - 357 du 29 juillet 2014 relative à la demande d'agrément de la modification des modalités de financement du service de télévision hertzienne terrestre La Chaîne Info (LCI) ; CSA, déc. n° 2014 - 358 du 29 juillet 2014 relative à la demande

de cette disposition a reposé sur des auditions, des échanges, sur des études d'impact de plus de deux cents pages rendues publiques au moment des décisions, et sur des motivations. Il se trouve que l'Assemblée du contentieux du Conseil d'État a décidé, le 17 juin 2015[8], que ce n'était pas suffisant au regard de ce qu'a voulu le législateur, estimant qu'il fallait procéder en deux temps, c'est-à-dire réunir tout ce matériau à travers des études et des consultations pour élaborer l'étude d'impact puis, à nouveau, rouvrir un débat contradictoire non seulement avec les demandeurs, mais également avec tout tiers intéressé et, à leur choix, sous forme d'auditions ou de contributions.

Il faut souligner, à cet égard, l'importance de la motivation des décisions : une décision, si elle présente un dispositif qui peut être relativement bref, développe des considérants très détaillés qui constituent un véritable état des lieux du marché, des positions respectives des opérateurs, des freins identifiés dans l'atteinte des différents objectifs poursuivis et des obligations permettant d'y répondre. Ces développements sont une condition nécessaire d'une régulation efficace.

De fait, l'arrêt du Conseil d'État du 17 juin 2015[9], s'appliquant à l'ensemble des décisions recourant à des études d'impact dans la loi, a imposé le principe du contradictoire, à ce stade présent dans les procédures de nature juridictionnelle – procédure de sanction pour le CSA - aux procédures de concertation. Pourtant, le principe du contradictoire est à rapprocher des notions de droits de la défense, loyauté, équité et égalité des armes, inscrites à l'article 6§1 de la Convention européenne des droits de l'Homme.

Cette procédure contradictoire doit s'appliquer aussi dans la recherche d'engagements pour atténuer d'éventuelles atteintes au pluralisme. Alors que cette notion d'engagement – ou de remède - a été validée par le juge administratif en 2010 dans un arrêt du Conseil d'État du 30 décembre 2010[10], l'inscrire dans une procédure

---

d'agrément de la modification des modalités de financement du service de télévision hertzienne terrestre Paris Première ; CSA, déc. n° 2014 - 359 du 29 juillet 2014 relative à la demande d'agrément de la modification des modalités de financement du service de télévision hertzienne terrestre Planète +.

[8] CE, Ass., 17 juin 2015, *Société La Chaîne Info (LCI)*, n° 384826.

[9] CE, Ass., 17 juin 2015, *Société La Chaîne Info (LCI)*, préc.

[10] CE, Sect., 30 décembre 2010, *Société Métropole Télévision (M6)*, n° 338273.

contradictoire revient, *in fine*, à la rapprocher des tests de marché pratiqués par l'Autorité de la concurrence et pose évidemment la question des durées de procédure où un équilibre doit être trouvé entre exhaustivité des échanges contradictoires et efficacité de la prise de décision, au regard des enjeux économiques du secteur.

IV. – Les moyens de la décision : de la corégulation à la sanction

Le régulateur dispose de plusieurs moyens pour mettre en œuvre ses décisions de régulation. Tout l'enjeu réside dès lors dans leur bonne articulation.

La première étape consiste à rechercher tout d'abord l'adhésion volontaire des acteurs.

Le principe de la corégulation est le regroupement et la mixité des acteurs : État, régulateurs, acteurs économiques et de la société civile. Ensemble, ils coproduisent des codes de conduite en instaurant un dialogue entre les parties prenantes basé sur l'égalité et le consensus.

C'est un élément fondamental dans un secteur mouvant, qui plus est marqué par le principe de liberté éditoriale. Le CSA l'utilise dans plusieurs domaines sensibles :

- en matière de protection de l'enfance avec la réalisation de films de courte durée – en parallèle d'une campagne de sensibilisation produite directement par le Conseil ;
- par la production de chartes aussi, par exemple en matière d'alimentation.

À ce titre, l'intervention actuelle du législateur en matière d'interdiction de publicité dans les émissions pour le jeune public démontre bien le fragile équilibre de la corégulation.

De même, les réflexions actuelles du Gouvernement et du Parlement en matière d'indépendance éditoriale, que ce soit en matière d'information ou de programmes, pose la question de l'efficacité des « comités d'éthique » que le CSA a cherché à mettre en œuvre auprès des chaînes et radios.

Outils de médiation, ces comités constituent un espace de dialogue en matière de liberté éditoriale, tout en donnant la souplesse nécessaire aux acteurs économiques.

Mais la détention par des acteurs économiques et industriels de chaînes de télévision a amené au cours du temps à des dispositions contraignantes, notamment en matière d'indépendance des chaînes vis-à-vis des actionnaires. C'est un sujet de plein équilibre entre la liberté de communication, la liberté éditoriale et les principes protégés par la loi de 1986 (ordre public, enfance, dignité de la personne).

La question du traitement par les médias des attentats du mois de janvier 2015 et des évènements de novembre 2015 montre que cet équilibre n'est jamais simple à atteindre : après avoir mis en demeure plusieurs éditeurs de télévision ne pas avoir veillé à la sauvegarde de l'ordre public, le CSA a été critiqué par les différentes rédactions, accusé d'une atteinte à leur liberté éditoriale.

Au-delà, le CSA dispose de moyens classiques décisionnels – qui lui permettent une gradation d'interventions – et dispose aussi, depuis la loi de 2013 d'un pouvoir de médiation :

- Le pouvoir de médiation. Aux termes de l'article 3-1 de la loi du 30 septembre 1986 modifiée, « en cas de litige, le Conseil supérieur de l'audiovisuel assure une mission de conciliation entre éditeurs de services et producteurs d'œuvres ou de programmes audiovisuels ou leurs mandataires, ou les organisations professionnelles qui les représentent ».

- Le pouvoir consultatif. Aux termes de l'article 18 de la loi du 30 septembre 1986 modifiée, le CSA « peut être saisi par le Gouvernement, par le président de l'Assemblée nationale, par le président du Sénat ou par les commissions compétentes de l'Assemblée nationale et du Sénat de demandes d'avis ou d'études pour l'ensemble des activités relevant de sa compétence ».

- Le pouvoir d'émettre des propositions, recommandations, rapports publics et observations. Le CSA propose les crédits nécessaires à l'accomplissement de ses missions[11], et « favorise » la coordination de la position des secteurs public et privé français de l'audiovisuel à l'international[12]. Le pouvoir de recommandation peut être général ou sectoriel. Selon l'article 3-1 de la loi du 30 septembre 1986 modifiée, le CSA dispose d'un pouvoir général de prendre des recommandations « relatives au respect des principes énoncés » dans

---

[11] Loi n° 86-1067 du 30 septembre 1986, préc., art. 7.
[12] Loi n° 86-1067 du 30 septembre 1986, préc., art. 12.

cette même loi, à destination des éditeurs et distributeurs de services audiovisuels. Elles sont publiées au Journal officiel.

Ces recommandations permettent de pallier l'insuffisance du pouvoir réglementaire attribué au CSA. Dénommées « délibérations » en jurisprudence, elles peuvent en effet donner lieu en cas de manquement à des mises en demeure et à des sanctions. Le CSA peut formuler toute recommandation concernant les « normes relatives aux matériels et techniques de diffusion ou de distribution des services de communication audiovisuelle par un réseau de communications électroniques »[13].

Pour la durée des campagnes électorales, il adresse des recommandations aux éditeurs des services de radio et de télévision[14], ainsi qu'aux services locaux du câble. Le CSA adresse aussi des recommandations au Gouvernement pour le développement de la concurrence dans les activités de radio et de télévision[15].

Le CSA établit chaque année un rapport public rendant compte de son activité et de l'application de la loi du 30 septembre 1986. Le CSA peut y « suggérer » les modifications législatives et réglementaires induites par l'évolution du secteur de l'audiovisuel, et peut également « formuler des observations sur la répartition du produit de la redevance et de la publicité entre les organismes du secteur public »[16].

De manière générale, le CSA répond aux réactions des auditeurs et téléspectateurs face à des propos tenus dans les programmes. Cela le conduit à « mettre en garde » ou à « intervenir à l'encontre » d'un éditeur pour lui rappeler ses obligations (notamment favoriser la cohésion sociale, la lutte contre les discriminations) et condamner « symboliquement » les propos tenus.

- Le pouvoir de règlement des différends. Aux termes de l'article 17-1 de la loi du 30 septembre 1986 modifiée, le CSA dispose d'une compétence de règlement des différends entre les éditeurs (chaînes de télévision et stations de radio) et les distributeurs de services (opérateur du câble, diffusion par satellite) de radio ou de télévision. Il peut être saisi de tout différend relatif à la distribution, y compris pour

---

[13] Loi n° 86-1067 du 30 septembre 1986, préc., art. 12.
[14] Loi n° 86-1067 du 30 septembre 1986, préc., art. 16.
[15] Loi n° 86-1067 du 30 septembre 1986, préc., art. 17.
[16] Loi n° 86-1067 du 30 septembre 1986, préc., art. 18.

ce qui concerne les conditions techniques et financières. Le différend peut aussi bien porter sur des principes constitutionnels (atteinte au caractère pluraliste de l'expression des courants de pensée et d'opinion, à la sauvegarde de l'ordre public, aux exigences de service public, à la protection du jeune public, à la dignité de la personne humaine et à la qualité et à la diversité des programmes) que sur des questions économiques et concurrentielles (caractère objectif, équitable et non discriminatoire des conditions de la mise à disposition du public de l'offre de programmes et de services ; relations contractuelles).

Les décisions rendues sont des décisions individuelles. Par ce biais, le CSA se voit reconnaître une compétence en matière de régulation économique du secteur audiovisuel, sans pour autant empiéter sur les compétences de l'Autorité de la concurrence en matière de pratiques anticoncurrentielles. Le CSA doit se prononcer dans un délai de deux mois, éventuellement porté à quatre mois. Le CSA dispose d'un pouvoir d'injonction limité dans le cadre de ses pouvoirs de règlement des différends si l'une des parties ne se conforme pas à ses décisions.

- Le pouvoir de nomination. Alors qu'il n'avait plus ce pouvoir depuis 2009[17], la loi du 15 novembre 2013[18] a redonné au CSA la mission de nommer les présidents des sociétés nationales de programme (France Télévisions, Radio France et France Médias Monde). Les présidents de ces sociétés sont nommés pour cinq ans à la majorité des membres du Conseil, et leur nomination fait l'objet d'une décision motivée se fondant sur des critères de compétence et d'expérience[19]. Le Conseil nomme aussi cinq membres du conseil d'administration de France Télévisions et de France Médias Monde[20], et quatre membres du conseil d'administration de Radio France et de l'INA[21]. Le Conseil nomme les membres des comités territoriaux de l'audiovisuel (CTA), et des représentants à la commission de classification des œuvres cinématographiques et à l'Agence nationale des fréquences.

---

[17] Loi n° 2009-258 du 5 mars 2009 relative à la communication audiovisuelle et au nouveau service public de la télévision, JORF n° 56 du 7 mars 2009, p. 4321.

[18] Loi n° 2013-1028 du 15 novembre 2013 relative à l'indépendance de l'audiovisuel public, préc.

[19] Loi n° 86-1067 du 30 septembre 1986, préc., art. 47-4.

[20] Loi n° 86-1067 du 30 septembre 1986, préc., art. 47-1.

[21] Loi n° 86-1067 du 30 septembre 1986, préc., art. 47-2 et 50.

- **Le pouvoir de sanction** peut s'exercer après mise en demeure rendue publique[22], et vise les organismes de radio et télévision publics et privés, les distributeurs et les opérateurs de réseaux satellitaires qui ne respecteraient pas leurs obligations. Le Conseil constitutionnel a récemment indiqué que la mise en demeure prononcée par le CSA aux termes de l'article 42 de la loi du 30 septembre 1986 modifiée ne constitue pas une sanction[23]. Le pouvoir de sanction est d'ordre à la fois administratif et pécuniaire. Selon l'article 42-1, le CSA peut réduire la durée de l'autorisation ou de la convention dans la limite d'une année, retirer l'autorisation ou résilier la convention, suspendre une partie du programme pour un mois au plus, et prononcer une sanction pécuniaire assortie éventuellement d'une suspension du service ou d'une partie du programme (ces deux dernières sanctions peuvent être prononcées à l'encontre des sociétés nationales[24]). L'autorisation peut être retirée sans mise en demeure en cas de modification substantielle des données au vu desquelles l'autorisation avait été délivrée[25]. Le CSA peut ordonner l'insertion dans les programmes d'un communiqué[26]. Le CSA peut en outre fixer des pénalités contractuelles dans les conventions d'engagements[27]. Les procédures de sanction sont soumises au contradictoire, sauf en matière de suspension d'autorisation. Le délai de prescription est de trois ans[28]. Depuis la loi du 15 novembre 2013[29], afin de se conformer aux exigences constitutionnelle et européenne de garantie des droits et d'impartialité, la fonction d'engagement et d'instruction des poursuites est séparée de celle du prononcé de la sanction.

V. – Les moyens « tout court »

Alors que l'État fait face à des contraintes budgétaires importantes, la question des moyens « tout court » des régulateurs se pose. En effet, ceux-ci doivent disposer d'effectifs et de moyens budgétaires adaptés, alors que leurs missions s'étendent et que leurs secteurs connaissent

---

[22] Loi n° 86-1067 du 30 septembre 1986, préc., art. 42 et 48-1.
[23] Cons. const., déc. 2013-359 QPC du 13 décembre 2013, *Société Sud Radio Services e. a.*, JORF du 15 décembre 2013, p. 20432.
[24] Loi n° 86-1067 du 30 septembre 1986, préc., art. 48-2.
[25] Loi n° 86-1067 du 30 septembre 1986, préc., art. 42-3.
[26] Loi n° 86-1067 du 30 septembre 1986, préc., art. 42-4 et 48-3.
[27] Loi n° 86-1067 du 30 septembre 1986, préc., art. 28.
[28] Loi n° 86-1067 du 30 septembre 1986, préc., art. 42-5.
[29] Loi n° 2013-1028 du 15 novembre 2013 relative à l'indépendance de l'audiovisuel public, préc.

des mutations profondes. Cette « pérennité » des moyens doit permettre aussi de garantir une indépendance effective des régulateurs.

Ainsi, la loi du 15 novembre 2013 relative à l'indépendance de l'audiovisuel public a conféré au Conseil supérieur de l'audiovisuel le statut d'autorité publique indépendante (API) dotée d'une personnalité juridique distincte de celle de l'État. Ce changement statutaire a pris effet à compter du 1er janvier 2014. Ce statut permet de mettre en cohérence l'organisation fonctionnelle, administrative et financière du Conseil avec l'indépendance qui caractérise l'exercice de sa mission de régulation

Ce nouveau statut constitue pour le Conseil :

- la garantie d'une plus grande autonomie financière ;
- un gage de meilleure maîtrise de ses moyens financiers et humains ;
- un renforcement de son autonomie de gestion lui permettant, sur la base des orientations qu'il définit, d'adapter de façon plus réactive l'allocation de ses moyens et de son mode d'intervention aux mutations de l'audiovisuel.

Le décret relatif à l'organisation et au fonctionnement du Conseil a traduit les effets du nouveau statut, notamment en matière budgétaire et comptable[30].

Garantir l'indépendance et l'impartialité des régulateurs est, par ailleurs, l'un des moyens essentiels d'action des régulateurs et l'un des sujets récurrents de débats, notamment au niveau du législateur – comme le montre l'introduction d'une proposition de loi relative au statut des autorités indépendantes au Sénat[31].

La loi du 30 septembre 1986 relative à la liberté de communication prévoit les dispositions applicables au CSA.

Ainsi, les fonctions de membre du CSA sont incompatibles avec « tout mandat électif, tout emploi public et tout autre activité

[30] Décret n° 2014-382 du 28 mars 2014 relatif à l'organisation et au fonctionnement du Conseil supérieur de l'audiovisuel, JORF n° 214 du 16 septembre 2014, p. 15171.
[31] Proposition de loi portant statut général des autorités administratives indépendantes et des autorités publiques indépendantes enregistré à la présidence du Sénat le 7 décembre 2015.

professionnelle »[32]. Les membres ne peuvent, directement ou indirectement, exercer de fonctions, recevoir d'honoraires, sauf pour des services rendus avant leur entrée en fonctions, ni détenir d'intérêts ou avoir un contrat de travail dans une entreprise de l'audiovisuel, du cinéma, de l'édition, de la presse, de la publicité ou des télécommunications. Le membre qui détiendrait des intérêts dans une telle entreprise dispose de trois mois pour se mettre en conformité avec la loi. Ces dispositions sont sanctionnées pénalement[33].

De même, les personnels ne peuvent être membre du conseil d'administration de France télévision, d'ARTE et de l'INA, ni bénéficier d'une autorisation de service audiovisuel, ni exercer des fonctions ou détenir des intérêts dans un organisme titulaire d'une telle autorisation[34].

Gage d'impartialité, les membres du Conseil sont tenus à un devoir de réserve. Pendant la durée de leur fonction et durant un an à compter de la cessation de leurs fonctions, les membres doivent s'abstenir de toute prise de position publique sur les questions en cours d'examen devant le CSA.

Les membres et anciens membres sont, plus généralement, tenus de respecter le secret des délibérations[35].

Après la cessation de leurs fonctions, les membres du CSA sont soumis aux dispositions de l'article 432-13 du code pénal, c'est-à-dire qu'ils ne peuvent, durant trois ans après la fin de leur mandat, prendre ou recevoir une participation par travail, conseil ou capitaux dans une entreprise publique ou privée dont le conseil a assuré la surveillance ou le contrôle.

En outre, les membres du CSA sont astreints au secret professionnel[36] et doivent respecter un « code de déontologie » adopté par une délibération du 4 février 2003. Les agents sont aussi soumis au secret professionnel.

---

[32] Loi n° 86-1067 du 30 septembre 1986, préc., art. 5.
[33] C. pén., art. 432-12.
[34] Loi n° 86-1067 du 30 septembre 1986, préc., art. 7.
[35] Loi n° 86-1067 du 30 septembre 1986, préc., art. 8.
[36] Loi n° 86-1067 du 30 septembre 1986, préc., art. 8.

Les moyens de la réalisation des objectifs de la régulation : l'exemple de l'Autorité de régulation des activités ferroviaires et routières

Matthieu POUJOL*[1]

La régulation du secteur ferroviaire est un phénomène récent, qui s'est développé sous l'impulsion du droit de l'Union européenne[2]. Il aura fallu attendre l'adoption de la loi n° 2009-1503 du 8 décembre 2009 relative à l'organisation et à la régulation des transports ferroviaires[3] pour que le législateur remplace l'ancienne mission de contrôle des activités ferroviaires (MCAF), organisme de contrôle directement rattaché au ministre des transports, par l'Autorité de régulation des activités ferroviaires[4], autorité publique indépendante chargée de garantir le bon fonctionnement, dans ses dimensions techniques, économiques et financières, du système de transport ferroviaire national.

---

* Les opinions exprimées ici le sont à titre *personnel* et ne sauraient engager l'institution à laquelle l'auteur appartient.

[1] Docteur en droit public (École de droit de la Sorbonne – Université Paris I Panthéon-Sorbonne), Adjoint au directeur des affaires juridiques de l'Autorité de régulation des activités ferroviaires et routières (ARAFER)

[2] L'article 30 de la directive n° 2001/14/CE du Parlement européen et du Conseil du 26 février 2001 concernant la répartition des capacités d'infrastructure ferroviaire, la tarification de l'infrastructure ferroviaire et la certification en matière de sécurité (JO L 75 du 15 mars 2001, p. 29) exigeait la création d'un organisme de régulation et de contrôle indépendant destiné à accompagner l'ouverture progressive du secteur ferroviaire à la concurrence et à assurer le bon fonctionnement du service public et des activités concurrentielles de transport ferroviaire.

[3] Loi n° 2009-1503 du 8 décembre 2009 relative à l'organisation et à la régulation des transports ferroviaires et portant diverses dispositions relatives aux transport, JORF n° 285 du 9 décembre 2009, p. 21226.

[4] ARAF, devenue ARAFER depuis le 15 octobre 2015, suite à l'adoption de la loi n° 2015-990 du 6 août 2015 pour la croissance, l'activité et l'égalité des chances économiques, JORF n° 181 du 7 août 2015, p. 13537.

Après seulement cinq années d'activité, cette jeune autorité a connu de profondes mutations, tant dans son fonctionnement que dans ses missions. L'adoption de la loi n° 2014-872 du 4 août 2014 a fortement augmenté ses pouvoirs dans la régulation du secteur ferroviaire, notamment en matière de tarification et de contrôle de l'équilibre budgétaire et financier du gestionnaire du réseau[5]. La loi dite « Macron » du 6 août 2015 a ensuite étendu ses compétences à la régulation du secteur des services réguliers interurbains de transport routier de personnes et au secteur des autoroutes[6]. Enfin, la transposition de la directive 2012/34/UE[7] permet désormais à l'Autorité de traiter des aspects économiques de la régulation du tunnel sous la Manche, en concertation avec son homologue britannique (ORR).

La diversité des secteurs régulés par l'ARAFER rend difficile toute tentative de systématisation des objectifs de la régulation, tant ces derniers sont variables selon les domaines.

S'agissant du secteur ferroviaire, ces objectifs sont définis très largement. L'autorité concourt « au suivi et au bon fonctionnement, dans ses dimensions techniques, économiques et financières, du système de transport ferroviaire national, notamment du service public et des activités concurrentielles, au bénéfice des usagers et clients des services de transport ferroviaire »[8]. En particulier, elle « veille à ce que l'accès au réseau et aux installations de service, ainsi qu'aux différentes prestations associées, soit accordé de manière équitable et non discriminatoire »[9]. Ainsi, l'objectif de construction d'un marché concurrentiel semble prépondérant, dans un contexte caractérisé par l'absence d'ouverture à la concurrence du transport national de voyageurs[10]. Il ne saurait toutefois faire oublier l'importance du rôle

[5] A. LAGET-ANNAMAYER, « La loi du 4 août 2014 portant réforme ferroviaire : une imparfaite adaptation au cadre européen sous contrainte nationale », *DA*, 2014, Étude 18.
[6] S. NICINSKI, « La mobilité, encadrée et libéralisée », *AJDA*, 2015, p. 2183.
[7] Directive 2012/34/UE du Parlement européen et du Conseil du 21 novembre 2012 établissant un espace ferroviaire unique européen, JOUE L 343 du 14 décembre 2012, p. 32.
[8] C. transp., art. L. 2131-1.
[9] C. transp. art. L. 2131-4.
[10] Si le transport de marchandises et les transports internationaux de voyageurs sont désormais ouverts à la concurrence, le transport intérieur de voyageurs ne l'est pas encore. Les discussions du quatrième paquet ferroviaire, qui prévoyait initialement l'introduction d'un droit, pour les entreprises ferroviaires européennes, d'offrir des services intérieurs de transport de voyageurs dans tous les États membres dès 2019, ont semé le doute sur cette perspective (Voir L. IDOT, « Le train du 'quatrième paquet ferroviaire' s'arrête à la gare du Parlement... », *Europe*, 2014, alerte 13). L'accord des États membres sur le projet, obtenu le

du régulateur dans l'encadrement budgétaire et financier du gestionnaire d'infrastructure, dans un contexte de grave crise financière du système ferroviaire[11].

Le rôle de l'Autorité dans la régulation du secteur des transports routiers de voyageurs est défini de manière assez similaire, même si son périmètre est plus réduit. Elle concourt au bon fonctionnement du marché, au bénéfice des usagers et des clients de services de transport routier et ferroviaire, ainsi qu'au respect des règles d'accès aux gares routières [12]. Enfin, dans le secteur autoroutier, l'intervention de l'ARAFER est plus ponctuelle. Elle veille au bon fonctionnement des tarifs de péage autoroutier et à l'exercice d'une concurrence effective et loyale dans la passation des marchés publics par les sociétés concessionnaires[13].

Dans un contexte caractérisé par une forte augmentation de ses compétences, l'analyse des moyens attribués à l'ARAFER pour la réalisation des objectifs de la régulation suppose de répondre à une double interrogation. Tout d'abord, l'Autorité doit disposer de moyens *institutionnels* garantissant un exercice indépendant de ses missions (I). En outre, les moyens *juridiques* de l'Autorité doivent lui permettre de réguler efficacement les différents secteurs (II).

I. – Les moyens institutionnels de l'ARAFER : garantie d'une véritable indépendance ?

Tant dans son organisation (A) que dans son fonctionnement (B), l'Autorité dispose de véritables garanties d'indépendance, dont la réalité mérite, dans certains cas, d'être discutée.

---

29 avril 2016, s'il ne remet pas en cause le principe d'ouverture à la concurrence, le soumet cependant à de nombreuses contraintes. Le quatrième paquet devrait être définitivement adopté à l'automne 2016.

[11] Le constat est sans appel : en 2014, lors des débats parlementaires sur le projet de loi portant réforme ferroviaire, le rapporteur a rappelé que la dette du système ferroviaire s'élevait à 40 milliards d'euros, dont 32 milliards pour RFF (gestionnaire du réseau) et 8 milliards pour la SNCF (opérateur historique de transport). Cette dette s'accroît de 3 milliards par an, en dépit d'investissements publics substantiels (Rapport n° 1990 fait au nom de la Commission du développement durable et de l'aménagement du territoire sur le projet de loi portant réforme ferroviaire par M. Gilles SAVARY, p. 62).

[12] C. transp., art. L. 3111-22 et L. 3114-8.

[13] C. voirie routière, art. L. 122-7 et L. 122-14.

A. L'organisation du régulateur : entre volonté d'indépendance affichée et contraintes budgétaires

La volonté de faire du régulateur ferroviaire un régulateur pleinement indépendant est illustrée par le choix, fait dès l'adoption de la loi du 8 décembre 2009, de créer une autorité publique indépendante dotée de la personnalité morale et de l'autonomie financière. L'Autorité perçoit ainsi le produit du droit fixe établi versé par les entreprises ferroviaires qui utilisent le réseau ferroviaire. Depuis l'entrée en vigueur de la loi du 6 août 2015, les ressources de la nouvelle ARAFER ont été complétées par une contribution pour frais de contrôle due par les entreprises de transport public routier de personnes, ainsi qu'une contribution pour frais de contrôle due par les concessionnaires d'autoroutes.

L'organisation du collège traduit également cette volonté d'indépendance. Il est composé de sept membres, dont le président de l'Autorité, nommés pour un mandat de six ans non renouvelable. Ces personnalités sont choisies pour leurs compétences économiques, juridiques ou techniques dans le domaine des services et infrastructures de transport terrestre, ou pour leur expertise en matière de concurrence, notamment dans le domaine des industries de réseau[14]. Cette règle assure une vraie diversité des profils, garantie de la qualité de l'expertise du régulateur. En outre, les membres du collège sont irrévocables, sauf dans certains cas exceptionnels[15] et leurs fonctions sont incompatibles avec tout mandat électoral départemental, régional, national ou européen, et toute détention, directe ou indirecte, d'intérêts dans une entreprise d'un secteur régulé[16]. Le président de l'Autorité et les deux vice-présidents sont soumis aux mêmes contraintes, auxquelles viennent s'ajouter l'interdiction d'exercer une autre activité professionnelle ou de bénéficier d'un emploi public[17].

Ces garanties étaient nécessaires pour assurer l'indépendance du régulateur, exigée par le droit de l'Union[18]. Elle n'imposait pas,

---

[14] C. transp., art. L. 1261-4.

[15] En cas de non-respect par un membre des règles d'incompatibilité, de manquement grave d'un membre à ses obligations ou d'empêchement constaté par le collège. Ces cas sont prévus par l'article L. 1261-7 du code des transports.

[16] C. transp., art. L. 1261-7.

[17] C. transp., art. L. 1261-9.

[18] Dir. n° 2012/34/UE, art. 55§1.

toutefois, la création d'une autorité publique indépendante dédiée à la régulation du secteur ferroviaire. Sous réserve que l'indépendance du régulateur ferroviaire soit respectée, les États membres peuvent parfaitement choisir d'instituer des organismes de contrôle compétents pour plusieurs secteurs réglementés [19] ou rattacher, sur le plan organisationnel, le régulateur ferroviaire à l'autorité nationale de concurrence. Dès lors, si la multiplication des autorités administratives indépendantes, souvent critiquée, est parfois encouragée par les exigences européennes, elle demeure avant tout un choix du législateur national.

En pratique, l'Autorité n'échappe cependant pas à des contraintes peu compatibles avec son indépendance et, qui, plus généralement, peuvent nuire à son bon fonctionnement.

Tout d'abord, l'augmentation régulière de ses pouvoirs ne s'est pas accompagnée d'une hausse de ses ressources financières. Depuis la loi de finances pour 2012, le produit du droit fixe perçu au titre de l'article L. 1261-20 du code des transports est plafonné par le gouvernement à un montant de 11 millions d'euros, le surplus étant reversé au Trésor public[20]. La loi de finances pour 2016 a réduit ce montant d'un quart[21]. En outre, les deux contributions pour frais de contrôle du secteur routier et autoroutier ne sont pas directement perçues par l'Autorité, mais lui sont affectées. Ici encore, la loi de finances pour 2016 a plafonné leur montant[22]. Au total, l'Autorité va devoir assumer le développement de ses compétences pour la régulation du secteur ferroviaire et ses nouvelles missions en matière routière et autoroutière sans revalorisation de ses ressources financières.

Outre l'encadrement budgétaire du régulateur, les postes qui lui sont attribués sont également plafonnés. Malgré l'augmentation substantielle de ses compétences, la loi de finances pour 2016 n'a augmenté que de cinq postes le plafond d'emplois alloué à l'Autorité.

---

[19] Comme c'est le cas en Allemagne.

[20] Voir le I de l'art. 46 de la loi n° 2011-1977 du 28 décembre 2011 de finances pour 2012, JORF n° 301 du 29 décembre 2011, p. 22441.

[21] 8,3 millions d'euros, Voir art. 41 de la loi n° 2015-1785 du 29 décembre 2015 de finances pour 2016, JORF n° 302 du 30 décembre 2015, p. 24614.

[22] Respectivement à 1.100.000 et 2.600.000 euros pour le transport public routier de personnes et pour les concessionnaires d'autoroutes.

Enfin, il convient de rappeler que le décret n° 2010-1064 du 8 septembre 2010 a fixé le siège de l'Autorité au Mans, ce qui a gêné ses premières années de fonctionnement en dissociant son activité sur deux sites. Tandis que la présidence et le collège se réunissaient dans une annexe parisienne, les services exerçaient leurs activités au siège manceau. Ce mode de fonctionnement a découragé les vocations et compliqué la tâche des services. L'adoption de la loi pour la croissance, l'activité et l'égalité des chances économiques a mis un terme à cette difficulté en permettant au collège de décider, sans remettre en cause le siège au Mans, de décider de la localisation des services, en fonction des nécessités de service[23]. Sur cette base, les services ont été relocalisés à Paris, à l'exception des services support et du greffe[24].

Malgré ces réserves, l'Autorité dispose d'importantes ressources lui permettant de mettre en œuvre les missions qui lui sont confiées en toute indépendance.

B. Le fonctionnement du régulateur : entre indépendance des membres et surveillance de l'État

L'immixtion d'un régulateur dans un secteur fortement monopolistique et crucial pour l'aménagement du territoire a fréquemment suscité des remous. En témoignent, par exemple, les nombreuses critiques émises par l'Autorité sur les décrets d'application de la loi ferroviaire de 2014[25] ou sur le projet de budget de SNCF Réseau pour l'année 2016[26]. Plus récemment encore, l'ARAFER a opposé son véto à la nomination du nouveau président du conseil d'administration de SNCF Réseau, en estimant que le candidat ne présentait pas de garanties d'indépendance personnelles suffisantes à l'égard des intérêts des entreprises exerçant une activité d'entreprise ferroviaire, et notamment de SNCF Mobilités[27].

---

[23] C. transp., art. L. 1261-12.

[24] ARAFER, décision n° 2015-036 du 20 octobre 2015 portant fixation de la localisation des services de l'Autorité.

[25] ARAF, avis n° 2014-023 à 2014-026 du 27 novembre 2014.

[26] ARAFER, avis n° 2015-042 du 18 novembre 2015.

[27] ARAFER, avis n° 2016-031 du 30 mars 2016. Pour un commentaire, Voir *DA*, 2016, chron. 2, obs. A. SOLOSHCHENKOV.

Dans ce contexte, il convient de s'interroger sur le point de savoir si les règles de fonctionnement du collège de l'Autorité garantissent suffisamment l'indépendance de ce dernier. La réponse est nuancée.

En premier lieu, il convient de relever que la composition du collège et les obligations de ses membres ont été modifiées par la réforme ferroviaire afin de renforcer l'expertise et l'indépendance de l'Autorité. Ainsi, afin d'éviter les situations de conflits d'intérêts, les incompatibilités applicables à l'ensemble des membres du collège ont été renforcées[28]. Au terme de leur mandat, ces derniers ne peuvent occuper aucune position professionnelle ni exercer aucune responsabilité au sein d'aucune des entreprises ou entités entrant dans le champ de la régulation pendant une période minimale de trois ans. En outre, trois membres du collège exercent désormais leurs fonctions à plein temps. Tel est le cas du président de l'Autorité, nommé par décret du président de la République et des deux vice-présidents désignés respectivement par le président de l'Assemblée nationale et par le président du Sénat[29]. Les quatre autres membres du collège sont nommés par décret, et exercent leurs fonctions à temps partiel. Cette solution a finalement été préférée à la version initiale du projet de loi portant réforme ferroviaire, qui proposait un collège composé de cinq membres à temps plein. Elle présente l'avantage d'assurer une véritable diversité des profils, garantie de la qualité de l'expertise du régulateur. Cependant, on peut s'interroger sur l'opportunité de maintenir une composition mêlant membres permanents et vacataires, les dossiers soumis à l'Autorité, de plus en plus nombreux, présentant souvent un haut degré de technicité. Seuls des membres nommés à temps plein disposent du temps nécessaire pour procéder à un examen approfondi des questions posées. En outre, le maintien d'un nombre de membres élevé pose des difficultés lorsque le mandat de l'un d'entre eux arrive à son terme. Dans cette hypothèse en effet, le successeur n'est pas toujours désigné dans un délai raisonnable, ce qui empêche l'Autorité de délibérer dans des conditions satisfaisantes, le collège n'étant pas régulièrement constitué.

---

[28] C. transp., art. L. 1261-7.

[29] Anne Yvrande-Billon a été nommée vice-présidente de l'Autorité en novembre 2014 par le président de l'Assemblée nationale. Le second vice-président sera désigné en 2018 par le président du Sénat.

En second lieu, et comme dans d'autres autorités de régulation[30], se pose la question de l'incidence de la présence d'un commissaire du gouvernement sur l'indépendance de l'Autorité, chargée d'une mission de régulation économique dans laquelle l'État a des intérêts en tant qu'opérateur. L'enjeu est important. Il s'agit donc de lutter contre la confusion des rôles entre l'État régulateur d'une part, et l'État actionnaire, d'autre part, dans un secteur où l'opérateur historique est intégralement propriété de l'État. La question avait donné lieu à de vifs débats pour l'ARCEP en 2011, avant d'être finalement rejetée par le Sénat. Elle a également été discutée pour le régulateur ferroviaire lors de l'adoption de la loi portant réforme ferroviaire en 2014. La nécessité d'assurer l'indépendance du régulateur a conduit à abandonner l'idée. Elle a malheureusement été remplacée par une obligation, faite à l'ARAFER, de consulter le gouvernement préalablement à l'adoption de ses avis et décisions en matière ferroviaire, à l'exception des règlements de différends et des sanctions[31]. On peut s'interroger sur la pertinence d'une telle disposition qui, sans remettre directement en cause l'indépendance du régulateur, peut donner le sentiment d'une soumission à l'exécutif. Cette contrainte s'avère, en pratique, totalement inutile, le gouvernement s'abstenant en général de présenter des observations.

En définitive, l'ARAFER dispose d'une réelle indépendance dans la mise en œuvre de ses missions, qui se sont considérablement développées ces dernières années.

II. – Les moyens juridiques de l'ARAFER : garantie d'une régulation efficace ?

Tant la réforme ferroviaire de 2014 que la loi « Macron » de 2015 ont développé les pouvoirs de la nouvelle ARAFER. Suite au renforcement de ses pouvoirs dans le secteur ferroviaire et à l'extension de ses compétences au secteur routier et autoroutier concédé, l'Autorité peut rendre dix-sept catégories d'avis conformes ou bloquants, émettre trente types d'avis simples sur des projets qui lui sont soumis, rendre dix-sept catégories de décisions différentes, rédiger des rapports ou des recommandations dans treize cas. Elle dispose enfin d'un pouvoir d'information sur vingt-deux sujets.

---

[30] Sur la question, voir H. DELZANGLES, « L'émergence d'un modèle européen d'autorités de régulation », *RJEP*, n° 692, décembre 2011, p. 38.
[31] C. transp., art. L. 2132-8.

Pour autant, la multiplication des pouvoirs et des domaines d'intervention d'un régulateur sectoriel n'est pas nécessairement la garantie d'une régulation efficace. C'est ce que l'on montrera en distinguant les outils de régulation *ex ante* (A) des outils de régulation *ex post* (B). Si les outils de régulation *ex ante* ont été développés, leur impact sur le fonctionnement des secteurs régulés n'est pas toujours convaincant. En revanche, les outils de régulation *ex post* permettent de réguler efficacement le secteur.

A. La multiplication des outils de régulation *ex ante*

Le nombre d'avis, simples (1) ou conformes (2) que l'Autorité est amenée à rendre est en forte augmentation, même si l'efficacité de ces prises de position pour la régulation du secteur peut être discutée. Au-delà de cet outil classique, un pouvoir de surveillance du marché, très récent, est en cours de développement (3).

1. Les avis simples

Outre les nombreux avis sur les projets de textes réglementaires, les réformes de 2014 et 2015 ont développé les pouvoirs d'avis du régulateur en matière économique et financière. Tel est le cas tout d'abord dans le secteur autoroutier, où l'Autorité sera notamment amenée à s'exprimer sur les nouveaux projets de délégation ou les projets de modification de la convention de délégation ou du cahier des charges annexé, lorsqu'ils ont une incidence sur les tarifs de péage ou sur la durée de la convention de délégation [32]. En matière ferroviaire, la réforme de 2014 a notamment étendu le périmètre des avis simples au contrôle budgétaire et financier du gestionnaire d'infrastructure. Ainsi, l'ARAFER doit rendre un avis sur le projet et les actualisations du contrat cadre stratégique conclu pour une durée de dix ans entre la SNCF et l'État[33] et du projet de contrat conclu entre l'État et SNCF Réseau[34]. Elle est également invitée à s'exprimer sur le projet de budget de SNCF Réseau, en particulier au regard du respect de la trajectoire financière définie par le contrat conclu entre le gestionnaire d'infrastructure et l'État[35]. En outre, l'Autorité rend un

[32] C. voirie routière, art. L. 122-8.
[33] C. transp., art. L. 2102-5.
[34] C. transp. art. L. 2111-10.
[35] C. transp. art. L. 2133-5-1.

avis motivé sur chaque projet d'investissement dont la valeur excède un seuil de 200 millions d'euros. Cet avis porte sur le montant global des concours financiers devant être apportés à SNCF Réseau et sur la part contributive de SNCF Réseau, au regard notamment des stipulations du contrat conclu entre SNCF Réseau et l'État[36].

Si ces évolutions témoignent d'une volonté d'associer le régulateur au fonctionnement de SNCF Réseau, en particulier dans ses aspects financiers, il n'en demeure pas moins que la portée de l'intervention de l'Autorité en la matière demeure réduite, ses avis étant, en la matière, dépourvus de portée contraignante. L'ARAFER peut, tout au plus, être une force de proposition. Tel est le cas, par exemple, lors de l'examen du projet de budget de SNCF Réseau. Si l'Autorité constate que la trajectoire financière prévue dans le projet s'est écartée de celle prévue au contrat conclu entre l'État et SNCF Réseau, l'article L. 2133-5-1 lui permet d'en analyser les causes et lui permet de proposer des mesures correctives au conseil d'administration de SNCF Réseau, qui ne saurait, cependant, être contraint de les suivre.

2. Les avis conformes

Véritable droit de véto du régulateur, l'avis conforme constitue un important outil de régulation du marché. On ne peut donc que se féliciter que la loi du 6 août 2015 ait étendu ce pouvoir de l'Autorité à la régulation du secteur routier[37] et autoroutier concédé[38]. S'agissant du secteur ferroviaire, la réforme de 2014 a également étendu les pouvoirs d'avis conforme de l'Autorité, en particulier en matière de tarification. Pouvoir majeur de l'activité de l'Autorité depuis sa création, l'avis conforme sur la fixation des redevances liées à l'utilisation du réseau ferré national, initialement remis en cause par le

---

[36] C. transp. art. L. 2111-10-1.

[37] En application des articles L. 3111-18 et L. 3111-19 du code des transports, l'Autorité rend un avis conforme sur le projet de décision d'interdiction ou de limitation d'une autorité organisatrice de transport du service assurant une liaison dont 2 arrêts sont distants de 100 km ou moins. L'Autorité a rendu plus de 30 avis en la matière depuis le 1er janvier 2016.

[38] En application de l'article L. 122-17 du code de la voirie routière, dans le cadre de la régulation du secteur autoroutier concédé, l'Autorité rend un avis conforme sur la composition de la commission des marchés mises en place par les sociétés concessionnaires (Pour un exemple d'avis défavorable, voir ARAFER, avis n° 2016-059 du 20 avril 2016 relatif à la composition de la commission des marchés de la société des Autoroutes Paris-Normandie). Les règles internes élaborées par ces commissions pour la passation et l'exécution des marchés de travaux, fournitures est services font également l'objet d'un avis conforme.

projet de loi, a été rétabli. Plus encore, la procédure d'avis conforme s'étend désormais à la tarification de l'accès aux installations de service[39]. Ainsi, sans permettre au régulateur de fixer lui-même les redevances, l'avis conforme lui confère néanmoins une influence certaine sur la fixation de celles-ci. En dehors des aspects tarifaires, l'Autorité dispose également d'un droit de veto sur la nomination du président du conseil d'administration de SNCF Réseau, dont elle a récemment fait usage, estimant que le parcours professionnel et les liens entretenus par le candidat avec l'opérateur historique de transport ne permettaient pas de garantir l'indépendance décisionnelle de SNCF Réseau à l'égard des entreprises ferroviaires[40]. Enfin, l'Autorité dispose, en application de l'article L. 2122-4-5 du code des transports, d'un avis conforme sur le plan de gestion des informations confidentielles de SNCF Réseau.

Si l'outil de régulation qu'est l'avis conforme permet à l'Autorité d'exercer une véritable influence sur la décision finale, il ne comporte pas que des avantages, en particulier en matière de tarification dans le secteur ferroviaire. En effet, il contraint le régulateur à arbitrer chaque année, dans un délai réduit, entre la validation de propositions tarifaires imparfaites et la nécessité de ne pas aggraver les difficultés que connaît déjà le gestionnaire d'infrastructure. En effet, la portée d'un avis défavorable, notamment en matière de tarification, est déterminante pour le gestionnaire d'infrastructure. Dans cette hypothèse, la tarification n'est pas exécutoire et le gestionnaire d'infrastructure ne peut maintenir les tarifs de l'année précédente, ces derniers n'étant fixés que pour la seule durée de l'horaire de service (un an). Il est donc contraint, en l'absence d'accord, de soumettre à l'Autorité de nouvelles propositions tarifaires. Compte-tenu de cet enjeu, le régulateur ne peut utiliser son droit de véto que de manière prudente, sauf à pénaliser à l'excès le gestionnaire du réseau, au détriment de l'ensemble des acteurs du système ferroviaire. En outre, les contraintes de délai auxquelles l'Autorité est soumise pour l'adoption de ses avis lui imposent systématiquement d'examiner le projet de tarification dans l'urgence, ce qui ne garantit pas une analyse approfondie et concertée des propositions tarifaires qui lui sont soumises.

---

[39] C. transp. art. L. 2133-5.

[40] ARAFER, avis n° 2016-031 du 30 mars 2016 relatif à la nomination du président du conseil d'administration de SNCF Réseau.

On peut donc s'interroger sur la pertinence de l'avis conforme pour la régulation tarifaire du système ferroviaire, en ce qu'il fait du régulateur un censeur et non un véritable acteur de la définition du cadre tarifaire, qui reste de la compétence du gestionnaire d'infrastructure. Sur ce point, l'évolution la plus souhaitable consisterait à adopter un cadre pluriannuel de tarification et à améliorer le rôle de l'Autorité dans la définition du cadre tarifaire, à l'instar de l'ARCEP qui détient la compétence pour imposer *ex ante* certaines obligations tarifaires aux opérateurs réputés exercer une influence économique significative sur le marché[41]. Cette modification du rôle du régulateur améliorerait la qualité de la régulation des tarifs, en permettant à l'Autorité de définir en amont et de manière concertée les règles du jeu. Il est intéressant de relever que dans le cadre de ses nouvelles compétences relatives à la régulation du secteur du transport routier de voyageurs, l'Autorité s'est récemment vu reconnaître une compétence similaire à celle de l'ARCEP. L'article L. 3114-13 du code des transports permet en effet à l'ARAFER de fixer elle-même certaines obligations en matière d'accès aux exploitants de gares routières de voyageurs ou aux fournisseurs de services sur ces installations dès lors qu'ils exercent une influence significative sur le marché. Même s'il ne lui permet pas d'intervenir directement sur les tarifs pratiqués, ce nouveau pouvoir « d'analyse de marché » applicable au secteur des gares routières de voyageurs pourrait constituer une source d'inspiration pour la redéfinition du rôle du régulateur dans la régulation des tarifs applicables au secteur ferroviaire.

3. L'observation du marché

La collecte puis la diffusion d'informations et d'analyses sectorielles sur l'état du marché constitue, pour l'ARAFER, un outil important de régulation des marchés. En effet, l'Autorité assure, dans le secteur ferroviaire, une « mission générale d'observation des conditions d'accès au réseau », au titre de laquelle elle peut formuler des recommandations[42]. Il en va de même dans le secteur des services réguliers interurbains de transport routier et ferroviaire de personnes[43]

---

[41] CPCE, art. L. 37-1 et L. 38.
[42] C. transp., art. L. 2131-3.
[43] C. transp., art. L. 3111-24.

ou pour la régulation du secteur autoroutier concédé[44]. Afin de remplir ces objectifs, l'Autorité peut, par une décision motivée, imposer la transmission régulière d'informations aux entreprises régulées[45]. Le manquement à ces obligations de communication peut faire l'objet d'une sanction[46].

Cette évolution des pouvoirs de l'Autorité est récente. Suite de l'adoption de la loi du 6 août 2015, l'Autorité s'est dotée d'un observatoire des marchés qui lui permettra de concourir au bon fonctionnement des différents secteurs régulés en apportant un éclairage objectif sur les performances comparées des entreprises et sur les comportements des clients et des usagers. L'importance de cette mission de régulation est cruciale, certains secteurs régulés par l'ARAFER n'étant que partiellement ouverts à la concurrence. Dans ce contexte en effet, la collecte et la restitution de données permettent au régulateur de combler un déficit d'information. Il constitue également un moyen d'évaluer les politiques publiques et de garantir un débat public objectif dans des secteurs où les enjeux pour les finances publics et l'aménagement du territoire sont importants.

B. La pertinence des outils de régulation *ex post*

Si son utilisation est encore assez peu fréquente, la procédure de sanction pourrait, à l'avenir, être davantage utilisée (1). En outre, la procédure de règlement des différends constitue un outil décisif de régulation, que la jurisprudence récente a contribué à renforcer (2).

1. Un usage encore limité de la procédure de sanction

Prévue par les articles L. 1264-7 à L. 1264-10 du code des transports, la procédure de sanction permet à l'ARAFER de contraindre un opérateur à mettre un terme à un manquement à l'accès au réseau. Depuis sa création, l'Autorité n'a jamais mené une procédure de sanction jusqu'à son terme. Il n'en demeure pas moins

[44] C. voirie routière, art. L. 122-31.
[45] ARAFER, décision n° 2015-043 du 2 décembre 2015 relative à la transmission trimestrielle d'informations par les entreprises du secteur des transports publics routiers interurbains de personnes ; ARAFER, décision n° 2016-052 du 13 avril 2016 relative à la transmission d'informations par les entreprises ferroviaires de voyageurs et de marchandises et les autres candidats. Pour le secteur autoroutier concédé, la décision est en cours d'élaboration.
[46] C. transp., art. L. 1264-7, 3°.

que plusieurs procédures ont été ouvertes et que quatre d'entre elles ont abouti à l'adoption d'une décision de mise en demeure, dont deux ont fait l'objet d'une publicité. En outre, le régulateur sectoriel a, jusqu'à présent, toujours cherché à obtenir la modification du comportement de la personne mise en cause sans aller jusqu'à prononcer une sanction. Le séquencement de la procédure en plusieurs étapes permet généralement d'atteindre cet objectif. En adoptant, dans un premier temps, une décision de mise en demeure et en procédant, si elle le juge utile, à sa publication, l'Autorité parvient à obtenir la modification du comportement de l'opérateur dans le délai et dans les conditions définis par la mise en demeure. Ce n'est qu'en cas d'échec, dans un second temps, que le collège de l'Autorité pourra décider de notifier des griefs à l'intéressé et en saisir la commission des sanctions qui pourra prononcer l'une des sanctions prévues à l'article L. 1264-9 du code des transports[47].

Les membres de la commission des sanctions ont été désignés par un décret du 16 octobre 2015. Compte-tenu de l'augmentation des pouvoirs de l'Autorité, tant en matière ferroviaire qu'en matière routière et autoroutière, le périmètre des manquements pouvant faire l'objet d'une sanction, défini à l'article L. 1264-7 du code des transports, a été élargi. Il est donc possible que le collège ait davantage recours à cette procédure dans les prochaines années.

2. L'usage fréquent de la procédure de règlement des différends

A l'instar d'autres autorités de régulation sectorielles, l'ARAFER dispose d'un pouvoir de règlement des différends dont elle fait régulièrement usage[48]. Cette procédure lui permet, au terme d'une procédure contradictoire, de trancher les litiges relatifs à l'accès au réseau ferroviaire[49] et, depuis, le 29 janvier 2016, à l'accès aux gares

[47] Les sanctions sont prononcées en fonction de la gravité du manquement. Elles peuvent consister en une interdiction temporaire d'accès à tout ou partie du réseau ferroviaire pour une durée n'excédant pas un an et/ou une sanction pécuniaire, dont le montant est proportionné à la gravité du manquement, à la situation de l'intéressé, à l'ampleur du dommage et aux avantages qui en sont tirés, sans pouvoir excéder 3% du chiffre d'affaires hors taxes du dernier exercice clos réalisé en France. Ce montant peut être porté à 5% en cas de nouvelle violation de la même obligation.
[48] Depuis sa création, l'ARAFER a ainsi rendu 26 décisions de règlement de différend.
[49] La procédure est désormais prévue à l'article L. 1263-2 du code des transports (ancien article L. 2134-2).

routières de voyageurs[50]. Ainsi, l'Autorité a par exemple adopté plusieurs décisions relatives aux prestations rendues par SNCF Réseau et SNCF Mobilités dans les gares de voyageurs, infrastructures essentielles auxquelles l'accès doit être accordé dans des conditions transparentes et non discriminatoires[51]. Elle a également tranché plusieurs litiges relatifs aux conditions d'allocation et de suivi des sillons[52], aux conditions d'allocation des voies de service[53] ou aux conditions de fourniture et de facturation du courant de traction sur le réseau ferré national[54].

Cette procédure complète utilement les pouvoirs de régulation *ex ante* dont dispose l'ARAFER. En effet, il n'est pas rare que l'Autorité doive traiter d'un différend relatif à une problématique qu'elle a déjà

---

[50] C. transp., art. L. 1263-3, créé par l'ordonnance n° 2016-79 du 29 janvier 2016 relative aux gares routières et à la recodification des dispositions du code des transports relatives à l'Autorité de régulation des activités ferroviaires et routières, JORF n° 26 du 31 janvier 2016.

[51] ARAF, décision n° 2015-002 du 3 février 2015 portant sur la demande formée par le Syndicat des Transports d'Île-de-France dans le cadre d'un différend l'opposant à la branche Gares & Connexions de SNCF Mobilités relatif aux prestations rendues dans les gares de voyageurs par Gares & Connexions ; ARAF, décision n° 2015-017 du 13 mai 2015 portant sur la demande formée par la région Pays de la Loire dans le cadre d'un différend l'opposant à la branche Gares & Connexions de SNCF Mobilités relatif aux prestations rendues dans les gares de voyageurs par Gares & Connexions ; ARAF, décision n° 2015-028 du 15 juillet 2015 portant sur la demande formée par le Syndicat des transports d'Île-de-France dans le cadre d'un différend l'opposant à SNCF Réseau et à la branche Gares & Connexions de SNCF Mobilités relatif aux prestations rendues par SNCF Réseau dans les gares de voyageurs ; ARAF, décision n° 2015-030 du 15 juillet 2015 portant sur la demande formée par la Région Pays de la Loire dans le cadre d'un différend l'opposant à SNCF Réseau relatif aux prestations rendues dans les gares de voyageurs.

[52] ARAF, décision n° 2013-016 du 1er octobre 2013 portant sur la demande formée par Euro Cargo Rail dans le cadre d'un différend l'opposant à Réseau ferré de France relatif aux conditions d'allocation et de suivi des sillons, de facturation et de remboursement de la redevance de réservation ; ARAF, décision n° 2013-17 du 1er octobre 2013 portant sur la demande formée par Europorte France dans le cadre d'un différend l'opposant à Réseau ferré de France relatif aux conditions d'allocation et de suivi des sillons, de facturation et de remboursement de la redevance de réservation ; ARAF, décision n° 2013-018 du 1er octobre 2013 portant sur la demande formée par T3M dans le cadre d'un différend l'opposant à Réseau ferré de France relatif aux conditions d'allocation et de suivi des sillons, de facturation et de remboursement de la redevance de réservation ; ARAF, décision n° 2013-019 du 1er octobre 2013 portant sur la demande formée par VFLI dans le cadre d'un différend l'opposant à Réseau ferré de France relatif aux conditions d'allocation et de suivi des sillons, de facturation et de remboursement de la redevance de réservation.

[53] ARAF, décision n° 2013-028 du 3 décembre 2013 portant sur la demande formée par Euro Cargo Rail dans le cadre d'un différend l'opposant à Réseau ferré de France relatif aux conditions d'allocation des voies de service et à la tarification de leur usage.

[54] ARAF, décision n° 2012-019 du 3 octobre 2012 portant sur la demande de règlement de différend formée par la société ECR à l'encontre de RFF et relative aux conditions de fourniture et de facturation du courant de traction sur le réseau ferré national.

abordée en formulant des recommandations dans le cadre d'un avis simple, et dont le requérant peut obtenir l'application en la saisissant postérieurement d'un différend sur ce sujet[55]. Plus encore, en réglant les différends entre les opérateurs et les gestionnaires de l'infrastructure, l'ARAFER contribue directement au bon fonctionnement de l'ensemble du secteur. En effet, en application de l'article L. 1263-2 du code des transports, l'Autorité peut préciser les conditions d'ordre technique et financier de règlement du différend dans un délai qu'elle définit. En outre, si cela s'avère nécessaire au règlement du litige, elle peut fixer elle-même les modalités d'accès au réseau et ses conditions d'utilisation. Ces pouvoirs, définis de manière très générale par les dispositions du code des transports, ont été interprétés par le juge dans un sens favorable à l'efficacité de la régulation.

En premier lieu, dans une série d'arrêts 17 décembre 2015, le juge a reconnu que l'Autorité disposait, sous certaines conditions, d'un pouvoir normatif dans le cadre de la procédure de règlement d'un différend[56]. Ainsi, à l'occasion du règlement d'un différend entre RFF (devenu SNCF Réseau) et plusieurs entreprises ferroviaires, l'ARAFER avait fixé, au terme d'une période de consultation avec les parties intéressées, un système de pénalités forfaitaires destiné à limiter les suppressions de sillons et à encourager la restitution anticipée de ceux-ci et enjoint au gestionnaire du réseau de l'appliquer[57]. Cette prise de position du régulateur permettait de régler

---

[55] Voir, par exemple, dans le contentieux relatif aux prestations rendues dans les gares de voyageurs : décision n° 2015-002, pt. III.30.

[56] CA Paris, 17 décembre 2015, *SNCF Réseau c/ Euro Cargo Rail*, n° 2014/17760 ; CA Paris, 17 décembre 2015, *SNCF Réseau c/ Europorte*, n° 2014/17680 ; CA Paris, 17 décembre 2015, *SNCF Réseau c/ T3M*, n° 2014/17688 ; CA Paris, 17 décembre 2015, *SNCF Réseau c/ VFLI*, n° 2014/17695.

[57] ARAF, décision n° 2014-016 du 15 juillet 2014 portant exécution des articles 7 et 11 de la décision n° 2013-016 du 1er octobre 2013 portant sur la demande formée par Euro Cargo Rail dans le cadre d'un différend l'opposant à Réseau ferré de France relatif aux conditions d'allocation et de suivi des sillons, de facturation et de remboursement de la redevance de réservation ; ARAF, décision n° 2014-017 du 15 juillet 2014 portant exécution des articles 7 et 11 de la décision n° 2013-17 du 1er octobre 2013 portant sur la demande formée par Europorte France dans le cadre d'un différend l'opposant à Réseau ferré de France relatif aux conditions d'allocation et de suivi des sillons, de facturation et de remboursement de la redevance de réservation ; ARAF, décision n° 2014-018 du 15 juillet 2015 portant exécution de l'article 7 de la décision n° 2013-018 du 1er octobre 2013 portant sur la demande formée par T3M dans le cadre d'un différend l'opposant à Réseau ferré de France relatif aux conditions d'allocation et de suivi des sillons, de facturation et de remboursement de la redevance de réservation ; ARAF, décision n° 2014-19 du 15 juillet 2014 portant exécution des articles 7 et 11 de la décision n° 2013-019 du 1er octobre 2013 portant sur la demande

le différend soumis par plusieurs entreprises ferroviaires, confrontées à l'incapacité du gestionnaire du réseau de proposer et de mettre en œuvre un tel mécanisme. Or, en imposant au gestionnaire du réseau d'appliquer un mécanisme concernant l'ensemble du secteur à l'occasion du règlement d'un différend entre deux parties, l'ARAFER a adopté des mesures réglementaires relatives aux modalités d'accès au réseau ferroviaire sans les soumettre à homologation ministérielle comme le prévoit pourtant l'article L. 2132-5 du code des transports relatif au pouvoir réglementaire de l'Autorité. La Cour d'appel a validé ce raisonnement en estimant que l'article L. 1263-2 du code des transports, interprété à la lumière des travaux parlementaires et du droit de l'Union européenne, permettait à l'ARAFER « de régler les problèmes d'accès au réseau en toute indépendance, sans homologation ministérielle, au besoin en contraignant le gestionnaire du réseau à prendre un décision donnée. L'effectivité de l'accès au réseau serait compromise si l'ARAF ne disposait d'aucun pouvoir contraignant sur le gestionnaire de réseau ». Dès lors, quand bien même la portée d'une décision de règlement de différend se limite en théorie aux parties, il n'est pas exclu que l'Autorité puisse, à cette occasion, adopter des dispositions applicables à l'ensemble du secteur.

En second lieu, la Cour d'appel de Paris a également souligné, s'agissant des pouvoirs de règlement de différend de la CRE, que la faculté dont dispose le régulateur de préciser les conditions techniques et financières de règlement d'un différend « s'étend à l'ensemble de la période couverte par le différend dont il se trouve saisi sous réserve des règles de prescription applicables en la matière sans qu'importe la date de son émergence entre les parties »[58]. Cette position, déjà reconnue pour l'ARCEP[59], permet au régulateur, au nom de la protection de l'ordre public économique, de tirer les conséquences d'une violation par un opérateur de ses obligations en enjoignant à ce dernier de procéder à l'ensemble des régularisations nécessaires. Une telle solution, qui n'est pas sans conséquences sur la liberté contractuelle ou tarifaire des opérateurs, a déjà été utilisée par

formée par VFLI dans le cadre d'un différend l'opposant à Réseau ferré de France relatif aux conditions d'allocation et de suivi des sillons, de facturation et de remboursement de la redevance de réservation.

[58] CA Paris, 2 juin 2016, *Sociétés ENI GAS & POWER France, GrDF et Direct Energie*, n° 2014/26021.

[59] Cass. Com., 14 décembre 2010, *SFR/France Télécom*, pourvoi n° 09-67.371. Sur ce point, Voir J. ADDA, « Les règlements des différends devant l'ARCEP dans le domaine des communications électroniques », *Concurrences*, 2010/4, p. 75.

l'ARAFER à l'occasion du règlement de plusieurs différends relatifs à l'accès aux gares de voyageurs. Constatant que le niveau de rémunération des capitaux pris en compte dans le calcul des redevances était trop élevé, l'Autorité a recalculé le taux applicable et enjoint au gestionnaire des gares de réviser les tarifs à compter de la date à laquelle la première contestation du requérant sur la question était intervenue[60].

La procédure de règlement des différends constitue donc l'un des outils les plus efficaces de régulation, en ce qu'elle permet de corriger l'efficacité limitée des pouvoirs de régulation *ex ante*. L'avenir dira si les évolutions issues des réformes de 2014 et 2015 permettront au régulateur d'intervenir plus efficacement en amont, en particulier en matière de tarification.

---

[60] ARAF, décision n° 2015-002 portant sur la demande formée par le Syndicat des Transports d'Île-de-France dans le cadre d'un différend l'opposant à la branche Gares & Connexions de SNCF Mobilités relatif aux prestations rendues dans les gares de voyageurs par Gares & Connexions ; ARAF, décision n° 2015-017 du 13 mai 2015 portant sur la demande formée par la région Pays de la Loire dans le cadre d'un différend l'opposant à la branche Gares & Connexions de SNCF Mobilités relatif aux prestations rendues dans les gares de voyageurs par Gares & Connexions ; ARAF, décision n° 2015-028 du 15 juillet 2015 portant sur la demande formée par le Syndicat des transports d'Île-de-France dans le cadre d'un différend l'opposant à SNCF Réseau et à la branche Gares & Connexions de SNCF Mobilités relatif aux prestations rendues par SNCF Réseau dans les gares de voyageurs ; ARAF, décision n° 2015-030 du 15 juillet 2015 portant sur la demande formée par la Région Pays de la Loire dans le cadre d'un différend l'opposant à SNCF Réseau relatif aux prestations rendues dans les gares de voyageurs.

Les objectifs de la régulation et le contrôle du juge judiciaire

Olivier DOUVRELEUR[1]

« Les objectifs de la régulation et le contrôle du juge judiciaire » : ainsi intitulé, ce thème renvoie naturellement au contrôle que la Cour d'appel de Paris exerce, dans une mesure et dans des conditions qu'on précisera plus loin, en tant que juridiction de recours des décisions de plusieurs autorités de régulation. Née du transfert à son profit, en 1987, du contentieux des décisions du Conseil de la concurrence et étendue depuis à d'autres régulateurs, cette compétence particulière de la juridiction parisienne ne résume cependant pas, à elle seule, le rôle que joue le juge judiciaire en matière de régulation puisque d'autres juridictions judiciaires y interviennent et, partant, ont à en connaître des objectifs.

C'est ainsi que le *juge des libertés et de la détention* du tribunal de grande instance est chargé du contrôle *a priori* de la mise en œuvre par les régulateurs de leurs pouvoirs coercitifs : lorsqu'un régulateur dispose de pouvoirs d'enquête et qu'il peut, dans ce cadre, procéder à des visites et saisies hors tout assentiment de l'intéressé - à l'instar de l'Autorité des marchés financiers (AMF)[2], de l'Autorité de la concurrence (ADLC)[3], de la Commission nationale de l'informatique et des libertés (CNIL)[4], de la Commission de régulation de l'énergie (CRE)[5], de l'Autorité de régulation des communications électroniques

---

[1] Président de chambre à la Cour d'appel de Paris.
[2] C. mon. fin., art. L. 621-12.
[3] C. com., art. L. 450-4.
[4] Loi n° 78-17 du 6 janvier 1978 relative à l'informatique, aux fichiers et aux libertés, art. 44.
[5] C. énerg., art. L. 135-5.

et des postes (ARCEP)[6], de l'Autorité de régulation des activités ferroviaires et routières (ARAFER)[7] -, le juge des libertés et de la détention dans le ressort duquel seront menées ces opérations doit être préalablement saisi pour les autoriser, après s'être assuré de la régularité et du bien-fondé de la demande qui lui est présentée. Le *juge des référés* du tribunal de grande instance, par ailleurs, est quelquefois habilité par la loi à prendre les mesures propres à mettre fin à une situation dommageable, à en prévenir la réalisation ou à garantir la bonne fin de procédures engagées par un régulateur ; c'est ainsi qu'il peut, à la demande de l'AMF, prononcer la mise sous séquestre de biens appartenant à des personnes mises en cause par cette autorité ainsi que la consignation de sommes d'argent, ou prononcer des injonctions assorties, le cas échéant, d'une astreinte[8] ; dans le domaine relevant de la régulation de la CNIL, il peut, à la demande de celle-ci, ordonner « toute mesure de sécurité nécessaire à la sauvegarde des droits et libertés » protégés par la loi de 1978.

Le *juge pénal* intervient également en matière de régulation, soit que son intervention garantisse l'efficacité des enquêtes menées par les régulateurs - par la sanction pénale de l'entrave à la mission des enquêteurs, du refus de communication de documents ou de la fourniture de documents inexacts -, soit, plus rarement, qu'elle sanctionne les manquements à un dispositif de régulation. Entre autres exemples, on citera le traitement de données à caractère personnel en violation des obligations d'autorisation ou de déclaration à l'égard de la CNIL, lequel est pénalement sanctionné par les articles 226-16 et suivants du code pénal qui punissent de peines correctionnelles les « atteintes aux droits de la personne résultant des fichiers ou des traitements informatiques », ou les pratiques anticoncurrentielles dont la répression relève de l'Autorité de la concurrence, sans préjudice de la compétence du juge pénal en cas de participation frauduleuse d'une personne physique à leur « conception, organisation ou mise en œuvre »[9] ; les abus de marché, enfin, sont une autre illustration de l'intervention du juge pénal en matière de régulation puisqu'ils relèvent tout autant de la répression administrative aux mains de la commission des sanctions de l'AMF que de poursuites devant le tribunal correctionnel, cette situation juridique posant, comme on le

[6] CPCE, art. L. 5-9-1.
[7] C. transp., art. L. 2135-4.
[8] C. mon. fin., art. L. 621-13 et L. 621-14.
[9] C. com., art. L. 420-6.

sait, de délicats problèmes au regard tant du principe de nécessité des délits et des peines - dont le Conseil constitutionnel a tiré les conséquences dans sa décision du 15 mars 2015 rendue, sur une question prioritaire de constitutionnalité, à propos de l'affaire EADS[10] - que du principe *non bis in idem* consacré par le Protocole n° 7 de la Convention européenne des droits de l'Homme. Le *juge civil,* enfin, est seul compétent pour tirer les conséquences éventuelles, en termes de réparation du préjudice ou de validité des actes juridiques en cause, des manquements constatés aux normes de régulation. Cette compétence trouve, sans conteste, son domaine d'élection dans la réparation du préjudice résultant de pratiques anticoncurrentielles sanctionnées par le régulateur - l'Autorité de la concurrence -, et dont d'aucuns souhaiteraient lui voir jouer le rôle d'un véritable *private enforcement* du droit de la concurrence.

La Cour d'appel de Paris occupe dans ce dispositif une place particulière, puisqu'elle est la juridiction devant laquelle sont portés les recours directement dirigés contre les décisions de certains régulateurs. Cette compétence a, on l'a rappelé plus haut, son origine dans la décision du Parlement de transférer, par la loi du 6 juillet 1987, du Conseil d'État à cette juridiction le contentieux des décisions du Conseil de la concurrence qui venait d'être institué par l'ordonnance du 1er décembre 1986[11]. Elle s'est ensuite accrue au fil du temps, la Cour d'appel de Paris ayant été désignée pour connaître des recours, ou de certains d'entre eux, dirigés contre les décisions de la Commission des opérations de bourse (COB) et du Conseil des bourses de valeurs (CBV) en 1989, de l'Autorité de régulation des télécommunications[12] en 1996, de la Commission de régulation de l'électricité[13] en 2000, de l'AMF en 2003, de la Haute Autorité pour la diffusion des œuvres et la protection des droits sur internet (HADOPI) en 2009, de l'Autorité de régulation des activités ferroviaires (ARAF)[14] en 2009, de l'Autorité de régulation de la distribution de la presse (ARDP) et du Conseil supérieur des messageries de presse

[10] Cons. const., déc. n° 2014-453/454 QPC et 2015-462 QPC du 18 mars 2015, *M. John L. et a.*

[11] Loi n° 87-499 du 6 juillet 1987 transférant le contentieux des décisions du Conseil de la concurrence à la juridiction judiciaire, JORF du 7 juillet 1987, p. 7391.

[12] Devenue l'Autorité de régulation des communications électroniques et des postes (ARCEP).

[13] Devenue la Commission de régulation de l'énergie (CRE).

[14] Devenue en 2015 l'Autorité de régulation des activités ferroviaires et routières (ARAFER).

en 2011[15].

Dans chacune de ces hypothèses, la cour d'appel intervient dans le cadre d'une compétence qui lui est spécialement attribuée par le législateur, lorsque celui-ci choisit de déroger à la compétence naturelle de la juridiction administrative. En effet, que les autorités de régulation relèvent de la catégorie des autorités administratives indépendantes ou, comme c'est plus rarement le cas, de la catégorie des « autorités publiques indépendantes » - dotées à ce titre de la personnalité morale, à l'instar de l'AMF ou de l'ARAFER -, leurs décisions ont toujours la nature d'actes administratifs relevant par conséquent du contrôle du juge administratif[16].

Il en résulte que la Cour d'appel de Paris n'est pas le juge de la légalité des *décisions réglementaires* prises par les régulateurs, quand bien même elle serait compétente pour connaître de la légalité de leur application par voie de décisions individuelles : lorsque l'autorité de régulation dispose d'un pouvoir réglementaire, qu'il soit soumis à homologation ministérielle (ARAFER, AMF, ARCEP dans le domaine de l'article L. 36-6 du code des postes et communications électroniques) ou pas (CRE, ARCEP dans le domaine de l'article L. 32-1), les recours dirigés contre l'acte réglementaire adopté ou contre la décision qui l'homologue sont portés devant le juge administratif. Cette incompétence de principe de la Cour d'appel de Paris en matière réglementaire n'est cependant pas absolue et connaît une exception dans le domaine de la régulation de la distribution de la presse. C'est en effet devant elle que sont portés les recours contre les « décisions de portée générale » prises par le Conseil supérieur des messageries de presse (CSMP) - l'un des deux co-régulateurs du secteur de la distribution de la presse, avec l'Autorité de régulation de la distribution de la presse (ARDP) -, dans les matières énumérées par l'article 18-6 de la loi du 2 avril 1947 et relatives aux conditions et moyens de la distribution de la presse, à son schéma directeur et à son organisation. Sans doute n'y a-t-il pas là de véritable atteinte à la

---

[15] La Cour d'appel de Paris est compétente dans trois domaines : les décisions de portée générale de l'ARDP et du CSMP ; les décisions individuelles prises par le CSMP ; le règlement des différends entre acteurs de la distribution de la presse (conciliation obligatoire devant le CSMP ; homologation du règlement amiable de l'ARDP ; en cas d'échec, règlement par l'ARDP).

[16] Aussi a-t-on pu considérer que la Cour d'appel de Paris étant dans ces hypothèses une « juridiction administrative » (P. DELVOLVÉ, « La cour d'appel de Paris, juridiction administrative », *in* Etudes offertes à J.-M. AUBY, Dalloz, 1992, p. 47).

compétence de droit commun du juge administratif dans la mesure où ce conseil a, selon l'article 17 de la loi, la nature d'une « personne morale de droit privé » ; il est vrai, cependant, qu'il est investi d'une mission d'intérêt général et qu'il partage sa compétence avec l'ARDP, expressément qualifiée par la loi d'« autorité administrative indépendante », puisque ce n'est qu'en l'absence d'opposition de celle-ci que les décisions de portée générale adoptées par le CSMP deviennent exécutoires.

S'agissant des *décisions individuelles*, la Cour d'appel de Paris n'intervient que sur attribution expresse du législateur, quand celui-ci a fait le choix de déroger à la compétence naturelle du juge administratif et, « dans l'intérêt d'une bonne administration de la justice », d'unifier à son profit « les règles de compétence juridictionnelle au sein de l'ordre juridictionnel principalement intéressé »[17], autrement dit l'ordre judiciaire. La situation est à cet égard très contrastée : nombre de régulateurs se situent hors toute compétence de la Cour d'appel de Paris et ne relèvent que du juge administratif, même lorsqu'ils disposent d'un pouvoir de sanction relevant de la « matière pénale » au sens de l'article 6 de la CEDH ; c'est le cas du CSA, de la CNIL, de l'Autorité de régulation des jeux en ligne (ARJEL), de l'Autorité de contrôle prudentiel et de résolution (ACPR). Lorsqu'à l'inverse la cour d'appel a été désignée pour être la juridiction de contrôle d'un régulateur, cette compétence n'est, dans la quasi-totalité des cas, pas exclusive et se trouve partagée avec le juge administratif.

C'est ainsi que si les sanctions pécuniaires, injonctions et mesures conservatoires prononcées par l'Autorité de la concurrence relèvent du contrôle juridictionnel de la Cour d'appel de Paris, les recours contre les décisions prises par cette autorité en matière de concentrations sont portés devant le Conseil d'État. En matière de régulation financière, la compétence de la Cour d'appel de Paris n'est pas non plus complète, puisqu'elle s'applique aux décisions du Collège et de la Commission des sanctions de l'AMF, sauf lorsque la décision en cause concerne un « professionnel régulé »[18], le Conseil d'État étant alors compétent.

---

[17] Cons. const., déc. n° 86-224 DC du 23 janvier 1987, *Loi transférant à la juridiction judiciaire le contentieux des décisions du Conseil de la concurrence*, JORF du 25 janvier 1984, p. 924.

[18] La liste limitative en est donnée par l'article L. 621-9 du code monétaire et financier (prestataires de services d'investissement, chambres de compensation d'instruments financiers, teneurs de compte d'instruments financiers, conseillers en investissements financiers, agences de notation, etc.).

S'agissant de la CRE, de l'ARCEP, de l'ARAFER, de l'HADOPI, la Cour d'appel de Paris n'est compétente que pour connaître des décisions prises par ces autorités dans le cadre de leur mission de règlement des différends, le Conseil d'État conservant sa compétence à l'égard de toutes leurs autres décisions, y compris en matière de sanction. Il semble qu'il n'y ait guère qu'en matière de régulation de la distribution de la presse, domaine déjà cité, que la cour d'appel de Paris ait une plénitude de compétence, exclusive de toute compétence du juge administratif. Elle connaît en effet des recours contre les décisions prises dans tous leurs domaines d'intervention par les deux acteurs de la régulation bicéphale de ce secteur, le CSMP et l'ARDP : décisions de portée générale, décisions individuelles prises par le CSMP, règlement des différends entre acteurs de la distribution de la presse.

C'est dans ce périmètre que la Cour d'appel de Paris connaît directement des décisions des régulateurs dont le législateur lui a confié le contentieux. Précisons à ce stade que la cour n'agit pas en tant que juridiction d' « appel », faute pour ces autorités de régulation d'avoir la nature de juridiction du premier degré : aussi est-elle saisie non d'un appel, au sens du code de procédure civile, mais d'un « recours » de nature *sui generis*, lequel a pour objet, selon une formule récurrente dans les textes qui l'instituent, l'« annulation ou la réformation » de la décision déférée. Ces termes confèrent à la cour d'appel un pouvoir de « pleine juridiction », nécessaire, au demeurant, pour satisfaire aux exigences de l'article 6 § 1 de la Convention européenne des droits de l'Homme ; on sait, en effet, que la possibilité d'un recours effectif et de pleine juridiction est la contrepartie requise pour que les règles du procès équitable ne soient pas toutes appliquées devant l'autorité, lorsqu'elle intervient en « matière pénale » au sens de cet article. Cette *pleine juridiction* se traduit par la possibilité pour la cour d'appel, si elle accueille le recours, d'annuler la décision, avec ou sans évocation, ou de la réformer en tout ou partie.

Dans ce cadre, la cour est, très fréquemment, invitée par la partie requérante à vérifier la régularité formelle et procédurale de la décision déférée. L'examen s'effectue alors au regard des textes applicables au processus décisionnel en cause, mais aussi, le cas échéant, au regard du « procès équitable » de l'article 6 § 1 précité de la Convention européenne des droits de l'Homme, puisqu'il est acquis de longue date que peuvent se jouer devant le régulateur soit une

« accusation en matière pénale » - quand il sanctionne -, soit une « contestation sur des droits et obligations en matière civile » - par exemple en matière de règlement des différends. Ce contrôle de la légalité externe est suivi du contrôle de la légalité interne, au titre duquel il incombe à la cour de vérifier la bonne application des règles et principes régissant la matière en cause. Ce contrôle passe d'abord par la vérification des déterminants de la décision déférée, lesquels consistent dans les « fondamentaux » de la régulation en cause - marché pertinent, réplicabilité d'une facilité essentielle, position dominante, etc. -, et dans ses principes directeurs - transparence, traitement équitable, non discrimination, abus, etc. C'est à ce titre que le contrôle juridictionnel s'appuiera éventuellement sur une référence aux objectifs de la régulation.

Sans doute, s'agissant de ces objectifs, le juge n'est-il pas, loin s'en faut, dans la position du régulateur. Celui-ci, dont l'action doit tendre à la réalisation des objectifs que le législateur, national ou communautaire, assigne aux pouvoirs de régulation dont il l'investit, est proactif en ce qu'il lui incombe de choisir le mode d'intervention le plus efficace et le plus approprié aux situations de marché et au comportement des acteurs qu'il constate. Le juge, en revanche, dépourvu de tout pouvoir d'autosaisine, doit répondre à la situation de fait et de droit qui lui est soumise et se trouve alors lié par les éléments qui lui sont présentés. Il lui appartient de déterminer, toujours *ex post,* si les moyens et les compétences du régulateur ont été mis en œuvre conformément au cadre normatif - réglementaire, législatif, communautaire -, dans lequel ils s'inscrivent. Dans l'accomplissement de cet office juridictionnel, les objectifs de la régulation en cause s'imposent quelquefois avec une telle évidence que leur explicitation formelle par le juge n'est nullement nécessaire. Ainsi en matière financière, les objectifs de transparence, d'intégrité et de sécurité des marchés financiers sont-ils à la base de toute la régulation mise en œuvre par l'AMF, qu'il s'agisse, par exemple, de la détection et de la répression des abus de marché ou de la régulation des offres publiques d'acquisition.

Mais il est d'autres cas où le rappel des objectifs de la régulation permet d'éclairer le sens et la portée de la décision attaquée, ou de la règle qui en est le fondement. Le juge se réfère alors explicitement à ces objectifs et les confronte à la décision soumise à son contrôle, comme la jurisprudence en offre quelques exemples. Ainsi, en matière de régulation ferroviaire, la Cour d'appel de Paris a été amenée, dans plusieurs arrêts rendus sur des recours contre le règlement par l'ARAF de différends opposant Réseau Ferré de France à des opérateurs de transport à propos de l'allocation de « sillons », à contrôler la proportionnalité des injonctions qui avaient été prononcées par le régulateur. Pour se livrer à cet examen de proportionnalité, la cour a expressément confronté ces injonctions aux « objectifs poursuivis » par les règles régissant l'attribution des « sillons » aux opérateurs par le gestionnaire du réseau et elle s'est assurée que les mesures prononcées étaient proportionnées à ces objectifs[19]. En matière de communications électroniques, la cour d'appel, statuant sur un recours contre une décision de l'ARCEP réglant un différend opposant France Télécom à un câblo-opérateur, s'est fondée explicitement sur « les objectifs prévus à l'article 32-1 » du code des postes et communications électroniques pour approuver l'analyse de l'autorité et rejeter le recours dirigé contre sa décision[20]. Dans une autre affaire mettant en cause les mêmes parties, la cour s'est assurée que les mesures prises par l'ARCEP, dont la décision de règlement de différend était contestée, étaient, conformément à l'article 32-1 du code des postes et communications électroniques, « raisonnables et proportionnées en vue d'atteindre les objectifs » fixés par ce texte[21].

Cette prise en considération explicite par le juge des objectifs de régulation est, on le voit, indirecte et secondaire : loin d'en faire une source autonome du droit de la régulation le juge se réfère à ces objectifs non pas en tant que tels et pris isolément, mais dans la mesure où ils font partie du « bloc de légalité » au regard duquel doit être examinée la décision du régulateur. Mais au-delà, pour significatifs qu'ils soient, les exemples jurisprudentiels cités sont à la vérité encore trop rares à ce jour pour qu'on puisse définir une *théorie générale* de la prise en compte par le juge judiciaire des objectifs de la régulation et on ne manquera, pour cette raison, d'être attentifs aux évolutions à venir.

---

[19] CA Paris, 17 décembre 2015, *SNCF Réseau c/ Euro Cargo Rail*, n° 2014/17760 ; CA Paris, 17 décembre 2015, *SNCF Réseau c/ Europorte*, n° 2014/17680 ; CA Paris, 17 décembre 2015, *SNCF Réseau c/ T3M*, n° 2014/17688 ; CA Paris, 17 décembre 2015, *SNCF Réseau c/ VFLI*, n° 2014/17695.

[20] CA Paris, 30 juin 2009, *France Télécom c/ Numéricable*, 2008/22440.

[21] CA Paris, 23 juin 2012, *Numéricable c/ France Télécom.*

TABLE DES MATIÈRES

Économie et Entreprise aux éditions L'Harmattan

Dernières parutions

POLITIQUE ET ÉCONOMIE
10 mesures phares pour un monde meilleur
Marquez-Velasco Adrien
Dans ce livre est proposé un système économique d'une nouvelle ampleur qui s'intitule le «coordonnisme». Il s'agit d'un régime réunissant les qualités du capitalisme et du communisme. Il présente comme mesures la coordination des politiques monétaires, budgétaires et financières afin de réguler les consommations intérieures et extérieures, l'épargne, l'investissement, l'inflation et le chômage vers un taux optimal de croissance économique.
(Coll. L'Esprit Économique, série Krisis, 20.00 euros, 194 p.)
ISBN : 978-2-343-07529-7, ISBN EBOOK : 978-2-336-39887-7

AUX FRONTIÈRES DU MANAGEMENT
Manifeste pour un temps d'exigence
Massé Francis
Le management est l'une des clefs pour faire advenir une société meilleure, forte d'organisations efficaces. À cet égard, la notion de frontière fait sens. Le management s'inscrit dans une réalité, sinon il n'est rien. Le management traverse aussi des découpages disciplinaires multiples qu'il doit relier : il est frontière. Il constitue enfin un levier pour transgresser des limites artificielles et élargir le champ des possibles, où règnent l'imagination créatrice et l'innovation.
(Coll. Local et Global, 14.00 euros, 122 p.)
ISBN : 978-2-343-07517-4, ISBN EBOOK : 978-2-336-39760-3

LA LUTTE DES NORMES AU TRAVAIL
Faulkner Marcel - Préface de Jean-Pierre Durand
Aborder l'analyse du travail et de l'organisation sous l'angle de la normalisation permet d'atteindre deux objectifs. Comprendre que l'organisation est traversée par une lutte des normes dont les formes sont multiples et qui vont de la collaboration à la confrontation. Constater que cette lutte ne se limite pas au seul domaine des opérations courantes des organisations, mais qu'elle concerne aussi les choix stratégiques et les grands enjeux du travail et de l'emploi.
(Coll. Logiques sociales, 29.50 euros, 286 p.)
ISBN : 978-2-343-07381-1, ISBN EBOOK : 978-2-336-39859-4

GOUVERNANCE ET INTELLIGENCE ÉCONOMIQUE EN PME
Sous la direction de Daniel Corfmat, Marc Chambault et Georges Nurdin
L'intelligence économique est devenue un mode de gestion et de gouvernance de l'entreprise. Cet ouvrage réfléchit sur la démarche que le chef d'entreprise peut entreprendre pour éclairer ses décisions, garder sa marge de manœuvre de compétitivité et toutes ses possibilités de développement afin de sécuriser sa pérennité. Vous trouverez des recommandations pratiques qui tentent d'aider le dirigeant à aborder ce qui est devenu un enjeu majeur de la protection de son capital.
(Coll. Gouvernance et entreprise, 11.00 euros, 70 p.)
ISBN : 978-2-343-06861-9, ISBN EBOOK : 978-2-336-39734-4

LA POSTE, QUELLE AVENTURE !
L'informatisation du tri postal et autres chantiers hauts en couleur
Lenoir Olivier
Préface de Laurent Chaffard
Ce récit de quarante ans de carrière «aux PTT» parle du plaisir de créer, mais aussi des pesanteurs hiérarchiques et des souffrances du harcèlement moral. Il parle d'un avenir où les valeurs de coopération, d'entraide, de solidarité pourraient remplacer la course au profit, la concurrence illusoirement «libre» et le chacun pour soi. Le management et l'innovation, l'évolution de l'informatique et du service public sont des thèmes qui s'entrecroisent dans ce témoignage optimiste.
(17.50 euros, 164 p.)
ISBN : 978-2-343-07666-9, ISBN EBOOK : 978-2-336-39881-5

INTELLIGENCE DE L'INFORMATION
Entre état d'esprit et stratégie d'organisation
Mallowan Monica
En plus de contribuer à l'avancement des connaissances en matière de modèles traitant de management de l'information stratégique et des pratiques informationnelles, reliées à leur application en organisation, cet ouvrage aborde les champs de la littératie, de la culture et de l'intelligence de l'information. Une proposition est faite au sujet de leur mise en relation dialogique et systémique, dans un effort de construction d'une double mutation transdisciplinaire, celle du nouveau statut d'informateur et du concept de transculture de l'information.
(Coll. Intelligence économique, 36.00 euros, 354 p.)
ISBN : 978-2-343-06623-3, ISBN EBOOK : 978-2-336-39756-6

FISCALITÉ ENVIRONNEMENTALE
Entre impératifs fiscaux et objectifs environnementaux, une approche conceptuelle de la fiscalité environnementale
Caruana Nicolas
Préface de Thierry Lambert
La fiscalité environnementale intéresse relativement peu les juristes et représente en pratique une part très faible des recettes fiscales des États. Souvent limitée aux écotaxes, cette notion que cette thèse se propose de définir présente de multiples dimensions, tant fiscales qu'économiques, tant politiques qu'écologiques. Caractérisée par son efficience environnementale, elle n'a en réalité ni le champ d'application ni la portée que lui prête le discours politique.
(Coll. Finances publiques, 43.00 euros, 514 p.)
ISBN : 978-2-343-07550-1, ISBN EBOOK : 978-2-336-39716-0

LA MAGIE DES JUSTES PROPORTIONS
Restructuration financière d'un LBO avec apport de new money
Journo Albert
Comment opérer la restructuration financière du capital d'une entreprise de taille moyenne sous LBO (Leveraged Buy out) en période de turbulence opérationnelle ? Plusieurs scenarii sont imaginés selon l'évolution de la perception du pronostic de rétablissement. Un cas réel vient étalonner les raisonnements variés déterminant les nombreux paramètres suivant de justes proportions et des désirs, emportant d'emblée l'adhésion de tous. Cet ouvrage donne un éclairage original sur un comment faire.
(Coll. Ad valorem, 25.00 euros, 238 p.)
ISBN : 978-2-343-07914-1, ISBN EBOOK : 978-2-336-39861-7

L'ÉCONOMIE A-T-ELLE UN SENS ?
Essai
Vadjoux Philippe
Le profit est-il légitime s'il ne tient pas compte des coûts sociaux et environnementaux ? L'économie n'est pas d'origine divine ou naturelle, elle dépend de nous, elle évolue. La recherche d'une nouvelle économie plus démocratique, plus créative, plus diversifiée au service des êtres

humains et respectueuse de la planète n'est pas utopique. Elle existe au travers d'idées, de projets, d'expériences. Une mutation est possible.
(29.00 euros, 346 p.)
ISBN : 978-2-343-07479-5, ISBN EBOOK : 978-2-336-39587-6

L'ÉCOLOGIE AU SECOURS DE L'ÉCONOMIE
Inventer les outils d'une nouvelle prospérité
Coutouly Rodrigue
Comment expliquer notre difficulté à relancer l'économie ? Cet ouvrage explore une hypothèse originale : la reprise ne se fait pas car nous atteignons les limites de nos ressources naturelles. L'auteur travaille donc sur les différentes pistes possibles pour construire le développement durable d'une société et d'une économie qui retrouveraient leur cohérence. Les solutions devront s'appuyer sur des politiques publiques imaginatives, audacieuses autant que réalistes, particulièrement en matière de fiscalité et d'investissement.
(Coll. Sociologies et Environnement, 27.00 euros, 260 p.)
ISBN : 978-2-343-06652-3, ISBN EBOOK : 978-2-336-39638-5

L'ÉCONOMIE EN QUESTION
Regards et apports des spiritualités et des religions
Textes rassemblés par Jan-Luc Castel et Vincent Pilley
La vie économique est aujourd'hui bouleversée et altère même le lien social. Où puiser l'énergie de résister à ces dévastations ? Comment régénérer les liens humains dans la société ? Quelles ressources mobiliser pour «changer les règles du jeu» ? Juifs, bouddhistes, chrétiens, musulmans, athées, libres penseurs osent entrer en dialogue parce qu'ils croient en la possibilité d'un avenir commun.
(12.00 euros, 168 p.)
ISBN : 978-2-343-07824-3, ISBN EBOOK : 978-2-336-39689-7

LE CAPITALISME, CANCER DE L'HUMANITÉ
Une économie inhumaine et meurtrière, une société malade, la vie sur Terre en péril
Kornheiser Georges
En 2016, le patrimoine cumulé de 1 % de la population mondiale dépassera celui des 99 % restants, ce qui est sans précédent. Cette minorité possède tous les pouvoirs : économique, médiatique, politique, qu'ils soient étiquetés de droite ou de gauche, les partis de gouvernement sont tous convertis aux dogmes néolibéraux et pratiquent en fait la même politique une fois aux commandes. Le capitalisme est devenu fou. Un autre univers, plus juste et plus humain, est pourtant possible. Il n'est que temps de travailler à son avènement, avant que les dommages ne soient devenus irréversibles.
(Coll. Questions contemporaines, 39.00 euros, 436 p.)
ISBN : 978-2-343-07156-5, ISBN EBOOK : 978 2 336 39615 6

UNE ÉCONOMIE SOLIDAIRE PEUT-ELLE ÊTRE FÉMINISTE ?
Homo oeconomicus, mulier solidaria
Sous la direction de Christine Verschuur, Isabelle Guérin et Isabelle Hillenkamp
Comment expliquer le faible intérêt, dans la littérature sur l'économie sociale et solidaire, pour le genre et les théories féministes, alors que ces initiatives sont fortement genrées et que les femmes y sont surreprésentées ? À quelles conditions ces initiatives sont-elles une opportunité de réinvention de l'économie, réencastrée dans le social et le politique et au service de la justice sociale et de genre ? L'économie solidaire peut-elle constituer une source d'émancipation pour les femmes ou non ? (Articles en français, anglais, espagnol.)
(Coll. Genre et développement - Rencontres, 29.00 euros, 300 p.)
ISBN : 978-2-343-07602-7, ISBN EBOOK : 978-2-336-39514-2

CONVENTION COLLECTIVE NATIONALE DES ENTREPRISES DE SERVICES À LA PERSONNE ANNOTÉE
Dahan Alison, Granet Régis
La convention collective nationale des entreprises de services à la personne de septembre 2012, depuis son extension par arrêté du 3 avril 2014, a vocation à s'appliquer à toutes les entreprises

privées relevant du secteur des services à la personne. Cet ouvrage accompagnera les entreprises, les salariés et praticiens dans l'application de la règlementation en vigueur grâce aux explications simples intégrées tout au long de l'ouvrage.
(Coll. Défis, 28.50 euros, 288 p.)
ISBN : 978-2-343-07910-3, ISBN EBOOK : 978-2-336-39684-2

COMMERCE INTERNATIONAL, INVESTISSEMENTS DIRECTS ÉTRANGERS ET PARTICIPATION DES PAYS MÉDITERRANÉENS AUX CHAÎNES DE VALEUR MONDIALES
Sous la direction de Cécile Bastidon-Gilles, Azzedine Ghoufrane, Nassim Oulmane et Ahmed Silem ; préface de Saaïd Amzazi
Ce livre analyse les difficultés que rencontrent les pays sud-méditerranéens dans leur processus de participation aux chaînes de valeur mondiales. En prenant appui sur des stratégies de développement efficaces adoptées ailleurs, les auteurs expliquent comment remédier aux contraintes de l'offre pour favoriser l'attractivité à l'égard des investissements directs étrangers (IDE).
(23.50 euros, 220 p.)
ISBN : 978-2-343-07238-8, ISBN EBOOK : 978-2-336-39408-4

LES 8 VALEURS GAGNANTES
Des managers épanouis et performants
Andevert Christophe
L'ouvrage développe une approche managériale pragmatique. Les actes clés du management sont ainsi structurés à partir de processus efficaces et faciles à s'approprier. Des exemples sous format vidéo complètent les thèmes du livre. Après réflexion menée autour de la relation manager-collaborateur, l'auteur propose une approche par les ressemblances. Simple et efficiente, elle tend vers davantage de cohérence. Le manager œuvre alors dans le sens d'une performance qui se conjugue avec cohésion et bien-être.
(Coll. Vivre l'entreprise, série Management et Ressources Humaines, 19.00 euros, 180 p.)
ISBN : 978-2-343-07298-2, ISBN EBOOK : 978-2-336-39477-0

LE TEMPS DES ARTISANS
Permanences et mutations
Marché et Organisations 24
Sous la direction de Sophie Boutillier, Claude Fournier et Cédric Perrin
L'artisanat regroupe en France, comme dans tous les pays industrialisés et en développement, des entreprises dynamiques et innovantes aussi bien sur le plan technique que social. Mais si les artisans font notre quotidien, ils rencontrent de nombreuses difficultés économiques, politiques et sociales. L'ensemble de ces contributions traite de ces questions sous divers aspects, temporalités et aires géographiques. L'objectif de ce volume est de montrer par petites touches la diversité de l'artisanat aujourd'hui.
(25.50 euros, 238 p.) ISBN : 978-2-343-07685-0, ISBN EBOOK : 978-2-336-39609-5

ÉTHIQUE POUR ENTREPRENEURS
Pourquoi les entreprises et les pays ont tout à gagner avec la responsabilité sociale ?
Kliksberg Bernardo - Traduit par Odile Begué Girondo
Ce livre s'inscrit dans la lutte pour placer les grands thèmes éthiques au cœur des débats économiques en Amérique du Sud et promouvoir de nouvelles politiques publiques en faveur de l'insertion universelle et d'un changement dans le comportement des acteurs. L'auteur présente la Responsabilité Sociale de l'Entreprise (RSE), décrit les forces historiques qui l'ont fait progresser, explique en quoi elle est bénéfique aux entreprises. Il expose également ses possibilités d'action, la formation de ses futurs dirigeants et ses perspectives d'avenir.
(24.00 euros, 276 p.) ISBN : 978-2-343-07851-9, ISBN EBOOK : 978-2-336-39605-7

L'HARMATTAN ITALIA
Via Degli Artisti 15; 10124 Torino
harmattan.italia@gmail.com

L'HARMATTAN HONGRIE
Könyvesbolt ; Kossuth L. u. 14-16
1053 Budapest

L'HARMATTAN KINSHASA
185, avenue Nyangwe
Commune de Lingwala
Kinshasa, R.D. Congo
(00243) 998697603 ou (00243) 999229662

L'HARMATTAN CONGO
67, av. E. P. Lumumba
Bât. – Congo Pharmacie (Bib. Nat.)
BP2874 Brazzaville
harmattan.congo@yahoo.fr

L'HARMATTAN GUINÉE
Almamya Rue KA 028, en face
du restaurant Le Cèdre
OKB agency BP 3470 Conakry
(00224) 657 20 85 08 / 664 28 91 96
harmattanguinee@yahoo.fr

L'HARMATTAN MALI
Rue 73, Porte 536, Niamakoro,
Cité Unicef, Bamako
Tél. 00 (223) 20205724 / +(223) 76378082
poudiougopaul@yahoo.fr
pp.harmattan@gmail.com

L'HARMATTAN CAMEROUN
TSINGA/FECAFOOT
BP 11486 Yaoundé
699198028/675441949
harmattancam@yahoo.com

L'HARMATTAN CÔTE D'IVOIRE
Résidence Karl / cité des arts
Abidjan-Cocody 03 BP 1588 Abidjan 03
(00225) 05 77 87 31
etien_nda@yahoo.fr

L'HARMATTAN BURKINA
Penou Achille Some
Ouagadougou
(+226) 70 26 88 27

L'HARMATTAN SÉNÉGAL
10 VDN en face Mermoz, après le pont de Fann
BP 45034 Dakar Fann
33 825 98 58 / 33 860 9858
senharmattan@gmail.com / senlibraire@gmail.com
www.harmattansenegal.com

Achevé d'imprimer par Corlet Numérique - 14110 Condé-sur-Noireau
N° d'Imprimeur : 137045 - Dépôt légal : mars 2017 - *Imprimé en France*

www.ingramcontent.com/pod-product-compliance
Lightning Source LLC
LaVergne TN
LVHW011307061026
849535LV00005B/1447